引汉济渭精准管理模式创新与实践

杜小洲　朱宗乾　/著

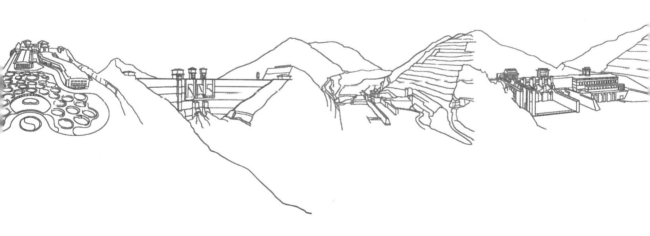

经济管理出版社

ECONOMY & MANAGEMENT PUBLISHING HOUSE

图书在版编目（CIP）数据

引汉济渭精准管理模式创新与实践/杜小洲，朱宗乾著. —北京：经济管理出版社，2021.8
ISBN 978-7-5096-8229-6

Ⅰ.①引… Ⅱ.①杜… ②朱… Ⅲ.①水利工程—工业企业管理—管理模式—研究—中国
Ⅳ.①F426.9

中国版本图书馆 CIP 数据核字（2021）第 169748 号

策划编辑：赵天宇
责任编辑：赵天宇
责任印制：黄章平
责任校对：董杉珊

出版发行：经济管理出版社
　　　　　（北京市海淀区北蜂窝 8 号中雅大厦 A 座 11 层　100038）
网　　址：www.E-mp.com.cn
电　　话：（010）51915602
印　　刷：唐山玺诚印务有限公司
经　　销：新华书店
开　　本：787mm×1092mm/16
印　　张：21.5
字　　数：379 千字
版　　次：2021 年 10 月第 1 版　2021 年 10 月第 1 次印刷
书　　号：ISBN 978-7-5096-8229-6
定　　价：98.00 元

编撰委员会

总编撰：杜小洲

总顾问：张建民

策　划：董　鹏

主　编：朱宗乾

执行副主编：姬　浩　苏　岩

副主编：田再强　石亚龙　田养军　毛晓莲　王亚锋　张艳飞　徐国鑫
　　　　张忠东　沈晓钧

编　委：蒲国利　侯琳娜　王振林　王朝辉　井德刚　史雷庭　刘书怀
　　　　刘　刚　刘国平　刘福生　许　涛　李永辉　李厚峰　李晓峰
　　　　杨　诚　杨振彪　宋晓峰　张延霞　张航库　张鹏利　邵军利
　　　　党怀东　徐军明　曹双利　寇前锋

审　校：余东勤　苏菊宁　吕建民

编写组：李方圆　朱程康　王　军　王　涛　田安安　刘　茜　刘柬材
　　　　刘翎诺　李保明　肖　瑜　余　龙　宋文进　陈　方　尚泽阔
　　　　尚婉莹　秦　奋　党　辉　董肖玮　蒙　波　薛　博

调研协调组：刘积慧　刘妍君

序

　　身为一名陕西人，我没想到四年前的一次调研合作，让我能够再度为生我养我的家乡尽一份绵薄之力，这是我此生的幸事之一。2017年初春，我率领清华大学土木水利学院部分师生，考察引汉济渭工程施工现场，从此结缘引汉济渭工程。引汉济渭是可与都江堰、郑国渠、灵渠相媲美的、非常了不起的现代调水工程，其建设有多项世界第一。工程点多线长，地质环境复杂，生态敏感性极强，多项技术超过现有规范。尤其是98.3千米的秦岭输水隧洞是人类首次从底部穿越秦岭，综合施工难度世界罕见。建成后面临长距离输水，取水条件受到诸多限制，受水区调蓄能力严重不足，调度运行亦非常复杂。

　　陕西省引汉济渭工程建设公司是代表陕西省政府行使项目建设和经营管理的法人单位。公司刚成立时，面临诸多困难和挑战，如工程技术难度高、人才严重短缺及管理力量薄弱等。在一边搞工程建设一边组建公司的情况下，还要高质量完成如此艰巨的任务，采用传统的管理手段已不能满足要求。为保证工程建设的安全和质量，以及水资源的精准调度与科学利用，提高企业未来的竞争力和发展的可持续性，在习总书记倡导的"精准思维"引领下，公司在合同管理、安全管理、质量管理、人力资源管理等方面进行了大胆尝试。为使这些措施落地见效，采取了信息化、智能化的技术和手段，经过八年多的积极探索与实践，逐步形成了独具特色的引汉济渭工程建设和企业精准管理模式，形成了引汉济渭的现代企业管理制度体系和企业特色文化，建设管理和信息化、智能化都达到行业领先水平。特别值得提及的是，作为水利行业的典型示范企业，引汉济渭的科研管理在"创"字上狠下功夫，企业在实现信息化目标基础上寻求以"智"取胜，开创未来经营的新局面。以党建引领项目管理和企业经营新变化,技术创新和科研管理业绩显著,信息化和智慧化建设成果累累,创建智慧引汉济渭已扬帆起航,实践精准管理已迈上新的台阶。

欣闻引汉济渭工程建设公司邀请母校经济与管理学院朱宗乾教授团队编撰《引汉济渭精准管理模式创新与实践》一书,从历史、现实背景以及管理学的视角对引汉济渭的管理模式及成果进行系统归纳总结,这很有意义也很有必要。经过朱教授团队三年多的深入调研和努力探讨,结合引汉济渭实际,将精准管理模式的要素概括归纳出"精""准""严""实""创""智"六个维度,并构建了精准管理屋架构模型,通过进一步对精准管理模式的系统性解析,明确了带有引汉济渭公司自身管理特色的精准管理模式的具体内涵。该书客观准确地归纳总结了引汉济渭精准管理模式,反映了公司紧紧围绕企业战略定位、瞄准企业经营目标;阐明了如何实现从项目管理到工程管理再到企业管理的科学平稳过渡,始终保持各种约束与不利条件下的良性循环;阐述了公司如何预先对未来经营状况开展超前预测和布局,如何系统地强化和提升企业未来经营的竞争力;特别是提出了在具体的精准管理探索和实践的基础上如何实现从管理实践到精准管理理论层次的提升。

引汉济渭精准管理模式探索,既有实践基础,又有理论创新。精准管理模式将成为今后引汉济渭管理创新的目标导向及指导项目建设和公司经营的重要指引。引汉济渭工程建设公司主动提出将精准管理探索进行实践总结和理论提升,在深入调研和积极探索的基础上撰写完成的这本《引汉济渭精准管理模式创新与实践》具有较高的学术价值和推广应用价值,也可为同类型水利企业培训提供一本很好的教材。

精准管理之路任重道远,仍需持续实践、不懈努力。引汉济渭精准管理已具有良好的实践基础,但仍存在较大的提升空间。希望引汉济渭工程建设公司的管理能不断进步,在精准管理方面做得更好、走得更远、贡献更大。

中国工程院院士、清华大学教授

2021 年 7 月于北京

探索精准管理模式　铸就千年水利工程

引汉济渭工程，是穿越秦岭从汉江流域向渭河流域实施调水的一项大型水利工程。其不仅能满足渭河沿岸1411万居民的生活和生产用水，而且污水处理达标后，经渭河流入黄河，增加了黄河水量，通过水权置换可为陕北能源化工基地提供用水。

该工程首次从底部洞穿了世界十大主山脉之一的秦岭，多项技术超出现有规范和标准，综合施工难度达到世界第一，它不仅是一项伟大的水利工程，而且是一本鲜活的"水利工程教科书"，更是习近平总书记"节水优先、空间均衡、系统治理、两手发力"治水思路的生动实践。多位专家院士评价道："引汉济渭工程可与都江堰、郑国渠、灵渠相媲美。"

曾记得几十年前我上大学的时候，有位专业老师曾说过："你们学了四年水利，毕业后要是有幸能遇到一项大工程，这辈子就值得骄傲了！"那时，老师所指的大工程，是类似于三河口或黄金峡这样规模的水利枢纽，哪知今日的引汉济渭工程是多项大型水利工程的有机组合。

2010年8月，我被任命为陕西省引汉济渭协调领导小组办公室副主任，开始参与该工程的前期立项等工作。2013年4月，陕西省引汉济渭工程建设有限公司筹建，我有幸担任了新公司总经理，一边组建公司一边接手勘探试验工程建设和前期工作。作为引汉济渭工程的建设者，深感使命光荣、责任重大。我既有决心建设和管理好这个巨大且充满挑战的工程，也深知为此必须突破传统的经营思路和管理手段！

2013年7月，陕西省引汉济渭工程建设公司完成注册。同年11月，习近平总书记到湖南十八洞村考察扶贫工作时，首次提出了"精准扶贫"新理念。通过认真学习和领会习近平总书记倡导的精准扶贫工作中的"精准思维"，在随后的管理实践中，我们就一直把"精准管理"确定为工程管理和公司管理的新目标，为此，主动展开了精准管理模式的创新与探索。

（1）创新企业管理制度。将合同管理确定为规范管理的突破口，实行最严格的管理措施，以提高履约能力。为此，制定了《参建单位考核管理办法》，提取月进度结算款的 2% 作为奖励基金，每季度按考核结果兑现；制定了《参建单位人员考勤管理办法》，将施工、监理、设计等参建单位的主要管理人员及全公司员工纳入管理范围，实行严格的考勤制度，并统一采用面部识别考勤设备，通过网络远程传输到公司服务器，以便掌握人员出勤的真实情况；对施工单位随意更换项目经理，认定后处以 50 万～500 万元罚款；如此等等。这些措施不仅有效遏制了参建单位主要管理人员脱岗现象，而且解决了现场管理人员与投标约定人员不一致这个全国普遍存在的难题。工程建设中的安全、质量、进度及文明工地建设等管理水平显著提高。

（2）打造高端科研平台。由于施工中岩爆灾害频繁发生，工人需要身着防弹衣、头戴钢盔施工；洞内岩石硬度高达 316 兆帕，TBM（岩石掘进机）的刀头如同在钢板上掘进。为解决这类工程建设难题，公司成立了引汉济渭工程院士工作站、博士后（创新基地）工作站等高层次平台，邀请陈祖煜院士入驻引汉济渭院士工作站，王浩、张建民等院士作为特聘专家不定期来现场调研、"把脉问诊"。同时，与陕西省科技厅设立"引汉济渭联合基金"，与清华大学、中国水利水电科学研究院、西安交通大学、大连理工大学、山东大学、西安理工大学等国内优秀科研院校展开合作，吸纳高端资源帮助解决工程建设难题。具体成果为：98.3 千米的秦岭输水隧洞采用钻爆法和 TBM 法联合施工，TBM 单机连续掘进 20 千米，创世界工程纪录；通过成功运用激发极化、三维地震、瞬变电磁等超前地质预报技术，岩爆预报准确率超过 80%，走在了世界前列；施工通风技术研究成果创造了秦岭输水隧洞出口段钻爆法独头掘进 6.5 千米的世界纪录；参与编写了《岩石掘进机法水工隧洞工程技术规范》；参与《大型复杂跨流域调水工程预报调配关键技术研究》，并获大禹水利科学技术奖科技进步二等奖；受邀参加第十七届中国科学家论坛，并作专题发言；公司先后获得授权专利 15 项，软件著作权 11 项，自主研制的"猛禽系列"固定翼无人机，各项关键指标列全国前列，多项技术成果达到领先水平；陈祖煜院士牵头编纂了引汉济渭工程技术系列丛书；公司荣获"陕西省第四届职工科技节职工创新型优秀企业"称号。

（3）创建信息管理系统。由于引汉济渭工程点多线长，山高沟深，离西安最近的工点单程都需要3小时车程，为提高工作效率，公司通过顶层设计，分期分块建立了行业领先的信息化系统。成果有：短时间内实现网络办公和工程计量支付，大大提高了工作效率；建成了320路高清视频"天眼"系统，通过电脑和手机实现工区全天候可视化无死角监管；完成数字引汉济渭信息化平台建设，BIM技术在一期工程得到广泛应用，二期工程成为全国首例全数字化设计的水利工程；联合清华大学"无人驾驶碾压混凝土智能筑坝技术"在三河口、黄金峡水利枢纽研发成功，开了我国水利工程智能建造先河，被水利部网络安全与信息化领导小组办公室与水利部科技推广中心评选为智慧水利优秀应用案例和典型解决方案；水利系统首家将区块链技术运用于砂石料拌和系统质量控制；全国水利工程建设信息化创新示范活动在引汉济渭工地举行；正在实施的二期信息化工程正在建设"一云、一池、两平台"，建成后将实现"无人值班、少人值守、智慧调度运行"的现代数字水利工程。

（4）文化助力精准管理。在反复探讨的基础上，公司提炼形成了"敬业、创新、严谨、感恩、包容"的企业精神，并将其融入工程规划、设计、建设，以及公司管理中。自公司成立以来，持续开展了"精细化管理年""环保年""效率年""担当年""质量年""服务年""创新年""数字赋能年"主题年活动。成立了文化创新工作室和熹点水文化科技公司，主动打造引汉济渭特色文创产品。创作了《地心救援》《荣途》《父亲的地图册》等7部以引汉济渭工程为背景的微电影，其中6部获省部级以上嘉奖；根据挖掘工程所在地文化资源，编纂了《子午湖》《梅子熟了》《踏歌三河》等文化书籍；并依托引汉济渭工程，建立了国家级水情教育基地，陕西省科普教育基地，清华大学、中国水利水电科学研究院、西北农林科技大学和西安理工大学等高等院校教学实践（实习）基地，努力打造引汉济渭特色文化品牌。

经过八年对精准管理的积极探索和实践，公司取得了可喜的成绩：2017年公司荣获了"陕西省先进集体"荣誉称号，2019年获得水利部"激浪杯"有影响力十大水利工程荣誉。

记得有一次，清华大学张建民院士来工地调研过程中，提议将引汉济渭特色管理模式进行系统的总结和提炼，使公司精准管理模式更趋完善。但我们一直没有找到合适的研究团队将其付诸实施。说来也巧，一个很偶然的机会，西安理工大学经济与管理学院的朱宗乾教授来工地调研，在我表达了这个想法后，朱教授当即表示引汉济渭管理模式创新值得深入研究，随后经过协商达成了研究意向。朱教授曾留学日本，潜心研究企业管理，又在西安理工大学管理学院执教三十余年。从2019年开始，朱教授就带领研究团队深入公司和工程建设现场，展开了全方位调研，与公司领导、中层干部、一线职工和参建单位人员进行了全面交流，搜集了大量一手资料。与团队成员和公司领导班子反复研讨，精心推敲，历时三个春秋，以他独特的专业视角和丰富的管理领域研究经验，最终撰写完成了这部30余万字的《引汉济渭精准管理模式创新与实践》学术著作。

在研究期间，我们有幸邀请到了中国工程院院士、清华大学张建民教授作为总顾问，他对本书编撰提出了许多宝贵意见和建议，对书稿策划和审核给予了重要指导。在此，我谨代表引汉济渭公司对张建民院士表示衷心的感谢！对朱教授团队人员的辛勤付出表示深深的谢意！同时，对著作撰写和出版作出贡献和给予帮助的相关人士表示衷心的感谢！

当然，作为一家成立仅仅八年的省属国有水利企业，我们在工程建设和公司管理方面还存在许多不够完善和有待提高的地方。通过此书的撰写也对引汉济渭工程建设管理和公司管理进行了一次全面"扫描"和"透视"，发现了不少问题和不足，我们已认识到精准管理创新之路依然任重道远。在此，恳切希望读者多提宝贵意见，使公司在管理实践中不断完善。

引汉济渭一期工程已进入尾声，二期工程获国家发改委批复并已全面开工建设，公司新的使命已悄然落肩，精准管理目标也已明确，希望前期对精准管理模式创新的研究成果能成为引汉济渭公司员工的培训教材，为引汉济渭公司加快发展步伐再助新力！

陕西省引汉济渭工程建设有限公司

党委书记、董事长

2021年7月于西安

前 言

2019 年夏末秋初，作为引汉济渭工程的特别关注者，我有幸参观了陕西省有史以来最宏大的水利工程，被工程有条不紊的建设所感染，也被相关人员介绍中的大胆的管理创新所折服：综合施工难度世界罕见的工程在隧洞中推进，黄金峡和二河坝两座水库轰轰烈烈地施工，金池工地已完成巨大的隧洞洞口和未来的配水枢纽。我被这比肩郑国渠、都江堰的"千年工程"所深深感动，不断发出由衷的赞叹。

参观期间，从公司领导听闻引汉济渭公司的管理得到了同行以至水利部领导多次赞扬，但苦于工程任务紧，无暇静下心来好好总结一下。而且，企业再有几年，大规模工程建设就要结束，未来的运营如何布局尚需要细细琢磨，超前运筹。

作为从事管理教学、科研近四十年的管理学者，我有幸深入探索引汉济渭工程的精准管理实践和模式创新问题，也可实现自己又一个研究心愿，满足一下自己的家国情怀。

于是我与企业形成了共同研究的合作意愿。

随后，我组织了一支由多名成员组成的研究团队，与企业配合开始了紧张的前期调研，一方面积极与企业领导层多方沟通，另一方面深入施工现场参观、访谈和调研。期间，聆听了主要领导对新职工的企业文化培训，被领导的高度重视和亲力亲为所感动。四个小时讲座期间没有休息，领导顾不上喝水，员工也不觉疲倦，企业倡导的先进文化就这样沁入了新员工的心田。

除对公司各管理部门详细调研外，我们对各分公司及子公司也展开了深入的调研，获得了大量一手资料，搜集了许多二手资料。同时，我们也在不断地思考、讨论和总结引汉济渭管理模式创新这一主题。其间，我们参加了引汉济渭公司主办或参办的一系列学术会议，希望借此全面理解引汉济渭公司管理创新问题。这些会议包括水利类企业信息化相关会议、水土保持相关学术会议，以及信息化推广会议和公司科研创新成果鉴定会议等。

全面的了解使我们逐步对引汉济渭公司管理创新的内在逻辑清晰了起来，许多管理（包括工程管理、文化建设、制度创新、科技创新、信息化建设、数字化、智慧化应用等方面）创新成果或典型事例被我们一一收集和记录了下来。

于是，写作提纲在讨论的过程中逐步清晰并不断得到细化，企业主要领导多次参与写作提纲的讨论，并提出了许多建设性的修改建议和意见。提纲经多次修改后，曾提交中国工程院院士张建民教授给予指导，张建民教授看过之后，提出了一些宝贵的完善意见。

2020年初，受疫情影响，有几个月的时间只能整理资料，查阅治水历史信息，完善写作提纲，而现场调查工作则被迫中断。疫情被控制之后，与复工复产一道，又开始了全面和有针对性的调研活动，完成了地毯式、无死角的全方位调查，对有些重要部门还进行了多次的调研。这为后期著作撰写打下了扎实的基础。

通过与企业相关人员一起废寝忘食、夜以继日地工作，成果逐步显现。通过研究团队与企业不断沟通和交流，终于在4月末定稿，交由企业相关部门核实和审查。一方面对相关数据和时间进行仔细查证，以防出现差错；另一方面对一些事件和事例进行核实，唯恐遗漏错误。大家共同认定严格的审核是质量的保证。

经过前后三年的不懈努力，终于成稿。

本书由八章组成。第一章通过关中、陕北缺水分析和陕南水资源与经济发展特征分析，以及历史治水对国家振兴的关联分析，印证了"引汉济渭惠三秦"的基本定位。第二章通过对引汉济渭工程介绍和工程目标的优化过程说明，以及工程遭遇的罕见技术挑战和工程面临的复杂管理特点，呼唤和倒逼引汉济渭精准管理模式创新。第三章通过对党建工作的总结，表明了党建对管理创新的举旗引领作用。第四章围绕项目管理，重点论述了通过项目运行机制的创新，保证了项目的基本目标和社会责任目标等全面和有效的实现。第五章针对公司管理，从问题出发，论述了机构改革、制度建设、文化培育和治理制度完善，并对公司未来多元化模式创新进行了探索和展望。第六章以问题为导向、以科技创新为线索，通过"知难而进"的科研管理，获得了丰硕科技成果，破解了许多工程难题。第七章针对企业信息化和智慧化建设，从设计、实施、成效和愿景方面进行了全方位的展示。第八章就精准管理模式创新展开了全面探讨：首先，对精准管理理念形成进行了溯源；其次，对公司精准管理实践进行了系统性总结；再次，以此为基础，创新性地提出了精准管理模式理论架构，构建了精准管理屋模型，并对精准管理六要素进行了详细理论解读；最后，表达了对引汉济渭精准管理任重道远的一种期待。

在著作撰写完成的今天，恰逢中国共产党诞辰100周年全国共庆之日，谨以此书表达最崇高的敬意和作为最诚挚的献礼。

成果实践创新属实不易，理论总结与凝练也同样不易。故此，我要衷心感谢对此书撰写和出版做出贡献的各方面人员。

首先，要感谢张建民院士在百忙之中给予的精心指导和热情鼓励。

其次，要感谢引汉济渭公司的党委书记、董事长杜小洲和党委副书记、总经理董鹏等企业领导对著作的运筹策划，感谢他们的管理创新实践所带来的宝贵经验，感谢公司领导和部门领导在著作撰写中的深度参与与密切合作。我还要特别提及一下党委书记、董事长杜小洲同志，他不仅为引汉济渭工程建设做出了巨大贡献，领导了史诗般的工程建设和管理创新实践，而且他所具备的卓越党务工作者与优秀企业家的那种家国情怀、战略视野、开拓精神、担当意识、创新能力和宽广胸怀也令我十分感动和敬佩，堪称敬业楷模。

最后，要感谢西安交通大学管理学院廖貅武教授、西安理工大学经济与管理学院院长胡海青教授、院党委书记王瑞生同志、管理科学与工程系副主任杜占河副教授，以及著名作家王安泉先生给予的指导和关注。

在此，除要感谢上述人员及编撰委员会人员外，还需要感谢的人员有：

（1）参与调研或访谈活动的管理部门或分（子）公司的重要管理人员：任吉涛、刘斌、王健、薛伟、李久旺、王浩、翟宇等。

（2）参与资料收集和整理的相关人员：刘正根、俄克勇、程东金、姚文华、雷莹、高月、厍海鹏、张闪闪、马清瑞、黄瑜潇、胥亚军、朱财稳、孙萌、孙振江、任超、常瑞、李瑞娟、李明、王乐、贾宁、张洁、白钰、杨曼、赵云杰、张乐等。

（3）在调研过程中提供协助的其他员工及各参建单位的领导和员工。

（4）前期参与调研和资料整理的西安理工大学经济与管理学院研究生丹瑶、毕伯煜，本科生肖扬、李景涛和王瑞琪。

（5）为著作高质量出版付出大量心血的经济管理出版社博鼎分社的杨国强社长和赵天宇编辑。

希望这本有关管理模式创新的著作，不仅能对引汉济渭公司目前和今后工程建设与运营管理起到重要的应用导向和理论指导作用，而且期待对其他水利工程企业也能发挥重要的示范、引领和参考作用；同时，期待对学者研究管理模式创新能起到重要的启发和借鉴作用，对水利工程类专业学生也能发挥典型案例教学与指导作用。

引汉济渭工程还在进行之中，我们在管理实践总结和理论提升中可能挂一漏万，对精准管理模式创新的认知可能还不够到位，撰写过程可能还有许多没有注意到的细节，错误与不足在所难免，敬请各位专家和读者不吝赐教。

西安理工大学经济与管理学院教授

2021 年 7 月 1 日

目　录

第一章　水利兴邦，引汉济渭惠三秦 ········· **001**

第一节　关中与陕北缺水对陕西发展之影响 / 001
　　一、水资源约束性矛盾影响关中城市化 / 002
　　二、水资源短缺抑制陕北地域经济发展 / 007
第二节　陕南水资源与经济发展地域分析 / 008
　　一、陕南水资源相对丰富 / 009
　　二、陕南经济发展明显落后 / 009
　　三、秦岭南北水资源反差较大 / 010
第三节　历史治水与国运兴起密切相关 / 011
　　一、秦国治水与统一六国 / 011
　　二、汉唐治水与创建盛世 / 016
　　三、近代治水与关中水利 / 018
　　四、水利工程与关中核心地位确立 / 020
　　五、治水史与文明史一样悠久 / 021
第四节　南水北调宏观战略与本项目使命 / 022
　　一、国家南水北调宏观战略 / 023
　　二、引汉济渭工程历史使命 / 023

第二章　目标高远，工程建设多挑战 ········· **029**

第一节　引汉济渭工程简介 / 029
第二节　工程建设方案确定 / 031

一、工程前期基本设想 / 031

二、工程立项期方案设计 / 033

三、工程建设期方案优化 / 039

第三节 引汉济渭面临多种挑战 / 043

一、工程资金相对短缺，筹资任务艰巨 / 043

二、工程人才严重不足，亟待招聘英才 / 044

三、工程建设难度巨大，亟须科研克艰 / 044

四、工程建设任务紧迫，需要严控工期 / 045

五、工程关乎生态环保，期待绿色工程 / 046

六、工程涉及移民扶贫，尚需同时兼顾 / 047

第四节 工程建设亟待精准管理 / 050

一、工程参建单位多，需要科学协调严格管理 / 050

二、工程影响范围广，需要统筹兼顾精准应对 / 050

三、施工技术难度大，需要科技创新科研支撑 / 051

四、工程环保要求高，需要强化措施准绳划线 / 051

五、信息系统目标远，需要顶层设计智慧管理 / 051

第三章 党建引领，先锋群体勇担当 ················· **053**

第一节 公司层党组织建设 / 053

一、完善党的组织体系 / 053

二、探索组织工作模式 / 055

三、落实党建工作责任 / 056

四、强化干部队伍建设 / 058

第二节 基层党建工作开展 / 060

一、提高员工思想政治觉悟 / 060

二、积极开展基层党建活动 / 062

三、推动纪检监察工作开展 / 064

四、改进基层党组织考核机制 / 067

第三节 发挥党员模范作用 / 070

一、成立多支党员突击队 / 070

二、设立党员服务示范岗 / 076

第四节　创新党建工作模式 / 079

一、与参建单位互联共建 / 079

二、以党建促合作新模式 / 081

三、创新党组织活动形式 / 083

第四章　机制创建，项目目标强管控 …………………………………… 087

第一节　早期项目制管理机制分析 / 087

一、工程项目制管理机制调查 / 087

二、工程项目制管理特点分析 / 088

三、公司制改革总体设计思路 / 089

第二节　业主及参建单位管理改革 / 090

一、业主单位项目管理改革 / 090

二、参建单位项目管理改进 / 092

第三节　项目管理运行机制持续创新 / 093

一、机制建立总体设想 / 093

二、安全保障机制建设 / 097

三、质量保证机制建立 / 100

四、进度控制机制建立 / 103

五、费用管理机制建立 / 106

六、生态保护机制建立 / 107

七、扶贫长效机制建立 / 112

八、环境美化机制建立 / 117

九、风险控制机制建立 / 119

第五章　公司管理，系统改革谋效益 …………………………………… 123

第一节　公司管理状况与问题 / 124

一、公司早期管理状况 / 124

二、公司管理创新设想 / 127

第二节　组织机构改革与创新 / 128

一、公司机构改革主导思想 / 128

二、总公司机构改革举措 / 130

三、分公司机构改革举措 / 132

第三节　企业制度建设与贯彻 / 132

　　一、企业制度持续建设与完善 / 132

　　二、企业制度认真贯彻与固化 / 134

　　三、企业制度建设特点与成效 / 135

第四节　企业文化建设与培育 / 136

　　一、企业文化设计与持续完善 / 136

　　二、企业文化培育与逐步成形 / 143

　　三、企业文化表现与内涵提炼 / 148

第五节　现代治理制度完善 / 152

　　一、公司治理阶段划分 / 152

　　二、公司治理典型做法 / 153

第六节　多元化经营模式创新 / 156

　　一、建设期与经营期差异分析 / 156

　　二、茶园建设与移民精准扶贫 / 157

　　三、水利风景区与生态文明设计 / 159

　　四、梅苑赏花与养生产业形成 / 161

　　五、生态示范与科普基地建设 / 163

　　六、优质水源利用与产品开发 / 164

　　七、其他工程资源的创新应用 / 166

第七节　参建企业管理方式创新 / 171

第六章　科技先行，技术创新破难题 ·········· 173

第一节　工程面临技术难题 / 173

第二节　科技创新整体架构 / 175

　　一、科技创新总体目标 / 175

　　二、科技创新组织机构 / 175

　　三、科技人才培养体系 / 176

第三节　科技创新成绩显著 / 186

　　一、科研管理实现全流程精细化 / 186

　　二、实用发明专利申报取得突破 / 190

三、高水平学术论文发表持续增加 / 192

四、多项科技成果获高层次奖励 / 192

五、积极主办承办多个学术会议 / 193

六、科技创新平台建设日趋完备 / 197

七、主持参编技术标准连续获批 / 198

第四节　科技创新典型案例 / 199

一、完成《无人驾驶碾压混凝土智能筑坝技术研究》/ 199

二、主持省级技术标准《水工隧洞施工通风技术规范》/ 204

第五节　科技创新未来规划 / 211

一、总体目标 / 211

二、具体目标 / 211

三、保障措施 / 211

第七章　系统建设，智慧规划立潮头 ⋯⋯⋯⋯⋯⋯⋯⋯⋯⋯⋯ 213

第一节　公司信息化基础与设想 / 213

一、信息化相关概念内涵解析 / 213

二、水利工程信息化发展演变 / 216

三、公司信息化建设总体思路 / 219

第二节　公司信息化组织与实施 / 220

一、信息化实施机构 / 220

二、信息化规制形成 / 221

三、信息化阶段划分 / 222

第三节　公司信息化功效与成果 / 224

一、BIM 技术广泛应用，实现全生命周期管理 / 225

二、建设各类预报系统，实现超前预警尽早应对 / 229

三、"天眼"网络全覆盖，实现全天候无死角工区监控 / 231

四、建成安全管理系统，实现多层次全方位安全保障 / 236

五、引入 VR、AR 技术，实现工程虚拟化现场体验 / 238

六、推进管理信息化，实现资源优化配置效率提升 / 240

第四节　公司信息化典型案例 / 243

一、黄金峡 BIM 协同设计平台建设 / 243

　　　二、秦岭输水隧洞智能管理平台开发 / 251

　第五节　公司智慧化规划与展望 / 255

　　　一、智慧引汉济渭建设整体设想 / 255

　　　二、智慧引汉济渭平台框架设计 / 258

　　　三、智慧引汉济渭需求框架规划 / 260

第八章　模式创新，精准管理促发展 …………………………… 263

　第一节　公司精准管理理念形成溯源 / 264

　　　一、公司"精准管理"理念形成过程 / 264

　　　二、研究团队精准管理模式凝练作用 / 267

　第二节　公司精准管理实践系统总结 / 270

　　　一、超前思维，精准布局未来经营 / 270

　　　二、目标导向，借智创新迎难而上 / 274

　　　三、精心筹划，兼顾社会生态效益 / 278

　第三节　精准管理模式理论架构创新 / 283

　　　一、精准管理模式概念界定 / 283

　　　二、精准管理模式六大转变 / 287

　　　三、精准管理模式五化特征 / 289

　　　四、精准管理模式理论架构 / 290

　　　五、精准管理模式架构释义 / 291

　第四节　精准管理模式要素内涵解读 / 297

　　　一、解读"精"之要义 / 297

　　　二、解读"准"之要义 / 300

　　　三、解读"严"之要义 / 302

　　　四、解读"实"之要义 / 304

　　　五、解读"创"之要义 / 305

　　　六、解读"智"之要义 / 306

　　　七、精准管理模式要素间关系 / 308

　第五节　引汉济渭精准管理任重道远 / 310

　　　一、精准管理目标十分明晰 / 310

二、精准管理实践已出成效 / 311

三、精准管理之路任重道远 / 312

参考文献 ………………………………………………………………… **313**

第一章

水利兴邦，引汉济渭惠三秦

　　引汉济渭工程是陕西省统筹全省经济社会发展需要建设的战略性水资源配置工程。工程穿越秦岭山脉，将秦岭南边的汉江水调至秦岭北边的关中地区，解决陕西关中、陕北水资源紧缺和全省水资源空间分布不均的问题。工程的建设不仅促进陕西经济社会发展，而且对黄河下游部分地区的经济社会发展、保障水生态环境等也具有重要作用。

　　本章围绕关中、陕北缺水问题对陕西社会经济的影响分析和陕南水资源状况与经济发展特征分析，以及历史治水对国家振兴的关联分析，论证了引汉济渭惠三秦的工程背景和历史使命。

第一节

关中与陕北缺水对陕西发展之影响

　　本节首先介绍关中地区的基本情况，分析关中城市化发展状况、关中水资源开发利用状况，以及关中城市化发展与水资源供需矛盾；其次，介绍陕北地区地理气候情况，分析陕北地区经济发展及其与水资源短缺的矛盾冲突。

一、水资源约束性矛盾影响关中城市化

1. 关中地区简介

关中指"四关"以内，即东起潼关，西至散关，南抵武关，北达萧关。位于陕西省中部，包括西安、宝鸡、咸阳、渭南、铜川、杨凌五市一区，共54个县（市、区），总面积5.55万平方千米，常住人口2587.55万人（2021年第七次人口普查数据）。由于2017年、2018年西安市实施人才户籍新政，吸引了大量人口落户、居住，人口向关中（主要是西安）流动聚集的趋势不断增强。截至2021年，西安的常住人口数量排名全国第八位，与第六次人口普查对比，增幅居全国前三名，北方第一名。

关中南倚秦岭山脉，北邻黄土高原，渭河从中穿过。以长安（西安）为中心的关中地区自古就有灿烂的古代文明，是中华民族及华夏文化的重要发祥地之一，也是兵家必争之地。自战国时起就有"四塞之国"的说法。《战国策·秦策》中称关中"田肥美，民殷富，战车万乘，奋击百万，沃野千里，蓄积多饶"，并说"此所谓天府，天下之雄国也"[1]。在秦郑国渠修好之后，关中就成为了物产丰富、帝王建都的风水宝地，秦、汉、唐等13个王朝曾在此建都。关中地区在相当长的一段历史时期里，成为中国社会经济文化的中心，也是古丝绸之路的起点。

现在的关中地区仍然是陕西乃至西北地区现代文明最为发达的区域，为陕西重要的工业区、科教区、高新技术产业密集区和先进制造业基地、商业高地，具有良好的人才和科技优势。以2019年统计数字为例[2]，关中地区GDP达到16090.29亿元，占到了陕西省的63.20%，其中西安和杨凌的人均GDP已超过全国平均水平。

2. 关中城市化发展状况

（1）关中地区自古就是陕西乃至全国的政治文化中心。

从西周开始，在关中平原上相继建立了13个朝代。除春秋战国时期秦国都城咸阳外，长安城（今西安）是12个王朝的都城。富饶的土地和当时极为发达的水利系统，使八百里秦川成为华夏文明的发祥地，奠定了"秦皇汉武"的丰功伟绩，也使盛唐时期的长安成为世界经济发展和文化交流的中心[3]。当时的"八水绕长安"说明了西安地区丰富的地表水资源及良好的水环境，同时，也证明了河流对解决城市供水问题起着决定性的作用。

（2）1953 年，陇海铁路贯通后关中城市发展格局产生巨变。

关中地区自古以来就是我国中原地区通往西北、西南方向的陆路交通咽喉要道，同时向北可达塞外，向南可抵秦巴、四川，向东至中原地区，向西及甘肃陇东，它是重要的交通枢纽地，也是东西南北各地的物资、人才和文化汇集处。区位优势奠定了关中地区在全国战略发展格局中的重要地位[4]。1953 年，陇海铁路的建成大大改善了原来闭塞的交通运输环境，增强了铁路沿线西安、宝鸡、咸阳、渭南等城市的区位优势，这些城市得以迅速发展。并且，关中地区所处的渭河平原地势平坦，也十分适宜城市的建设，这些优越的环境支撑着关中城市群不断发展壮大。

（3）1978 年，改革开放使关中城市规模取得长足发展。

改革开放后，随着交通道路网的持续完善，各个城市之间的经济联系不断加强，关中城市发展格局沿着不同等级的公路等交通走廊稳定向外扩张延伸[4]。随着以西安为中心"米"字形交通网络的形成，各个城市规模不断扩大，在原有基础上实现了稳定发展。

（4）2000 年以后西部大开发战略加速了城镇化发展进程。

国家提出西部大开发战略后，关中地区的投资力度逐步加大，先后设立了若干国家级、省级等经济区和高新技术开发区，加速了城镇化发展进程，大量人口积极地涌入到这座城市，成为城市发展强大的内部驱动力[4]。陕西省开始大力推动西（安）咸（阳）一体化建设，打造关中区域经济中心，积极构建宝鸡、渭南、铜川等地区中心，培育杨凌、韩城、兴平等一批中小城市，形成多个"城市增长极"，带动区域经济发展。

（5）2010 年后凭借区位优势建成西部地区新的经济增长带。

关中地区是连接中国东西部和南北方的重要枢纽，具有明显的区位优势。2010 年中共中央、国务院发布《关于深入实施西部大开发战略的若干意见》，明确提出将关中—天水地区和陕甘宁地区建成具有全国影响的经济增长极和西部地区新的经济增长带。

在陕西省政府颁布的《大西安国际化大都市城市发展战略规划》中，西安被定位为国家重要的科技研发中心、高新技术产业和先进制造业基地、区域性金融中心等。同时还规划将西安逐步建设成世界文化之都、国际一流旅游目的地。通过构建以西安为龙头，以陇海铁路为轴线的关中城市群，匹配迅捷的交通网络和信息网络，充分发挥西安都市圈的辐射作用，带动城市间分工合作，优化产业布局，促进优势互补并实现共同发展[5]。

（6）2018 年以后关中地区辐射带动作用将进一步增强。

2018 年国家发展改革委印发《关中平原城市群发展规划》，明确提出"建设西安国家中心城市"，西安正式成为全国第 9 个国家中心城市[6]。同时，西安作为核心的关中平原城市群是获批的第 8 个城市群，在国家现代化、全方位建设大局中具有独特的战略地位。其他 7 个分别是京津冀城市群、长江中游城市群、成渝城市群、哈长城市群、长三角城市群、中原城市群和珠三角城市群。

关中地区已辐射带动了陕南、陕北和甘肃天水、平凉、庆阳，山西运城以及河南三门峡等地区，实现了优势互补和共同发展。随着关中地区经济社会快速发展，其带动作用将进一步增强。西咸新区将西安—咸阳实现双城一体，有效整合区域资源，既为西安这个国家中心城市提供空间支持，又达成区域产业同步、资源同享的目的，推动西咸一体化迈向更深层次[7]，实现建设大西安、带动大关中、引领大西北的战略目标。

经济的发展与水资源、水环境和水生态的建设密不可分，然而，关中地区水资源的紧缺状况已经制约了其经济社会发展步伐。

3. 关中水资源开发利用现状

（1）渭河为主要地表水源。关中地区地势南北高、中部低，属于地堑式盆地。该地区以秦岭峰脊线为界，北面为黄河流域，面积大约占 90%，南面为长江流域。渭河作为黄河的主要支流，横贯关中平原，在陕西境内长 502 千米，流域面积 3.32 万平方千米，是关中地区的主要地表水源[8]。

（2）水资源总量不足。关中地区的水资源总量不足，人均水量贫乏，多年平均降水量约 600 毫米，但是季节变化和年际变化都较大。降水期一般集中在夏季和初秋，并具有雨热同期的特征。根据陕西省水资源综合规划专题一、二成果——《陕西省水资源及其开发利用调查评价》分析，关中地区水资源总量 68.03 亿立方米，入境水量 39.33 亿立方米。人均及耕地亩均水资源量分别比国际公认的绝对缺水线低 211 立方米和 203 立方米，仅达到全国平均水平的 14% 和 17%，属于严重资源型缺水地区[9]。

（3）地下水供水比例过大。尽管关中地区已形成了蓄、提、引相结合，大、中、小并举的水利工程格局，其中关中受水区基本形成了泾西、泾东、渭河南（咸阳西）与新河四大灌溉供水系统，但由于地处干旱地区，水资源匮乏，现有供水设施一般不具备调蓄能力，导致供水保证率整体偏低，多数工程淤积严重，供水能力下降。水利建设严重滞后而经济又进入快速发展轨道，为弥补不同步的巨大影响，不得已挤占农业用水，牺牲生态用水，但是此举也远未满足实际需求。同时由于地下水供水比例过大，超采严重导致大面积地面沉陷、地裂缝活动加剧等，关中地区目前的水利建设状况已无法满足国民经济发展需要。

（4）水环境问题严重。关中是陕西省的核心区域，集中了全省64%的人口和56%的耕地，灌溉面积占72%左右，工业产值约占全省的70%，对陕西以及西部地区经济社会的发展具有重要带动作用[10]。但是由于缺水问题，以往不得已采取的"超采地下水，牺牲生态水，挤占农业水"等措施，虽然暂时维持了当时经济社会的发展，但是目前已经造成一系列严重的水环境问题，主要表现在以下几个方面[11]：

1）渭河许多支流干涸，近于断流。虽然有12条河流承担向城镇供水的任务，但是在枯水期这些河流连河道最小生态基流都无法满足，有些河流甚至出现断流。

2）关中地下水严重超采区面积达656平方千米，总超采面积已近2600平方千米。地下水的超采导致西安、咸阳、渭南、宝鸡等大中型城市发生地面下沉、地层裂缝等地质问题。西安市区内大的地裂缝达13条，长度约55.2千米，导致2000余座建筑物受到不同程度破坏或损毁[12]。

3）部分河道因生态水量不足，导致水污染问题突出。由于地表水污染和地下水位下降的共同作用，地下水污染加剧。因水量不足和水质污染，尚有1/3的县城供水能力不足。

4. 关中城市化发展与水资源供需矛盾

关中地区目前缺水状况相当严重。伴随着人口的增长、人民生活水平的提高以及工农业生产的快速发展，水资源短缺和水质污染严重等问题已经阻碍了经济社会的发展。随着关中区域经济的进一步发展，水资源的供需矛盾将更加尖锐。

（1）关中地区是陕西省人均水资源量最少的地区。关中地区的水资源与其重要地位极不匹配，人均水资源量315立方米，仅为全国平均水平的14%左右，比黄淮海地区人均水资源量（427立方米）还低26%。人均用水量仅200立方米，不到全国平均水平的一半；亩均灌溉用水230立方米，为全国平均水平的 55%；万元 GDP 用水量约为 45 立方米，仅为全国平均水平的 40%。然而省内的陕南地区，人口虽不足全省的 1/4，水资源量却占全省的 3/4，水资源分布总体呈现南多北少的格局[13]。这些数据说明要想继续通过节水措施来彻底解决关中水资源短缺的问题，效果将极其有限，而依靠外调水源成为解决问题的关键。

（2）关中城镇化和经济社会发展将导致缺水扩大化。关中地区近 20 年来平均挤占生态环境用水 4.03 亿立方米，多年平均超采地下水 4.59 亿立方米。随着区域城镇化水平提高和经济社会的发展，需水已进入了快速增长期，如果没有区外补水措施，缺水量将进一步增大。可以预计，随着城市化的发展，各行业将面临更为严峻的缺水问题。

（3）渭河水源无法满足关中地区经济社会用水。渭河不仅是关中地区经济社会用水的主要水源，同时也是沿岸地下水的重要补给源。近年来经济社会快速发展大大增加了对水资源的需求量，关中地表水、地下水资源被过度开发，渭河沿岸城市严重超采。城乡之间、工业与农业之间水资源供需矛盾突出，关中地区每年失灌面积达到 400 万亩。由于水源不足，一些企业已经处于停产或半停产状态[14]。值得一提的是，20 世纪八九十年代，西安遭遇多次水荒，在水资源极度短缺的情况下，工业、农业和生活用水都受到严重影响，人民生活笼罩在缺水的阴影之下。

图 1-1　西安市老社区居民用水方式实景图

（4）关中城市地下水超采导致大量环境地质问题。西安市在启动黑河引水工程之前仅有一处地表水源地，且取水量很小，其余用水均由地下水源提供，使西安市地下水连年的年超采率达 10% 以上。曾经西安市近郊地下水开采量远远超过允许开采量的 9~15 倍，形成了约 250 平方千米的降落漏斗，漏斗中心埋深在 140 米以下，导致西安大雁塔向西倾斜 998 毫米，钟楼下沉约 394 毫米[15-18]。关中地区的渭南、咸阳、宝鸡等市也因地下承压水过量开采出现了类似的环境地质问题，已危及城市建筑物的安全。

二、水资源短缺抑制陕北地域经济发展

1. 陕北地区地理气候概况

陕北地区是革命老区，位于黄土高原的中心，地势西北高，东南低，总面积约 9.25 万平方千米。该地区是在古地形基础上覆盖新生代红土和很厚的黄土层，再经过流水切割和土壤侵蚀而形成的，根据地貌特征可分为风沙滩区和黄土丘陵沟壑区两大类[19]。风沙滩区主要分布在我国长城沿线以北、毛乌素沙漠以南，西与宁夏沙区毗邻，东与窟野河相接。区内沙丘绵延不断，植物稀少，沙化土地面积达到 96.8%。另一类的黄土丘陵沟壑区在长城沿线以南，包括榆阳、横山等地，区内沟壑纵横、梁峁起伏，水土流失严重[20][21]。

陕北地区属于干旱半干旱区，是典型的中温带大陆性季风气候。春季是最干旱的季节，天气很不稳定，常出现寒潮、扬沙、沙尘暴等恶劣天气；夏季东南季风强，受高温湿润的热带海洋性气团影响大，降雨多且易出现暴雨和冰雹等极端天气[22]；秋季气温逐渐变冷，降雨较多；冬季多北风，具有气温低、降雪少的气候特点。区内干旱灾害频发，尤其以西北部的风沙滩区最多、最盛。

陕北地区降水量较少，多年平均年降水量仅为 401 毫米。降水年内的分布不均，每年的 6~9 月降水占全年总降水量的 75% 以上，且多为历时较短的暴雨。受水汽条件和特殊地形地貌影响，该地区暴雨、干旱、洪水、泥石流等自然灾害频发，预计未来发生干旱的可能性将进一步增加。

2. 陕北地区经济发展状况

陕北地区的煤炭、石油、天然气等矿产资源十分丰富，是国家重要的能源化工基地。由于受到地域条件限制，长期以来该地区经济发展较落

后[23]。陕北的产业结构以农业为主，人均土地面积约为21.3亩，具有人少地多的显著特点[24]。自1978年改革开放以来，陕北地区经过40多年的发展，社会经济取得了有目共睹的成就。

陕北总体发展已进入工业化后期。2017年，榆林进入全国百强市，神木和府谷成为全国百强县。延长石油、陕煤化是陕西省仅有的进入世界五百强的两个企业，其生产经营活动均主要在陕北地区。其中，延长石油是西部地区首家世界五百强企业[24]。

陕北主要是资源型经济，榆林和延安就是典型。这两个城市的石油工业增加值占工业增加值的比例都达到60%以上。石油和煤炭的开采较为严重地污染了地下水水质、土壤等。虽然2020年榆林市人均GDP约11.96万元，居全省第一位，但是它也面临着较为严重的环境问题。榆林北部的生态脆弱，风沙草滩区占总面积的42%左右[24]。煤炭开采也给榆林带来大气污染、水污染等一系列问题，水土流失、植被破坏均比较严重，延安也存在类似情况。

3. 经济发展与水资源短缺的矛盾冲突

陕北地区水土流失严重，由南到北的25县区单位面积水土流失经济损失基本递增。虽然2010年水土流失的强度和面积都较10年前有所降低，但是因为水土流失对环境影响的延迟效应，经济损失总体增长了57.6%[25]。水土流失直接导致土壤生产力下降，养分损失和土地废弃损失是经济损失的主要来源。可以预见，未来社会和环境对水土流失将更加敏感，其酿成的损失还将进一步扩大。

陕北地区水土流失不仅影响国民经济，而且威胁土地资源和生态安全，严重限制了水土资源的可持续利用并制约经济发展。陕北经济增长虽带动了水资源的利用，效果却不大，而水资源短缺对陕北经济发展的制约性却十分明显[26]。解决水资源短缺问题对陕北社会经济发展意义重大。

第二节

陕南水资源与经济发展地域分析

通过对陕南水资源与经济社会发展状况分析，以及秦岭南北水资源差异对比分析，一方面论证汉江能为引汉济渭工程提供丰富的水源，另一方面也表明引汉济渭工程为解决陕南经济发展相对落后问题带来新的契机。

一、陕南水资源相对丰富

陕南，即陕西省的南部，包括汉中、安康和商洛三个地区。陕南北倚秦岭、南靠巴山，发源于秦岭南麓的汉江自西向东从中穿过，干流流经陕西、湖北两省后汇入长江，是长江中下游最大的支流，全长 1577 千米，流域面积约 15.9 万平方千米。汉江在陕西省境内长 652 千米，境内流域面积近 6.7 万平方千米，占全流域面积的 41.9%[27]。

出于地理特征和气候等原因，陕南地区生态环境脆弱，泥石流、洪水等自然灾害频发，给当地经济社会发展造成巨大损失。以汉中市东北部的佛坪为例，该地区位于秦岭南麓，处于暖温带气候区，具有山地森林群落气候特征。年降水量平均 920 毫米，降水最多的 1983 年与最少的 1995 年相差 778.2 毫米。总结降水规律发现，2000 年以来，降水略高于多年平均值，2010 年以来已连续三年超过平均值[28]。2007 年 7~8 月发生了 5 次暴雨，其中包括 3 次大暴雨。2007 年、2010 ~2013 年每年都有超过 3 天的暴雨天气，洪涝灾害时有发生[29]。

陕南地区水资源相对丰富，具有向关中地区调水的水资源条件。

二、陕南经济发展明显落后

承载着"南水北调""引汉济渭"等工程的陕南山区，是陕西省贫困人口的主要地区，也是国务院确定的 11 个连片特困地区之一。截至 2014 年，在陕西 50 个国家级贫困县中，属于陕南地区的就占了一半。城乡居民整体收入仅为全国平均水平的 84%[30]。按照省政府 2011 年确定的家庭年人均纯收入 2500 元的贫困标准，该地区未达标的人口为 307.34 万人，贫困发生率 37.5%，比全省平均水平高 9.3%[31]，扶贫开发任务十分艰巨。

陕南秦巴山区交通条件较差，铁路和公路建设受自然环境和历史双重影响，发展受限。铁路建设由于投资大导致大部分地区无铁路规划。公路建设方面，虽然实现了陕南三市政府所在地有高速公路通过，但是大部分的县、乡公路乃至省道、国道的等级偏低，当地很多经济作物、矿产品和农产品等无法及时运出，严重制约着地方经济发展[30][32]。

陕南多山且土地供给不足，无法开展大规模集约型农业。虽然特产众多，茶叶、核桃、木耳、板栗等品种优良，但至今还未能开发出围绕这些优势农产品的特色产业链。另外，陕南旅游资源丰富，自然环境优美，文物古迹众多，但多数景点鲜为人知，资源优势远没有转化为产品优势与经济优势[30]。

三、秦岭南北水资源反差较大

1. 秦岭南北降水量变化对比分析

20 世纪 60 年代至今，对比位于秦岭南北的陕南和关中，陕南地区降水量多年平均值为 871.3 毫米，关中地区为 582.3 毫米。陕南地区的降水量变化基本按照波动下降—大幅波动回升—波动下降—缓慢回升四个阶段，其中最大值出现在 1983 年，为 1295.1 毫米，最小值在 1997 年，为 610.3 毫米。关中地区降水量变化也呈四个阶段：缓慢下降—均值附近波动—波动下降—缓慢回升，其中最大值出现在 1984 年，为 882.9 毫米，最小值在 1997 年，为 354.8 毫米[33]。总体看来，陕南和关中的年降水量均在波动中呈下降趋势。

降水差异大的原因，主要是受秦岭阻挡，秦岭南侧充足的水汽成为降水的主要因素，陕南地区降水明显多于北侧的关中平原地区。从降水最高与最低的差值来看，陕南地区近似为关中地区的 2 倍[33]。这些数据说明陕南地区降水量丰富，可利用水资源量高于关中地区。

2. 秦岭南北水资源对比分析

对比水资源输入来源，关中地区主要是大气降水和径流输入，陕南主要为大气降水。两个区域的水资源总量主要由大气降水量决定，因为它不仅是径流形成的最重要因素，而且是淡水资源最主要，甚至是唯一的补给源。

秦岭山脉对南北两侧气候环境产生很大的影响，统计秦岭南边的汉江和北边的渭河年平均流量发现，汉江远远超过渭河[34]。但是，除 1981 年和 1983 年的大暴雨外，汉江和渭河年均径流量都随时间推移呈减少趋势。并且，关中地区的减速明显大于陕南[35]。分析表明，虽然存在自然径流量减少的原因，但人口的迅速增长无疑加重了人均径流量的锐减，并且这种趋势还会进一步加剧。与陕南相比，关中人口增长是造成人均径流量减少的重要原因，影响程度大于陕南。为了满足生产和生活需求而过度开采地下水将极不利于各个地区的可持续发展[36]。

根据对人均水资源量这个指标的分析，关中地区人均水资源量在 1400 立方米以下，远小于陕南，主要缺水区域集中在渭河中下游。陕南人均水资源量在 2800 立方米以上，除汉中外其他县市水资源丰富[37]。分析人口密度和人均水资源量的关系可以发现，人口密度与人均水资源量成反比。由此可见，关中水资源的压力更大。

显然，从秦岭南北水资源对比分析来看，引汉济渭工程建设既有必要性也具有可行性。

历史治水与国运兴起密切相关

中国现代水利开创者李仪祉曾经讲过：无论哪一个文明国家，莫有不把治水当作治国的一项最重要的事情[38]。这一理念通过大禹治水神话已经融入了中国古代政治文明。大禹因为治理洪水而被部族推举为领袖，成为九州共主。秦、汉、唐时期的典型治水史实深刻反映出历史治水与国运兴起存在着密切的关系，治水史也一定程度反映了文明史。

一、秦国治水与统一六国

国人治水的历史与华夏文明发展史结伴而行。在这个过程中，秦人表现得格外抢眼，创造了辉煌的业绩。

秦代修建的郑国渠、都江堰和灵渠三大水利工程，代表着中国传统水利工程的高峰成就。

1. 郑国渠奠定了秦统一六国的物质基础

郑国渠建于公元前 246 年，是中国古代著名的水利工程。它由古代韩国著名水工郑国主持兴建，充分利用了渭北平原"西北略高、东南略低"的地形特点，引泾注洛，全长 300 余里。渠首在今泾阳县东北方向，干渠沿北面山脚自西向东延伸，全部实现自流灌溉，最大限度地发挥了工程效益[39]。

据司马迁《史记》记载，郑国渠是一个充满传奇色彩的工程。它原本始于一个疲秦的阴谋，却阴差阳错变成了强秦的惠民工程，成为秦统一六国的强大助力[40]。战国晚期，韩国作为秦国近邻，首当其冲，很有可能被秦国随时吞并。韩王在绝望之下派出郑国为间谍，游说秦国开凿一条大型引泾灌渠以发展农业，借此耗尽秦国人力、物力等。

秦人早有意向开发泾河以东一带的渭北荒野，大规模水利开发计划正符合需求。但是施工过程中，郑国的阴谋败露，当秦王大怒准备杀掉他时，郑国辩解道："始臣为间，然渠成亦秦之利也。臣为韩延数岁之命，而为秦建万世之功。"秦王嬴政很欣赏这个"辩解"，于是继续让郑国完成整个工程。

图1-2　郑国渠首和引水口遗址

郑国渠的建成使关中平原一跃成为旱涝保收的"天府之国"。浑水的引流改良了土壤，在关中东部的低洼平原垦殖出大片良田，形成自西向东连成一片的农业区，使"关中为沃野，无凶年"，为秦统一中国奠定了坚实的物质基础[41]。司马迁在《史记·河渠书》中高度评价郑国渠的修建，认为它对建立强大的秦帝国具有重要意义，之后"秦以富强，卒并诸侯"[42][43]。"疲秦"成了"助秦"，最后变为"强秦"。然而，诡谲的背后其实暗含着合理性："耕战"是秦国的立国思想，水利正是农业的命脉。

郑国渠开了引泾灌溉的先河，对后世具有深远影响。秦朝之后的很多朝代继续在这里完善水利，包括汉代白公渠、唐代三白渠、宋代丰利渠、元代王御史渠、明代广惠渠和通济渠、清代龙洞渠等[44]。民国时期，水利学家李仪祉在杨虎城将军和华洋义赈总会的支持下，建成了主要基于现代水工技术的泾惠渠，继续造福三秦大地。

2. 都江堰构建了秦统一的经济支柱

长期以来，四川平原饱受难以驯服的岷江水患之苦，非涝即旱，有"泽国""赤盆"之称。当雨季来临之时，山洪暴发，岷江水使整个成都平原一片泽国，而岷江东岸由于山脉的阻挡，造成赤地千里的情景。

都江堰的修建改变了这一现象。都江堰建于公元前256年，由秦朝时蜀郡太守李冰主持兴建，耗时18年，建成了这座举世无双的水利工程。从此，成都平原"水旱从人"，四川百姓将李冰奉为"川主"，敬若神明[45]。

都江堰建设于岷江扇状地（也即成都平原）的扇顶，在这里岷江从山谷流至平原。都江堰设在扇顶将岷江河道一分为二，形成外江和内江。通过对河道深浅和宽窄的巧妙设计，可以保证无论丰水期还是枯水期，从内江流入成都平原的水量基本稳定，满足了灌溉等需求，实现了"水旱从人"的目标。都江堰的建设使巴蜀地区摇身一变成为丰饶的粮仓之地，是秦国统一天下不可或缺的经济支柱[46]。

都江堰经李冰父子创建之后，历经汉唐时代的修缮，在宋代达到成熟阶段，留存于今的都江堰是历代治水经验（包括蜀地先民）和技术积累的产物。随着对都江堰的认识逐步深入，渠首各工程之间形成更加紧密的联系，

图1-3　都江堰鸟瞰图

图片来源：四川省水利厅。

最终成为一个环环相扣的系统工程，至今仍在发挥着巨大的作用，堪称因势利导、人与自然有机和谐的典范。

3. 灵渠开通扩展了中原王朝的版图

灵渠建成于公元前214年，在今广西壮族自治区兴安县境内，全长37千米。灵渠接通了长江和珠江两大水系，经过历代数次修缮，迄今仍在通水运行。

秦人修建灵渠有其特殊的历史背景。当时长城一线已经达到农耕土地利用的环境极限，越过长城以北，自然条件只能维持游牧生活。与此相反，长江流域以南是个森林覆盖的荒野，为农业生产提供了无限机会。于是，秦始皇在北方取守势，对南方发动了统一战争。为解决后勤补给难题，史禄经过精确计算，选择在兴安县修建灵渠，将县城东面的湘江源头和西面的漓江源头相连，打通南北水上通道[47]。灵渠建成后，秦国的援兵和补给物资得以顺利地跨越两大水系运抵前线，推动了战事的发展。秦国最终把岭南纳入帝国版图中。

原本湘江和漓江是两条并行却方向相悖的河流，湘江北上且水位低，漓江南下而水位高，如何使北水翻坡、北舟逾越呢？答案就是一个包括铧嘴、渠道、斗门、秦堤等设施的综合水利工程体系[48]。史禄及其官兵经过勘察、对比，根据水位落差计算等，确定了分水点的合适位置，在此修建

图1-4　灵渠鸟瞰图

图片来源：江苏省水利厅，缪宜江。

"人"字堤。"人"字堤由巨石砌成，长约半里。顶部前锐后钝，形如犁头，故名铧嘴，作用是分流，让水三成流入南渠而七成汇入北渠。南渠长约30千米，为克服高差，逐级设置了斗门（现代船闸始祖），用于提高水位，便于舟楫浮渡。

灵渠是世界上第一条船闸式人工航道运河，堪称中国古代运河水利技术的杰出代表，其技术特点是因地制宜，河工建筑有机进化，侧重精确控水以解决河道降水量的季节分布不均问题，综合统筹航运、灌溉以及泄洪的需要。南宋范成大有诗云："治水巧妙，无如灵渠者。"郭沫若则称赞灵渠道："两千余年前有此，诚足与长城南北相呼应，同为世界之奇观。"

4. 自古秦人善治水

如果总结一下秦人为何善于治水，大概的原因有以下两个：一个与政治有关。自西周以来，直至盛唐，将近两千年的时间里，华夏文明的中心一直位于关中，一共有十三个王朝定都关中，统治者对于首都经济区的农业生产及水利建设自然不遗余力，水利事业高度发达。关中地区在如此漫长的历史时段里都是华夏文明的重心所在，所谓"秦人善治水"，也可以说是对于中国人善于治水的符号化表达。另一个则与关中独特的环境生态因素有关。这里的一系列自然地理条件决定了它必须发展水利。关中平原也称泾渭平原，它四面环山，自成一独立地理单元。这里的黄土土质肥沃、组织疏松，利于耕作，只要有充足的水分（灌溉）就可以获得良好收成。战国成书的地理文献《尚书·禹贡》在论及九州土壤及地力时，将雍州（关中平原西部）列为上上黄壤，认为这里土地最为肥沃。但关中平原年平均降水量只有600毫米左右，且雨量分布很不均匀，特别是在农作物需水最迫切的春季，降雨量远远满足不了农业需求，亟须发展人工灌溉[49]。且由于气候干燥，蒸发量大，加上这一带地势低于四周的高原和山地，特别是关中东部地区，地处诸河下游，地下水埋深较浅，大量可溶性盐分上升至地表，造成土壤盐碱化。但如果有充足的水分淋洗，或者用含有细颗粒泥沙的水流淤灌就能改良土壤。

简而言之，关中地区只要解决水的问题，就能迅速发展农业生产，人工灌溉是关中农业生产的命脉。关中地区也具备先天优势，渭河及其支流贯穿关中，提供了比较丰富的水源。三秦人民正是利用了这一天然有利条件，大规模兴修水利，创建了一系列的经典水利工程。

二、汉唐治水与创建盛世

1. 汉代治水与汉朝中兴

西汉定都关中，十分重视关中的水利开发。通过继续维护郑国渠等方式，充分发挥其良好的灌溉作用。同时又充分利用泾水、渭水和洛水等不断开辟新的灌溉系统，关中水利全面开花[50]。

汉代的水利工程当首推汉武帝时期开凿的六辅渠。《汉书·沟洫志》载："倪宽为左内史，奏请穿凿六辅渠，以益溉郑国旁高印之田。"六辅渠建成后，为了加强对整个渠道的灌溉管理，倪宽亲自制定了专门的灌溉用水制度，这说明了中国农田水利管理技术有了明显的进步[50]。公元前95年，赵中大夫白公的引泾溉田建议得到汉武帝的采纳。在白公的主持下，穿渠引泾水，首起谷口，尾入栎阳，注入渭河，广袤200里，灌溉面积4500余顷[36]。白渠修成后，与郑国渠相得益彰，发挥了良好的灌溉作用，人们将二者合称为"郑白渠"。《汉书·沟洫志》记载："郑国在前，白渠起后。举锸为云，决渠为雨。泾水一石，其泥数斗。且溉且粪，长我禾黍。衣食京师，亿万之口。"

白渠吸取郑国渠选线偏高的教训，选择了相对较低的郑国渠南侧。同时白渠总结了郑国渠于百余年间不免湮塞的教训，纠正了其盲目图大的弊端，采取了更加谨慎的态度进行设计，并在实际应用中取得了更长远的效果，从而比较彻底地取代了郑国渠。李仪祉曾言："白公鉴于郑国之失，实事求是，故小其规模。自此以后，迄于唐末，历千余年不败。"一语道出了白渠能迄今经历千余年一直相沿不废的缘由[51]。

除利用泾河灌溉外，渭水、洛水的开发和利用也被重视。引渭工程主要有成国渠和漕渠。成国渠主要灌溉关中西部一带的农田，漕渠除了灌溉渠道两岸万顷农田外，还具备航运条件。漕渠长约150千米，过秦岭后终入黄河，极大地便利了物资运输。

修建于汉武帝时期的龙首渠是引洛工程的主体，是中国历史上第一条地下水渠。工程在穿山而过时创造性地采用井渠法施工，开挖竖井，再凿隧道沟通竖井，成功地解决了地下渠道的修建难题[50]。2020年，龙首渠引洛古灌区入选世界灌溉工程遗产。

图1-5　龙首渠引洛古灌区鸟瞰图

2. 唐代治水与唐朝兴盛

隋唐两代，尤其是贞观开元年间，是中国历史上有名的盛世，也是水利事业大发展的时期。这一历史时期最突出的水利成就就是隋代兴建大运河以及唐代对大运河的进一步改善和扩展。此时作为唐王朝的首都所在和核心经济区，关中地区的水利建设被高度重视，以此为中心的北方农田水利普遍发展，水力机械推广使用，水准测量、水利管理、城市供水技术不断提高。

图1-6　白渠实景图

这个时期的引泾灌溉以白渠为主，它也叫郑白渠、三辅渠、三白渠等。唐代曾多次对郑白渠进行修复或扩建。安史之乱以后，唐王朝由盛转衰，但对郑白渠依然比较重视。直到唐朝灭亡前夕，仍有修复郑白渠之举[50]。唐以后，长安失去首都地位，水利也长期不振。

三、近代治水与关中水利

20世纪20年代以后，陕西人李仪祉开启了近代水利的大门，运用现代水工技术和材料，修建关中八惠，泽被三秦大地。

1. 传统水利的困顿局面

唐朝以后，全国政治经济中心转移，长安再未能够成为全国性的都城，社会经济地位大大衰落，只发挥了一个区域中心的作用，关中的水利事业也随之长期不振。水利史家冀朝鼎编制"中国治水活动的历史发展与地理分布统计表"发现，从春秋到清末2600多年里，历代公共水利工程的兴建中心由北向南渐次移动，与经济发达地区的移动大致同步[52]。陕西水利在首都迁移、丧失政治中心地位以后的盛况不再，就是冀朝鼎提出的"水利周期与王朝周期大致重合现象"的典型例证。

以标志性的引泾灌溉工程为例，由于泾水含沙量很高，灌渠壅塞严重，同时渠首段河床不断下切，引水难度俱增。上述问题仅靠传统水工技术很难完全解决，即使勉力兴建，工程后期维护和保养成本也极其高昂。明清以后，引泾灌区陷入难解的困境。为解决泾河河床下陷以及因为沉积现象而造成的渠首段淤高问题，人们曾因是否把引水口上移至钓儿嘴的峡谷段这一问题而展开过激烈争论。反对者认为自然环境不允许兴修这项工程，所费资金、人工都是一项苛政。争论到乾隆二年（1737年），最终采纳的建议是一项比较顺应自然环境但是规模小得多的计划：放弃在广惠渠渠口上游开辟新渠的设想，而只是汇集龙洞泉以及龙洞泉下游诸多山泉水流入渠道，这一引泾渠道更名为龙洞渠。即便是规模严重缩小的引泉灌溉，至清末也已几乎处于停顿状态[53-55]。这些皆说明，面对泾河特有的水文问题，传统水工技术的潜力已经用尽。千年引泾灌溉的重光，尚要等待现代水利科技及其推动者的出现。

2. 新型灌渠工程的关中八惠

近代以来，水利科学与技术由西方逐渐传入中国，刺激着中国传统水利工程技术的改造与发展。在中国水利近代化转型中，陕西水利建设的杰出代表李仪祉做出了突出的贡献，是带领传统水利走向近代水利的开路人，也是现代水利科学技术的奠基者。

李仪祉 1882 年出生于陕西蒲城。他两次留学德国攻读水利专业，学成归来后参与创办了河海工程专门学校等水利院校，培养了一大批现代水利专门人才，成为一代水利大师[56]。

李仪祉生长在陕西干燥贫瘠、严重缺水的渭北高原，他的终生愿望就是效法郑国、白公，兴修关中水利。1932 年他回到陕西后，历经艰难，在杨虎城将军的鼎力相助下，建成了民国以来第一个大型灌溉工程——泾惠渠。20 世纪二三十年代是陕西历史上的空前低谷期，在一个遭受着饥荒、政治危机、军阀混战、社会动荡、经济萧条的地域兴建巨大的水利工程，其困难可想而知。杨虎城将军撰写的碑文《泾惠渠颂》和李仪祉为此文做的跋语，都以深沉而悲壮的语调记录了工程的建设背景和艰难的施工经过[57]。

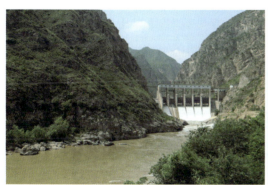

图 1-7　泾惠渠实景

泾惠渠首期建成后，李仪祉辞去省外所有职务，专任陕西省水利局局长，全心投入到实施"关中八惠"（八个灌区的统称，包括泾、渭、洛、梅、黑、涝、沣、泔）的宏伟规划中去。至 1938 年李仪祉逝世，泾渭洛梅四渠已初具规模，灌地 180 万亩，初步实现了"郑白宏愿"[57]。当地百姓感念李仪祉兴修水利的功德，称其为"关中龙王"。

李仪祉在设计修建"关中八惠渠"时，不仅继承了中国古代水利建设的优良传统，而且充分应用了近代西方水利科学技术，大量运用水泥、钢筋等现代材料，使用现代水工测量仪器，引入更为科学的灌渠管理制度等。历经千年而不辍的引泾灌溉事业在现代水利科技的助力下，焕发了新的生命。

李仪祉特别研究了新型灌渠工程的管理问题。他力求将渠道管理集中在一个统一的政府机构之下，为此专设泾惠渠管理局。这是个新旧结合的体系，原来的"水老""渠长"和"斗夫"继续担任监督、维修与纠纷仲裁等职责，但这些任职者必须通过投票选举产生。经过李仪祉的改革，渠绅的权力虽然没有彻底消失，但已大大受制于系统化管理。他们与地方水利官员对渠堰进行合作性治理已成为等级制水利治理中的重要一环。在该体系中，省水利局是最高职能和权力部门，以工程师与技术人员为主导的水利资源治理逐渐取代了以地方士绅为中心的旧水利秩序[58]。

关中八惠的修建令陕西在民国时期获得"陕西水利，居全国之冠"的荣誉[59]。时人评论："民国时期陕西的农田水利事业，不管是新式水利工程的数量、规模，还是近代化的程度，都是其他各省难望项背。"

四、水利工程与关中核心地位确立

1. 关中平原的核心地位确立时期

关中平原自西周开始至汉及唐，始终是中国的政治心脏地带，同时也是一个非常重要的经济区。司马迁盛赞关中"膏壤沃野千里"，说"关中之地于天下三分之一，而人众不过什三，然量其富，十居其六"。可以想见，关中平原经过历代劳动人民的辛勤开发，到了司马迁生活的汉代，其土地拥有优良的地力，以致它所提供的财富占当时全国的相当大部分。关中之所以千百年来一直保持着它作为中国古代十分重要的农业经济区的地位，和水利事业的不断发展有着直接的关系[60]。

2. 水利工程对核心地位的促进作用

从《诗经》以及其他一些古籍中可以了解到，到了西周，关中地区的小型灌溉工程已经比较普遍，比如与井田制相联系的"沟洫"。人们已经在这块土地上兴建陂塘，储蓄雨水和河流来水，以便灌溉作物。但是，当时陂塘容积比较小，对于经常受干旱威胁的关中地区来说，灌溉还是缺乏保证。所以，多数情况下仍然靠着天时以及主要作物的适应力自然生产，因而产量较低，而当时的主要农作物都是一些耐旱作物。

战国晚期至秦汉，关中地区是秦汉都城所在地，人口大量增加，粮食需求量也越来越大。为了解决首都的粮食问题，除了依靠漕运，更重要的还是大力扶持本地农业生产。然而要扩大种植面积和提高产量，就需要水利事业大发展。在这种情况下，著名的郑国渠、白渠，以及漕渠、六辅渠、成国渠等一系列大规模渠系陆续兴建起来。于是，关中可灌溉的土地面积大大增加，特别是因为泾、渭两河含有大量的泥沙，引泾、渭二水灌田不仅能有效地供应农作物生长所需水分，而且可以对盐碱地实行洗土放淤，改良土壤，使盐碱地一变而为沃野[50][61]。凡是兴建灌溉渠道的地方，原种禾麦的可改种水稻，产量也大大提高。

水利对于促进关中地区经济发展的另一个重要方面是漕运，这是统治阶级十分关心的事。关中地区虽号称天下财富"十属其六"，但单靠本地区供应不可能满足庞大的首都人口和军事用粮需求。因此，在西汉时期，外地向关中漕运的粮食，最初每年几十万石而后期达到几百万石[62]。为了保证漕运任务，在修船造仓方面投入巨大，耗费惊人。

八百里秦川的关中地区主要是黄土地带，一经灌溉，就会沃野千里。在生产力还比较低下的古代社会，这对经济发展极其有利[61]。但是，由于黄土影响，河流含有大量泥沙，灌溉渠系极易淤塞，需要花费高昂的维护成本、妥善的管理和定期维修等，否则就不能稳定地发挥灌溉作用。唐朝后期诸种因素造成关中水利事业也随之不振，整个北方经济区也被后起的江淮和江南经济区所超越。水利是农业的命脉，水利兴则百业兴，这一点在陕西治水史上体现得格外真切。

五、治水史与文明史一样悠久

1. 治水史与文明史的关系解析

特有的自然地理环境决定了中国治水史与文明史同样悠久。地域辽阔的中国，不同区域的地形地貌和季风气候等自然条件千差万别，由此产生了不同的水利问题。

水利文明是自然、社会、文化诸因素相互作用和制约的产物，是一个综合了自然—人类能动性的反馈系统。著名历史学家汤因比在解释历史上各大文明兴衰成败时提出了挑战—回应理论[63]。汤因比认为，每个文明在其生存发展的历史进程中都要面对自然和人文环境的挑战，挑战过大，超出其承受能力，文明会夭亡。而挑战过小，太过顺利，文明又陷于怠惰，同样会走向衰败。华夏文明的治水故事堪称一个挑战—回应良性适中的模式：面临着若干气候和地理条件的严峻挑战，华夏先民和历代劳动人民的回应方式之一就是创造性地治水，并在此基础上孕育出灿烂的农耕文明。

2. 陕西治水史与文明史的反馈作用关系解析

陕西是华夏文明的重要发祥地，也是中国治水文明的主要策源地和中心区域。人水矛盾，也就是文明发展所迫切需要解决的关键问题，在这片土地上表现得尤为突出。反过来，秦人也因为历经数千年而延绵不绝的治水活动，化水害为水利，进而享有"秦人善治水"的美誉。中国传统水利的两次高峰都是以关中平原为中心舞台，这绝非偶然。首先是春秋战国空前的历史大变革时期，由于技术和社会组织的突破，在前期小型水利的基础上，秦人掀起了一个大规模建设水利工程的高潮，如郑国渠、都江堰、灵渠等。传统水利的另一次灌溉与防洪工程建设的高潮发生在汉唐时期，尤其是以关中平原为核心统治区域的盛唐，将中国古代文明推向了顶峰，由此带来水利工程的进步和普及。

进入 20 世纪，沉寂几个世纪的陕西水利再次迎来了迸发，代表着中国水利从传统迈向了近代化。"这一时期的水利建设，不独在西北地区来说成就最大，在全国也属佼佼者。"陕西近代水利的成就与李仪祉先生的努力是分不开的，这位被当地百姓敬奉为"龙王"的水利学家是中国水利从传统向近代化转型的标志性人物。

从郑国渠到今天的引汉济渭是一个千年不辍的历史传承。今天的秦人所继承的是一项双重的遗产：物质上的继承是一系列的水利灌溉网络，而精神上的继承则是一段悠久的水利整治经验史及其不屈不挠的治水精神。引汉济渭人赓续秦人善治水的优良传统，建设千年工程，以科技创新攻克施工中遭遇的诸多世界级难题，在信息化、智能化及生态化等方面，努力走在当代水利的前列。

第四节

南水北调宏观战略与本项目使命

南水北调工程体现了国家的宏观战略，而引汉济渭工程同样具有重大的项目使命。

一、国家南水北调宏观战略

自古以来，中国的基本水情一直是夏汛冬枯、北缺南丰，水资源时空分布极不均衡。水资源总体短缺，南北方的人均水资源量差异显著。例如 GDP 占比约为全国 1/3 的黄淮海地区，人口约占全国的 35%，但是水资源量仅占全国的 7%。这样计算下来，人均水资源量仅为全国的 1/5。南水北调东、中线工程虽然可以极大地缓解其中淮海地区的水资源供需矛盾，但对于黄河流域来说，由于其自产水最低，且下游"地上河"的特点，无法利用现时南水北调工程的"一滴水"。虽然规划的西线工程能够给黄河供水，但其何时建成还未可知。即使未来通水，它也依然无法缓解黄河最大支流——渭河的供水难题，因此兴建引汉济渭工程是国家水资源战略布局中不可或缺的一环[13]。

与南水北调东线、中线相比，引汉济渭工程所引之水具有更大的重复利用价值。南水北调的水量入供点大多距离入海口较近，退水流程短，重复利用的次数少，并且退水无法进入黄河干流，不能发挥冲沙作用。引汉济渭工程的退水进入渭河后再由潼关汇入黄河，退水流程比南水北调东、中线长500 千米以上，潜在的重复利用次数多，且具有输沙作用。因此，引汉济渭每立方水的利用效率更高[13]。

南水北调中线工程与引汉济渭工程虽有用水竞争，但更多是具有明显的协同效益。南水北调中线工程缓解了中国海河、淮河流域的水资源供需矛盾，引汉济渭工程将解决黄河流域里最缺水的渭河流域水资源供需矛盾，直接受益人口 1411 万人（关中地区），间接受益人口 500 万人（陕北地区）。南水北调东线、中线一期主体工程建成通水以来，已累计调水 400 多亿立方米，直接受益人口达 1.2 亿人，在经济社会发展和生态环境保护方面发挥了重要作用。两项工程将合力保障黄淮海三个流域的供水安全，合计受益人口约 1.5 亿人，占全国总人口的 10%以上[13]。两项工程将联合为实现国家水资源的空间均衡配置发挥重要作用。

二、引汉济渭工程历史使命

引汉济渭工程不仅可以缓解关中的缺水现状，而且可以为陕北地区新增部分黄河用水指标，解决陕北和关中 90%经济总量和 29%水资源量的矛盾。引汉济渭工程的历史使命可体现在如下几个方面：

1. 支撑关中地区经济社会可持续发展

面对关中和陕北当前以及未来可以预见到的越来越严重的缺水问题，在立足利用本省资源解决的前提下，只能考虑从富水的陕南调水，滋润关中、解渴陕北。在满足陕南发展需求的基础上，将多余的水调入关中，通过水权置换，部分用水指标由关中转移到陕北。同时通过工程的建设，带动陕南经济发展。水资源的合理调适不仅能够解决关中地区水资源与经济社会发展不协调这个主要矛盾，而且对陕南和陕北的发展具有显著的促进作用。

早在 20 世纪 90 年代初，陕西省政府就提出了建设省内大型跨流域调水工程。历经多年的调查研究、全面规划、比较优选等，最终确定建设引汉济渭工程，这是解决关中地区迫在眉睫的缺水问题唯一可行方案。

引汉济渭工程预计年平均调水量 15 亿立方米，对缓解关中资源性缺水，优化水资源配置，改善区域生态、保障民生，促进经济可持续发展等具有十分重要的保障作用。

2. 改善渭河水资源环境恶化状况

关中地区由于缺水，已造成一系列严重的水环境问题。引汉济渭工程将通过替代地下水、退还生态水和增加达标排放水等方式，增加渭河水量 7 亿~8 亿立方米[64]。通过引水，渭河的自净能力将被提高，生态环境将得以改善。而且工程还将增加由渭河流入黄河的水量，为黄河的治理做出贡献。工程将会涵养和保护地下水资源，减轻地裂缝和地面沉降对城市环境的危害。水资源总量的增加和水循环优化有利于形成良好的水环境，人们生活质量和经济社会发展速度将得到改善和提升。

引汉济渭工程不仅能够在一定程度上遏制渭河流域环境恶化程度，而且还可以减小黄河中下游区域的水环境压力。因此，建设引汉济渭工程是转变经济发展方式和建设资源节约型、环境友好型社会的迫切需要。

3. 促进国家能源化工基地经济社会发展

陕北东临黄河，北属呼包鄂榆地区，煤、油、气、盐等资源丰富，是国家重点建设的能源化工基地，但是水资源短缺已经成为制约地方建设开发的关键因素。

为满足国家能源化工基地发展要求，陕北只能从黄河干流引水以解决基地用水难题。由于陕西省黄河流域可开发水资源量有限和国家对黄河水权的配额管理，加之近几年黄河水量减少等因素，基地近期较大规模地引用黄河干流水困难较大。同时，陕北能源化工基地发展对黄河调用水需求量迅速增长的矛盾也更加突出。

引汉济渭工程在近期可以解决关中缺水状况，近、中期可以缓解陕北的国家能源化工基地用水需求，是陕西省水资源统筹兼顾、影响长远的永久配置措施，将对社会发展起到明显的促进作用。

4. 优化陕西水资源时空配置

（1）统筹水资源与经济社会发展时空分布，支撑渭河生态文明。

陕西拥有丰富的矿产资源，关中地区具有率先发展的区位优势和潜力，而水资源的短缺和时空上的分布不均，已成为关中乃至陕西经济社会可持续发展的瓶颈之一。引汉济渭通过引水、调水和配水，可合理调配省内水资源分布，彻底解决陕南与关中水资源自然禀赋与经济社会发展不协调的矛盾。在解决缺水问题的同时，通过替代超采地下水和归还超用的生态水量，有效增加渭河生态水量，遏制生态恶化并减轻黄河水环境压力，这也是渭河流域综合治理的重要措施之一。

（2）增加水资源承载能力，保障西安国际化大都市、大关中经济社会又好又快发展。

引汉济渭调水主要配置给以西安、咸阳、渭南、杨凌等为中心的沿渭城市群，满足人们生活和工业生产需要。同时调用产生的回归水还可以补充渭河，提升关中地区水资源承载力和渭河的环境容量。工程实施后，调水15亿立方米可以增加受水区城市和工业13.5亿立方米的净供水量。届时，大关中城市群化、生态化、工业化发展才能得到保障，也才能改变乡镇群众饮用污染水、苦咸水、高氟水的历史，解决渭北农村缺水问题。只有关中的发展得到保障，陕西的可持续发展才能获得持续的带动力量，国家西部大开发规划的三大经济区之一的"关中—天水"经济区才有保证。因此，引汉济渭是保障经济社会又好又快发展的战略性措施。

引汉济渭工程的配水工程，可以给渭河两岸重要城市、西安咸阳接合处的园区等实现保证性供水。工程也可为将西安建成为国际化大都市提供重要水资源保障，通过区域资源有效整合，加快西咸一体化建设，实现建设大西安、带动大关中、引领大西北的宏大目标。

（3）推进城镇供水联网调度系统建设，提高水资源利用效率。

关中水利开发历史悠久，从秦郑国渠到近代"关中八惠"，历史表明"善治秦者先治水"。关中地区已形成了以自流引水为主，蓄、引、提、井相结合的水利灌溉网络[65]。20世纪90年代以来，陕西通过建设黑河引水等多项工程缓解城市工业及生活用水供需矛盾，冯家山、石头河水库等原农灌水源也逐步转向城镇生活和工业供水。

关中地区农灌和城乡供水基础较好，城市（镇）具有沿渭河两岸集中分布的特点。水网建设以引汉济渭工程建设为契机，以包括黑河金盆、石头河水库等骨干水利工程为依托，建设成以"引汉济渭"工程为主体的城镇供水联网调度系统，是逐步构建城乡一体化关中水资源配置网络，加快实现关中地区水资源优化配置，长远提高水资源利用效率的重要措施。

（4）与国家中线调水统筹兼顾，确保水源地保护。

为保证国家南水北调中线水质和水量安全，从全国"一盘棋"的大局出发，陕西省将陕南地区的水资源和水环境承载能力让位于中线调水，为南水北调、为国家大局做出了贡献。为保护中线水源地，陕西省限制了境内汉江流域工矿企业和城镇建设的发展，产业和城镇人口势必将加快向关中地区聚集，加大关中缺水和水环境压力。实施引汉济渭工程，可以缓解关中缺水和水环境压力，保证陕南水源地保护措施的落实。

综上所述，引汉济渭工程从陕南汉江调水至渭河流域的关中地区，是陕西省实施水资源优化配置，解决关中、陕北水资源短缺，促进陕南、关中、陕北三大区域协调发展的基础性、全局性、战略性水利工程[66]。

关中地区在陕西甚至全国经济社会发展中有着十分重要的地位，化解水资源短缺刻不容缓，建设引汉济渭调水工程是国家经济建设与陕西省长远经济社会发展的战略任务，是保障和改善民生、促进社会和谐稳定的迫切需要，是有效遏制渭河水生态环境恶化，转变经济发展方式和建设资源节约型、环境友好型社会的急迫要求，同时也是近、中期解决国家能源化工基地用水需求，实现全省水资源优化配置的永久性措施，对减轻关中地区环境地质灾害，增强抵御自然灾害综合能力具有重要作用。因此，建设引汉济渭工程既非常必要又十分紧迫。

图 1-8　引汉济渭工程效益分布示意图

通过引汉济渭工程，不仅可以盘活秦岭南北的水资源，更重要的是长江文化与黄河文化的碰撞和交融，必将成为共同推进中华文明发展的典范工程和千年工程！

第二章
目标高远，工程建设多挑战

本章围绕引汉济渭工程展开全面介绍和分析。除对引汉济渭工程基本情况进行概要介绍外，对工程方案的形成过程进行分阶段论述，表明引汉济渭工程是一个具有高远目标的战略工程、民生工程、绿色工程和千年工程。在此基础上，从工程遭遇到的各种困难和问题，多角度分析工程面临的各种严峻挑战，进一步从工程管理多方难点出发，分析企业亟待精准管理模式创新的缘由。

第一节
引汉济渭工程简介

引汉济渭工程是连通汉江、渭河两大水系，破解陕西省全局性水资源瓶颈制约、实现省内水资源配置空间均衡、促进全省社会经济可持续发展和人民生活水平提高的战略性民生性重大水利基础设施建设项目，被列入国家"十三五"期间加快推进的 172 项重大节水供水工程名录。该工程由调水工程和输配水工程两部分构成。

调水工程（一期工程）由 98.3 千米秦岭输水隧洞、黄金峡水利枢纽和三河口水利枢纽三大部分组成。核定工程静态总投资为 175 亿元，总投资为 191 亿元，施工总工期 78 个月。主要任务是将陕南的汉江水引入关中的渭河流域，逐步实现 2025 年多年平均调水量 10 亿立方米，2030 年多年平均

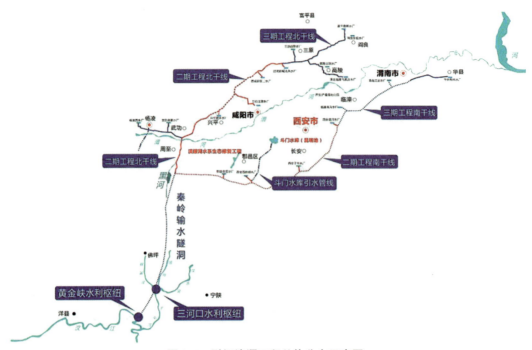

图 2-1   引汉济渭工程总体分布示意图

调水量 15 亿立方米。

输配水工程（二期工程）由黄池沟配水枢纽、输水南干线、输水北干线及 20 条支线和配套设施组成。主要任务是将一期工程调引的水输送到各受水对象，实现水源科学配置。二期工程（输配水干线工程中上游段）核定工程静态总投资为 187 亿元，总投资为 199 亿元，施工总工期为 60 个月。

工程建成后，可满足西安、咸阳、渭南、杨凌 4 个重点城市及沿渭河两岸的 11 个中小城市、西咸新区 5 座新城和渭北工业园区（高陵、临潼、阎良 3 个组团）等 21 个受水对象的生活及工业用水，归还被挤占的农业用水，可以有效改变关中地区超采地下水、挤占生态水的状况，实现地下水采补平衡，防止城市环境地质灾害，可增加 500 万人城市用水，受益人口 1411 万人，支撑 GDP 7000 亿元。

第二节

工程建设方案确定

为说明工程建设方案的确定和优化过程，本节从工程前期基本设想、工程立项期方案设计和工程建设期方案优化三个阶段做了介绍。

一、工程前期基本设想

1. 工程早期设想

早在 1952 年，作为当地学校教师的黄世荣老先生，就大胆提出在汉江黄金峡段建设水力发电站的设想，通过查阅资料和实地考察，最终写成一份建议书，递交给了国家水利部，得到了时任国家水利部部长的傅作义及副部长李葆华、张含英的回信肯定。虽然当时尚不具备开发相应水利工程的各类条件，但该工程设想开始引起各级政府的关注，也可以说引汉济渭工程项目已进入了最初的基本构想阶段。未曾料到几十年后，黄世荣老先生的梦想正在逐步变为现实。

2. 工程前期调研

引汉济渭工程真正进入政府运筹决策视野应当是 20 世纪 90 年代初，陕西关中地区资源性缺水严重，人们日常生活吃水都成了问题，再加上对渭河过度利用，引发其干、支流频繁断流，水污染不断加剧，生态环境问题也日益突出，这已成为制约陕西经济社会发展的瓶颈问题。鉴于当时缺水问题的严重性，及其对今后经济社会发展的严重制约，陕西省委省政府开始着手研究从水量丰沛的陕南地区向关中调水的各种可能方案。

引汉济渭工程前期经历了三个主要阶段：第一阶段（1993~1995 年）为全面普查阶段；第二阶段（1997~2003 年）为综合规划阶段；第三阶段（2004~2005 年）为引汉济渭工程前期论证阶段。

经过陕西省有关部门多方努力和深入调研后，最终从嘉陵江和汉江水系的 18 个取水点、9 条调水线路中筛选了引汉济渭、引红济石（年调水 0.95 亿立方米，已建成）、引乾济石（年调水 0.45 亿立方米，已建成）3 条调水路线。

　　与此同时，国家有关部门也对南水北调西线向关中供水、引洮济渭、引江济渭等工程方案进行了深入研究，并与引汉济渭方案进行了全面比较，最后认为引汉济渭是近期较为现实、有效的可选方案。随后，2005 年国务院批复的《渭河流域重点治理规划》、2009 年 7 月经国务院批准颁发的《关中—天水经济区发展规划》以及《全国水资源综合规划》《长江流域综合规划》《黄河流域综合规划》等都将引汉济渭工程纳入其中。

　　3. 初步方案形成

　　按照 2003 年省水利厅编制的《陕西省南水北调总体规划》，引汉济渭工程是总体规划选定三条调水线路中调水量最大的主体线路，取水位置选于黄金峡入口至石泉之间的汉江大转弯处。根据调水区和受水区的地形条件，为尽量减少调水过程的抽水能耗，同时避免集中取水对黄金峡梯级发电的影响，工程采用在汉江干流和支流子午河两处分散取水、联合运用的调水方式，干流取水点选于规划黄金峡梯级的库区金水沟口附近，而支流子午河在黄金峡坝址紧下游汇入，取水点选于中游汶水、蒲河、椒溪河三条支流汇合口以下的三河口村。并在引汉济渭工程的总体布置规划中形成了抽水、自流与抽水加自流（简称混合）三个方案。

　　（1）抽水方案。

　　该方案是在干流黄金峡水库和子午河中游三河口水库（仅调蓄三河口本身径流，简称低坝）分设抽水站取水，分别自两库死水位 440 米和 560 米抽水至 840 米高程（地形扬程分别为 400 米和 280 米），分设支渠至椒溪河右岸案板沟钟家院村汇合，向北设干渠从佛坪县城以北约 2.0 千米处的后沟口附近进洞，以 39.0 千米的长洞跨越秦岭主峰，在虎豹沟口以上约 2.5 千米处进入渭河支流黑河，出口渠底高程约 816 米。为了对调入水量进行调蓄，拟在黑河金盆水库以上规划陈家坪水库 1 座，并在下游已成的黑河金盆水库左侧增设放水闸，进入渭河流域水资源配水系统。

　　（2）自流方案。

　　该方案是把子午河水量经三河口水库（低坝）调蓄发电后进入黄金峡水库，再从黄金峡水库区设取水口，以超长隧洞自流引水入渭的规划方案。在三河口水库坝后电站尾水（约 537 米）取水后自流引水至金水沟设二级电站，尾水与汉江水源汇合，再从黄金峡水库死水位 440 米高程取水，经 100 千米长隧洞跨越秦岭，于黑河支流田峪河出洞，出口高程 412 米。

（3）混合方案。

该方案是从黄金峡水库库区设抽水站，从水库死水位 440 米抽水至 643 米后，再以总长 16.23 千米的输水支渠汇入三河口水库（高坝），经三河口水库对汉江和子午河来水进行调节后，以 63.0 千米长的越岭隧洞自流进入黑河金盆水库库区（正常高水位 594.0 米）；通过金盆水库左侧增建的放水洞引水进入渭河流域水资源配水系统。

对三个方案进行多方面比较论证后，认定混合方案是三者之中最有竞争力的可选方案。于是，确定以此方案为蓝本，进一步对方案展开详细论证和逐步完善。

二、工程立项期方案设计

2005 年 8 月，陕西省委明确了建设引汉济渭工程的意见，工程项目建议书前期准备工作就此开展。2007 年 12 月，水利部与陕西省人民政府联合召开了引汉济渭工程项目建议书咨询论证会议，2008 年 12 月水利部水规总院召开了项目建设书技术审查会议，会议原则通过了项目建设书审查。2011 年 7 月国家发展和改革委员会批复了引汉济渭（调水）工程项目建议书。2011 年 8 月，水利部水规总院对引汉济渭（调水）工程可行性研究报告进行了技术审查，本次审查会议确定了引汉济渭（调水）工程的总体方案。在开展项目可研报告报审的同时，压茬推荐引汉济渭（调水）工程可研阶段压覆矿产、文物评估、节能评估、水保、环评等各项工作报批工作。截至 2014 年 5 月，移民安置规划大纲、规划报告、水土保持方案、环境影响报告书、建设规划同意书、取水许可申请、节能评估报告、建设项目选址报告、压覆矿产资源储量核实报告、地质灾害危险性评估报告、地震安全性评估报告、文物影响评估报告、社会稳定风险评估报告等国家发展和改革委员会可研审批所需前置条件已全部获得相关行政职能部门的批复。2014 年 11 月，国家发展和改革委员会批复了引汉济渭（调水）工程可行性研究报告。2015 年 4 月，水利部批复了引汉济渭（调水）工程初步设计报告。至此确定了（调水）工程各项建设指标。

在开展调水工程的同时，引汉济渭输配水工程前期各项工作有序推进，2014 年 10 月，编制完成引汉济渭二期工程项目建议书，2015 年 9 月，陕西省发展和改革委员会、陕西省水利厅报请陕西省政府同意联合印发了《引汉济渭输配水干线工程总体规划》。2015 年 11 月，水利部水利水电规划设计总院完成项目建议书技术审查。2016 年 8 月，经省委省政府积极争取，国家发展和改革委员会同意引汉济渭二期工程主要骨干段内容在国家层面立项审批。2017 年 3 月，组织完成了二期工程的可研报告并上报审查，2017 年 7 月，通过了水利部水电规划设计总院组织的技术审查，2018 年至 2019 年 7 月，基本完成项目选址、水保、环评前置要件等 35 项批文办理。2019 年 3 月，水利部向国家发展和改革委员会报送可研审查意见。2019 年 3~9 月，陕西省发展和改革委员会衔接国家发展和改革委员会，就二期工程建设规模达成一致意见，2020 年 1 月，国家发展和改革委员会正式受理二期可研，2020 年 4 月，受委托评估机构中咨公司召开了二期可研评估会议，2020 年 7 月，国家发展和改革委员会批复引汉济渭二期工程可行性研究报告。2021 年 4 月，中华人民共和国水利部正式批复了二期工程初步设计报告。至此确定了二期工程各项建设指标。

经过前期持续探讨和多方论证，最后形成了引汉济渭工程的项目规划目标。

1. 工程总体布局

（1）引汉济渭调水工程。

调水工程由黄金峡水利枢纽、三河口水利枢纽和 98.3 千米秦岭输水隧洞三大部分组成。

黄金峡水利枢纽位于汉江干流黄金峡锅滩下游两千米处，多年平均径流量 76 亿立方米，多年平均调水量 10 亿立方米，是引汉济渭工程的龙头水源工程，也是汉江上游梯级开发规划的第一级。枢纽工程由挡水建筑物、泄洪消能建筑物、泵站、电站、通航建筑物及过鱼建筑物组成，其主要任务是调蓄干流来水，向关中地区供水，兼顾发电。拦河坝为碾压混凝土重力坝，最大坝高 63 米，坝顶高程 455 米，总库容 2.21 亿立方米，调节库容 0.98 亿立方米，正常蓄水位 450 米；河床式泵站安装 7 台水泵机组（6 用 1 备），单机功率 18 兆瓦，总装机功率 126 兆瓦，泵站设计流量 70 立方米/秒，设计净扬程 106.45 米。坝后式电站安装 3 台发电机组，单机容量 45 兆瓦，总装机容量 135 兆瓦，多年平均发电量 3.87 亿千瓦时。

图 2-2 黄金峡水利枢纽开工前实景

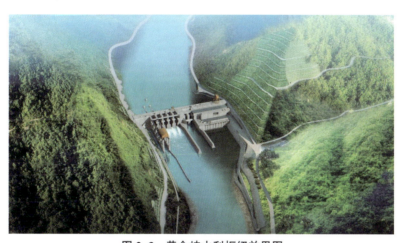

图 2-3 黄金峡水利枢纽效果图

三河口水利枢纽位于佛坪县与宁陕县交界的子午河峡谷段，在椒溪河、蒲河、汶水河交汇口下游 2 千米处，是引汉济渭工程的两个水源之一，多年平均调水量 5.46 亿立方米。工程由挡水建筑物、泄洪消能建筑物、泵站、电站、引水建筑物及连接秦岭输水隧洞控制闸的坝后连接洞组成，其主要任务是调蓄支流子午河来水及一部分抽水入库的汉江干流来水，向关中地区供水，兼顾发电，是整个调水工程的调蓄中枢。拦河坝为碾压混凝土双曲拱坝，最大坝高 141.5 米（原设计最大坝高 145 米，建基面优化后，坝基抬高 3.5 米），坝顶高程 646 米，正常蓄水位 643 米，总库容 7.1 亿立方米，调节库容 6.62 亿立方米。坝后泵站和电站共用一个厂房，安装 2 台水泵水轮机组（可逆式机组）和 2 台常规水轮发电机组。水泵水轮机组单机功率 12 兆瓦，总装机功率 24 兆瓦，设计流量 18 立方米/秒，设计净扬程 91.08 米。电站的 2 台水轮发电机组和泵站的 2 台可逆式机组可共同发电，总装机容量 60 兆瓦（单台常规 20 兆瓦，单台可逆 10 兆瓦），多年平均发电量 1.33 亿千瓦时。

图 2-4　三河口水利枢纽开工前实景

图 2-5　三河口水利枢纽效果图

秦岭输水隧洞全长 98.3 千米，最大埋深 2012 米，设计流量 70 立方米/秒，纵坡 1/2500，由黄三段和越岭段两部分组成。黄三段进口位于黄金峡水利枢纽坝后左岸，出口位于三河口水利枢纽坝后（约 300 米处）的控制闸，全长 16.48 千米，采用钻爆法施工，沿线共布设 4 条施工支洞；越岭段进水口位于三河口水利枢纽坝后的控制闸，出口位于陕西省周至县境内黑河右岸支流黄池沟内，全长 81.78 千米，采用钻爆法（46.81 千米）和 TBM 法（34.97 千米）施工，其中穿越秦岭主脊段，采用两台 TBM 由南北双向对打，沿线共布设 10 条施工支洞。

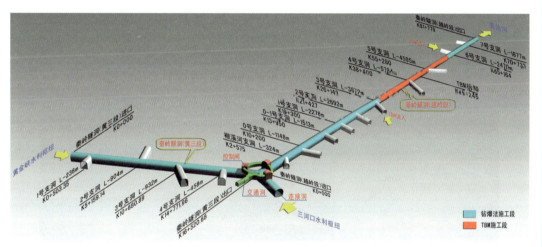

图 2-6　秦岭隧洞工程布置示意图

（2）引汉济渭输配水工程。

引汉济渭二期工程建设内容主要由黄池沟配水枢纽、南干线工程和北干线工程三部分组成。

黄池沟配水枢纽包括分水池、黄池沟泄洪设施、池周进出水闸、黑河连接洞、黑河供水连通洞等建筑物。黑河连接洞和黄池沟黑河供水连通洞的设计流量分别为 35 立方米/秒和 15 立方米/秒。

南干线工程由隧洞、倒虹吸、渡槽、箱涵及分退水设施等组成，线路长 100.41 千米，进水闸设计流量 47 立方米/秒。

北干线工程由隧洞、压力管道、倒虹吸、管桥、箱涵、进出水池及分退水设施等组成，线路长 89.54 千米，进水闸设计流量 30 立方米/秒。

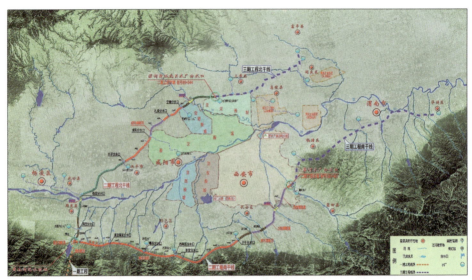

图 2-7　引汉济渭输配水工程示意图

图 2-8　黄池沟配水枢纽效果图

2. 调水规模

引汉济渭工程立项阶段设定近期设计水平年为 2025 年，多年平均调水 10 亿立方米（采用受水区 2020 水平年水资源供需平衡成果）。远期设计水平年为 2030 年，受国家南水北调中线工程的影响，在国家南水北调中线工程后续水源工程建成后，多年平均调水 15 亿立方米。

3. 建设工期

（1）调水工程。

工程总工期 78 个月。其中，黄金峡水利枢纽 52 个月，三河口水利枢纽 54 个月，秦岭输水隧洞黄三段 54 个月，越岭段 78 个月。

（2）二期工程。

工程主要由黄池沟配水枢纽、南干线工程、北干线工程三部分组成。总工期设置为 60 个月。

4. 工程投资

（1）调水工程。

2015 年 4 月，水利部批复的初步设计报告确定调水工程（一期）静态总投资为 175.13 亿元，总投资为 191.25 亿元（不含送出工程投资）。

（2）输配水工程。

2021 年 4 月，水利部核准陕西省引汉济渭初步设计报告准予行政许可决定书（水许可决定〔2021〕81 号），二期工程（输配水干线工程中上游段）核定工程静态总投资为 187 亿元，总投资为 199 亿元。

三、工程建设期方案优化

2015 年 4 月水利部以水总〔2015〕198 号文批复了《陕西省引汉济渭工程初步设计报告》后，引汉济渭工程进入了全面开工建设阶段。

1. 工程总体布局优化

规划阶段所推荐的总体布局方案为：从黄金峡水库抽水约 220 米，通过黄三隧洞输入三河口水库，经三河口水库统一调节后进入秦岭隧洞，出秦岭隧洞进入岭北黑河金盆水库，通过金盆水库统一配置，最后进入关中供水系统。

这一方案的优点是秦岭隧洞长度适中，调出区、调入区均有水库调节，工程调度运行方便；缺点是对三河口的总库容利用不充分，死库容约占总库容一半。

项目建议书阶段前期，继续沿用了规划阶段推荐的总体布局方案，确定黄金峡泵站抽水扬程 217 米，三河口水库调节库容 3.34 亿立方米，秦岭隧洞长度 65 千米。

水利部水规总院对项目建议书审查过程中，要求按照不影响南水北调中线及汉江下游用水的原则下实施调水。由此长江委设计院给出了新调水方案：秦岭隧洞长度增加到 77.09 千米，三河口水库调节库容从 3.34 亿立方米增加到 5.5 亿立方米。黄三隧洞出口位于三河口水库内，黄金峡泵站抽水 217 米。这一方案成为水利部水利水电规划设计总院审查推荐的方案。

在中咨公司对项目建议书评估过程中，有专家提出：秦岭隧洞延长后进口距大坝直线距离已缩小到约 3 千米，黄金峡来水有相当部分与秦岭隧洞引水同步而形成穿堂过，如将秦岭隧洞延长到坝后与黄三隧洞相接，黄三隧洞出口高程由水库正常蓄水位降至秦岭隧洞进口，在三河口水库坝后设二级泵站，仅将黄金峡来水中多出秦岭隧洞引用部分的水量抽入水库调节，这样一来可显著减少黄金峡泵站扬程和抽水用电，黄金峡泵站的技术难度也可相应降低。

经设计单位反复调整方案、调节计算和经济分析，形成的新方案为：秦岭隧洞进口降低并南移至三河口水库坝后，黄三隧洞洞线整体降低，出口退至三河口水库坝后直接与秦岭隧洞进口相接，黄金峡泵站扬程减小为 113 米，使引汉济渭工程总体布局方案更加优化。

2. 建设管理目标优化

在秦岭输水隧洞的工程掘进过程中，遇到了"三高两长一强"及突泥、涌水、岩爆等世界级深埋大隧洞难题。为解决因高地应力、岩爆、突泥、涌水等工程难题，在引入行业专家及院士团队"把脉问诊"的同时，公司必须探索精准管理新模式，扭住关键环节，紧抓重要节点，周密分析部署，在总建设目标得到控制的前提下，每年制定节点工作目标和全年建设目标，每月制定月进度目标。紧盯目标不放，强化目标管理。

3. "十三五"目标细化

在充分考量 2013 年、2014 年、2015 年公司发展状况、工程建设进度、工程建设投资及周边产业建设情况下，结合工程总目标，创新性提出了公司"十三五"规划（2016~2020 年）的目标要求。

（1）公司治理结构优化目标。

根据公司战略规划、业务发展和加强党建需要，"十三五"期间公司治理结构优化的目标是：通过优化行政机构设置和完善党组织机构设置，完成公司组织架构优化调整，围绕法人治理结构优化目标，将加强党的建设内嵌入公司治理结构，要全力保障"引汉济渭"水利工程的建设运转协调高效。

（2）工程建设管理目标。

工程建设是公司"十三五"期间最为重要的业务，必须全力提高工程建设管理能力。公司工程建设管理的目标是：以工程质量管理为核心，通过规范招标活动和合同管理，提高监理水平和技术素质，加强质量管理和过程监督，强化安全教育和安全检查，加快施工进度和强化节点控制等措施，切实提高公司工程质量管理能力，保障各项工程的顺利竣工并通过验收。

（3）科研创新管理目标。

"十三五"期间，根据工程建设业务需求，公司进一步加强科研创新力度。目标为：依靠"院士工作站"和"博士后创新基地"，积极推进与国内相关大学和研究院所合作，围绕"引汉济渭复杂水库群联合调度""高扬程、大流量泵站选型关键技术""无人驾驶智能筑坝技术""引汉济渭工程秦岭隧洞修建关键技术研究"多项研究课题，争取在工程建设关键领域和关键技术方面突破创新，保障工程实施和运行调度顺畅，完成预设科研创新项目和专利目标。

（4）财务资金管理目标。

"十三五"期间，公司财务管理目标：围绕引汉济渭工程建设和公司集团化高质量发展，以财务管理创新发展为抓手，深入推进工程建设资金精准化保障、精细化管理、精心化服务；以政府资金支持为基础，积极争取和优先使用中省资金，建立工程建设专项基金，优化市场融资结构，拓展多元融资渠道；通过健全公司财务管理体系，构建公司审计管理体系等措施，加强财务管理体系和审计管理体系建设，为工程建设和公司集团化发展提供优质高效的资金保障。

（5）人力资源管理目标。

"十三五"期间，公司人力资源管理业务的目标是：继续坚持人才强企战略，根据工程建设和公司发展要求，强化公司人才队伍建设，推进人力资源结构优化。持续加强公司员工教育培训，进一步完善和优化公司薪酬分配体系，夯实人力资源基础管理，建设高素质人才队伍。通过不断完善薪酬和激励体系，打造公司人才核心竞争力，为工程建设和公司发展又好又快地向前推进提供人才保障。

（6）安全生产管理目标。

"十三五"期间安全生产意义重大。目标是：通过强化组织保障，健全管理机制；加强宣传教育，提高安全意识；健全规章制度，严格落实措施；保证安全投入，改善安全生产条件；加强隐患治理，消除安全隐患；规范事故管理，严肃事故责任；加强专职安全管理人员队伍建设等多方面的管控措施，提升公司安全生产管理水平，实现安全管理目标，通过水利安全生产标准化一级企业达标考评。

（7）信息化管理目标。

"十三五"期间，公司将切实加强网络和信息管理，促进新一代信息技术与工程建设融合发展，信息化管理的目标为：加强企业信息化资源的开发与利用，强化企业信息资源建设，重点围绕水源监控、工程建设、生产指挥、物资采购、财务资金、人力资源、综合管理等信息化水平提升目标开展工作，不断提升引汉济渭数字化、信息化、智能化水平，达到国资委中央企业信息化水平评价 A 级水平，充分发挥信息化支撑，服务公司发展。

（8）企业文化建设目标。

"十三五"期间，公司企业文化建设目标是：以创建引汉济渭特色文化为抓手，以培育核心价值观，增强企业凝聚力和竞争力，实现更高质量的可持续发展为目标，把价值理念贯穿到工程建设和公司管理的各个环节，融入员工的思想理念与行为之中，不断提升企业文化的驱动力、重塑力和转化力，推进公司高质量发展。

（9）党建管理目标。

"十三五"期间党建工作的目标是：进一步加强国有企业领导班子建设和人才队伍建设；通过建立健全党委决策机制，完善公司党的组织及工作机构，完善公司党团组织机构建设；保证充分发挥党组织对选人用人的把关作用；制定和完善公司党建各项规章制度，构建完整的党建制度体系，加强党团工作的制度建设，加强党风廉政建设，建立完善政治监督、日常监督、警示教育、责任追究等体制机制和工作制度，为工程建设和公司发展提供坚强纪律保障。

第三节
引汉济渭面临多种挑战

一、工程资金相对短缺，筹资任务艰巨

引汉济渭工程由调水工程和输配水工程两部分组成，其中调水工程（一期工程）投资 191 亿元，主要由黄金峡水利枢纽、三河口水利枢纽和秦岭输水隧洞组成；输配水工程（二期工程）投资 199 亿元，主要由黄池沟配水枢纽、南干线工程和北干线工程等组成。引汉济渭工程建设周期长、施工点多线长面广，建设资金需求近 400 亿元，企业如何能够按计划、按进度、及时、足额、低成本、高效率筹集到这些建设资金，是摆在公司面前既紧迫又现实的问题。

引汉济渭公司成立初期，特别是 2013~2014 年建设资金十分紧张。主要是因为当时引汉济渭工程可行性研究报告上级尚未批复，财政资金又不能满足工程建设需要，在建工程款已拖欠施工方达半年之久，部分工地因民工不能及时拿到工资，出现了人员不稳定的苗头，企业亟须通过社会融资来解决资金短缺问题。

公司以 2014 年初为基准，对引汉济渭工程 2014~2017 年各年度最低资金需求量进行测算，期间共需资金约 130 亿元（含输配水南干线西安段 45 亿元），其中，2014 年需 43 亿元（调水工程 20 亿元，输配水工程 23 亿元），2015 年需 43 亿元（调水工程 21 亿元，输配水工程 22 亿元），2016 年需 22 亿元，2017 年需 22 亿元。经与陕西省水利厅和财政厅沟通，省上表示 2014 年可为引汉济渭筹资 4 亿元，考虑到 2014 年引汉济渭资金缺口预计达 39 亿元，需要融资的额度十分巨大。如何通过中央财政、省财政和银行多途径筹到筹足需求资金？如何通过资金置换实现低成本筹资？如何通过合理计划和有效监督用好资金？都是摆在企业决策者面前不易解决的难题。

因此，公司需要围绕融资筹资需求，通过充分发挥公司现有优势，开启"强化公司融资平台，保障建设资金需求"的探索之路。

二、工程人才严重不足，亟待招聘英才

工程项目立项审批阶段之前，主要工作由省政府水利部门人员组成的"陕西省引汉济渭工程协调领导小组办公室"全盘负责。由于此前工程尚未全面铺开，故 2013 年 7 月公司刚成立时，仅有原陕西省引汉济渭工程协调领导小组办公室的 11 位工作人员。根据《陕西省引汉济渭工程初步设计总报告》，公司人员编制总计应为 477 人，人员缺额很大。即使到了 2015 年 9 月底，通过多方招聘引进，情况有了很大改观，但人员数量和专业结构仍然不能满足需求，当时劳动合同制员工总量 142 人，外聘人员 10 人，劳务派遣人员 43 人，共计仅 195 人。首先，在人员数量上无法满足工程建设和管理需要，缺口相当大；其次，引汉济渭工程是综合门类齐全的大型水利水电工程，业务涉及多个专业领域，建设期需要大量各类人才（包括施工管理、企业管理、技术研发、信息化开发与维护等）。工程管理所需要的各类专业化的工程建设与管理人才数量不足，人才种类也不完全匹配，后期运营人才更显不足，无法满足公司建设和管理要求。加之引汉济渭工程多项施工技术超越现有规范，围绕工程难题破解需要一批高素质和有丰富建设与管理经验的人员。这些紧需人才如何招聘？如何培养？都是工程面临的主要问题。

因此，根据当时工程建设和发展的需要，公司急需建设高素质的人才队伍，不断完善专业结构，并通过优化薪酬和激励体系，打造公司人才核心竞争力，保障工程建设和公司发展又好又快地向前推进，为公司提供各类人才保障。但如何在有限时间内又快又好地解决人才数量、质量和种类上的要求，成为那一时期的当务之急。

三、工程建设难度巨大，亟须科研克艰

1. 秦岭隧洞施工中岩爆频繁

引汉济渭工程是国务院确定的 172 项重大水利工程之一，由调水工程和输配水工程组成。引汉济渭秦岭隧洞由于埋深大、岩温高、地质条件复杂，岩爆频繁，自工程开工以来到 2020 年，共发生 2770 余次岩爆，其中强岩爆 1229 次，给施工带来巨大的安全威胁，是秦岭输水隧洞主要地质灾害之一。

图 2-9 岭南 TBM 施工中岩爆现场

2. 工程综合难度世界罕见

秦岭输水隧洞掘进面临异常挑战。随着秦岭输水隧洞逐渐掘进至秦岭主脊最大埋深处，新出现的超高强度硬岩、岩爆、高温地热、有害气体等多种问题叠加，加剧了施工综合难度。工程综合难度被认定为世界罕见。

3. 工程安全要求标准高

工程安全管理包括以下几个方面目标要求：

（1）杜绝因工死亡事故。

（2）杜绝较大及以上安全生产责任事故。

（3）安全事故隐患整改率 100%。

（4）全面推行安全生产标准化管理，要通过水利安全生产标准化一级企业达标考评。

四、工程建设任务紧迫，需要严控工期

引汉济渭工程作为陕西省有史以来最大的水利工程，对破解陕西省全局性水资源瓶颈制约、实现水资源配置空间均衡、促进区域经济社会可持续发展和生态环境改善具有重大意义。

1. 关中地区在中华民族发展史上具有重要地位

关中历来是陕西政治、经济和社会发展的核心地带，集中了西安、宝鸡、咸阳、铜川、渭南五个大中城市和杨凌农业高新技术产业示范区，教育科技在全国处于领先地位，区内集中了全省60%的人口，聚集了全省68%的国内生产总值。关中地区是国家确定的重点经济发展区域，具有较强的辐射带动作用，其经济发展将直接影响国家与陕西省经济社会的可持续发展。

2. 引汉济渭可解决制约关中经济社会发展的瓶颈问题

陕西省位于中国西北部，属于贫水省份，且水资源时空分布极不均匀。陕南土地面积仅占全省的1/3，而水资源占比却超过陕西省的70%，关中和陕北地区面积占全省的2/3，但水资源量不足陕西省的30%。2010年以来，关中地区经济社会快速发展，对水资源的需求更是不断增加。由于缺水，关中地区是以"超采地下水、牺牲生态水、挤占农业水"来暂时维持经济社会的发展。水资源严重短缺已成为制约关中地区经济社会发展的主要瓶颈之一。

3. 引汉济渭可促进国家能源化工基地经济社会发展

陕北地区是国家规划重点建设开发的能源化工基地，地方水资源短缺是制约建设开发的关键因素。通过水权置换，引汉济渭调水工程是近、中期解决陕北能源化工基地用水需求的前提，是陕西省水资源统筹兼顾影响长远的永久配置措施，对国家能源化工基地的经济社会发展具有促进作用。

五、工程关乎生态环保，期待绿色工程

引汉济渭工程建设过程中可能会对环境、生物多样性及生态产生一定的影响。为做好生态环境保护工作，深入贯彻习近平总书记"绿水青山就是金山银山"理念，必须努力将工程建设成绿色工程。

环境保护主要涉及陕西天华山国家级自然保护区、陕西汉中朱鹮国家级自然保护区、陕西周至国家级自然保护区、汉江西乡段国家级水产种质资源保护区、陕西周至黑河湿地省级自然保护区4个国家级保护区和1个省级自然保护区，故引汉济渭工程环保水保工作任务艰巨，为此公司采取了如下多项措施。

1. 积极践行环保理念，健全体系严控标准

公司成立了由主要领导任组长的引汉济渭工程施工期环境保护领导小组，相继出台了《陕西省引汉济渭工程施工期环境保护与水土保持管理办

法》等十余项环境保护相关管理办法，夯实了基础管理。

2. 按照"三同时"要求，开展系统性保护工作

（1）在生态保护方面，三河口水利枢纽配套建设了生态流量下泄及监测设施，分层取水、拦鱼设施和捕捞过坝等措施，黄金峡水利枢纽还配套建设了集环保、繁殖、科普为一体被国家环保部誉为"亚洲最高标准"鱼类增殖放流站，以及建设了鱼道等设施。

（2）在污水处理方面，修建了高标准的由"高效池＋石英砂池＋活性炭池"三级处理工艺构成的污水处理设施，处理后的涌水能达到生活用水水质标准。

（3）在危废处理方面，各施工单位产生危废均与有资质单位签订危废处置协议，按要求进行转移处置。

（4）在水土保持方面，引汉济渭工程建有众多水土保持永久防护措施及临时防护措施，实现施工区渣石的最佳利用，起到水土保持效用。

（5）在水源保护方面，提前谋划水源保护，引汉济渭工程饮用水水源保护区于 2016 年获省政府批复。

（6）在科学研究方面，结合工程进度先后开展了《引汉济渭工程水源地水库水面开发利用与水质保护研究》等十余项科研项目研究。

3. 积极探索，生态环境保护工作取得了优异成绩

2016 年公司获得佛坪县环保局、周至县环保局先进集体荣誉称号，2016~2018 年连续三年获得西安市环保局环保先进集体荣誉称号，2020 年水土保持工作获得中国水土保持学会先进集体荣誉称号。

六、工程涉及移民扶贫，尚需同时兼顾

客观地说，移民安置工作不是简单的搬家，更是生产生活的重建和情感的重塑。引汉济渭工程涉及移民多数处于山区，基础设施条件差，消息闭塞，经济发展落后。将移民从山里搬出，改善移民的生产生活水平也是引汉济渭公司的社会责任。通过工程建设带动移民群众增收、致富，实现移民群众"搬得出、稳得住、能致富"的总体目标。

引汉济渭工程移民安置工作涉及西安、汉中、安康 3 市及周至、洋县、佛坪、宁陕 4 县，规划水平年搬迁移民规模为 10375 人，其中库区移民 9779 人，工程移民 596 人，建设农村集中安置移民点 16 个，集镇迁建移民

安置点 4 个，涉及搬迁处理小型企业 4 个，需复建等级公路 6 条，建立电力、通信线路等专项设施，初步设计概算批复移民安置总投资 43.12 亿元。

为有效完成移民安置工作，采取了多项措施。

1. 成立移民环保部

按照《国务院关于修改〈大中型水利水电工程建设征地补偿和移民安置条例〉的决定》（国务院令第 679 号）规定的"政府领导、分级负责、县为基础、项目法人参与"的管理体制，陕西省引汉济渭公司成立了移民环保部，配足专职管理人员，按时向省级主管部门汇报移民安置进展情况，并积极主动对接两市三县移民管理机构。

2. 保障资金试点先行

坚持移民试点先行，优先保障移民资金，每年公司与市级人民政府签订移民安置工作协议，建立可视化建设征地移民信息化管理系统，制作《和谐移民利千秋》宣传片和移民政策宣传手册，确保了移民安置工作稳步推进，保证了主体工程建设进度。截至 2021 年 3 月底，已经搬迁安置移民 6970 人，完成投资 41.74 亿元。

3. 移民安置工作成果显著

（1）三河口水库移民安置。

2013 年 12 月三河口水库移民安置 552 米高程以下移民搬迁安置工作通过省级终验，2014 年 11 月三河口水库导（截）流阶段移民安置工作通过省级终验，2021 年 2 月三河口水库下闸蓄水阶段移民安置工作通过省级终验。三河口水库涉及的 6 个农村集中安置点和 3 个集镇安置点已经建成。14.06 千米三陈路、26.373 千米筒大路、16.8 千米西汉高速佛坪连接线改线工程以及 12 条村道、两座大桥已经建成通车，汶水河黑虎垭塌岸防护工程已经实施，已恢复库区 35 千伏电力线路 10.5 千米、10 千伏电力线路 120 千米、中国移动 91.76 千米、中国电信 115.9 千米、中国联通 78.08 千米、广电线路 11.9 千米。水库淹没影响的工矿企业、小水电站已经补偿处理到位，文物古迹已完成保护挖掘，库底清理工作已完成。

（2）黄金峡水库移民安置。

2018 年 12 月黄金峡水库（一期）导流阶段移民安置工作通过省级终验，2020 年 11 月黄金峡水库二期截流阶段移民安置工作通过省级终验。洋县已经建成 6 个农村移民集中安置点，剩余 4 个农村集中安置点及金水集镇安置点正在建房。7.29 千米磨黄路田坝至槐珠庙段淹没部分抬高改建工程和 1.81 千米磨黄路连接段工程已经完工通车。18.48 千米汉江平川段堤防工程已经接近尾声，库区的电力通信线路正在加紧实施。

图 2-10　佛坪县大河坝镇移民新村

图 2-11　宁陕县梅子镇希望小学

引汉济渭工程移民安置项目的实施，使移民从山高沟深的贫瘠地区搬迁到了基础设施良好的开阔地带，库区道路的复建极大地提高了当地的交通条件，改变了当地医疗和教育设施落后的状况，为当地人民摆脱贫困提供了强大的内在动力。

第四节

工程建设亟待精准管理

引汉济渭工程建设不仅面临前述各类挑战，而且也必须面对工程建设管理的许多新特点，例如工程建设参建单位多、影响区域广、技术难度大、环保要求高和信息化任务繁重等特点。加之公司刚成立时，其主要的精力集中在工程建设方面，因此，工程管理人员相对缺乏，业务管理能力明显不足；公司基础管理能力相对薄弱，尚未形成标准化、制度化的管理机制；公司成立初期也缺乏长远的全局性的战略规划；专业化的工程建设管理人才缺乏，特别是后期运营人才严重不足。为解决这些突出问题，公司亟待探索和实施精准管理模式。

一、工程参建单位多，需要科学协调严格管理

截至 2020 年末，引汉济渭一期调水工程参建单位 50 余家，汇集了长江设计公司、黄河设计公司等综合甲级勘察设计单位，中铁、中铁建、中电建等施工总承包特级单位，四川二滩国际工程咨询公司、上海宏波工程咨询管理有限公司等甲级施工监理单位，清华大学、武汉大学、四川大学、中国水利水电科学研究院、武汉岩土力学研究所等国内优秀科研院所。庞大的工程按照标段划分，被拆分成一件件独立且又相互关联的建筑（构筑）物，由专业的队伍负责设计、施工、监理、监测、检测、评估。细致、合理的标段划分有利于工程投资和工期的控制，但同时也带来了繁杂的协调管理问题，因此需要更为精准、细致的合同履约管理，确保各项建设任务有序推进。

二、工程影响范围广，需要统筹兼顾精准应对

引汉济渭工程跨长江、黄河两大流域，调水区位于陕西省陕南地区，受水区位于陕西省关中地区。工程建设征地总面积 78297 亩，生产安置人口

9401 人。涉及汉中市、安康市、西安市，洋县、佛坪、宁陕、周至等三市四县共 20 余个乡镇，60 余个行政村。工程牵涉利益群体众多，合理分配，利益协调，特别是移民安置及生态补偿是需要积极面对和合理解决的问题，因此需要开展更为精准、有效的对外协调管理工作，确保工程顺利推进。

三、施工技术难度大，需要科技创新科研支撑

引汉济渭工程既要跨流域（长江流域与黄河流域），也要跨地区（西安、安康和汉中），还要穿越秦岭山脉，施工环境复杂且恶劣，面临多项世界级技术难题。例如深埋超长隧洞贯通测量，施工通风超越了现有设计规范，岩爆、突涌水（泥）、高磨蚀性硬岩、软岩变形、围岩失稳不良地质问题叠加发生制约工程进度，高扬程、大流量泵站及超高碾压混凝土拱坝设计、施工面临挑战，多目标多水源联合调度问题影响工程效益发挥。如此复杂的技术问题和对应的组织管理问题，需要及时、有效解决。对此，需要更为精准的科研活动及其组织管理，以助力工程建设能按计划目标工期完成。

四、工程环保要求高，需要强化措施准绳划线

黄金峡水库淹没区涉及陕西汉中朱鹮国家级自然保护区、汉江西乡段国家级水产种质资源保护区缓冲区，秦岭输水隧洞涉及陕西天华山国家级自然保护区、陕西周至国家级自然保护区、陕西周至黑河省级自然保护区试验区、西安市黑河金盆水库水源保护区等。加之要做到既保护生态环境，又保证工程质量和进度，显著增加了工程建设的难度，因此需要更为精准、严格的环水保管理，努力建设绿色工程、生态工程。

五、信息系统目标远，需要顶层设计智慧管理

由于行业发展的历史背景，以往水利工程建设期间，对信息化工作普遍存在投入少、基础弱、空白点多等明显问题，更多偏重于经营时期的信息化。但现在不管从政府层面还是企业层面情况都发生了根本变化，对信息化的要求越来越高，信息化任务也十分繁重。

（1）从国家和行业层面来讲，已认识到信息化建设是水利行业发展必不可少的重要战略支撑手段。因此水利部相继出台了水利信息化指导意见、一云一池两平台、智慧水利等相关规划，"补短板，强监管"，水利行业信息

化投入不断增大已成为发展必然趋势。

近年来，国家对水资源安全要求越来越高，供水企业的精细化管理以及水资源有效监管，都必须借助于网络和信息化平台来解决。水利行业的信息化已得到企业普遍重视，建设投入资金比重也逐渐加大，资料显示，供水企业对信息化的需求越来越迫切。

水利是资源型行业，具有鲜明的行业特点，需要提供不同于其他行业的个性化解决方案、产品及服务。目前，水利企业信息化普遍存在专业化顶层设计能力较弱，总体集成能力欠缺等实际情况，急需探索行业性的信息化建设思路和方法，迫切需要信息化建设全面的解决方案。

（2）从企业层面来讲，引汉济渭公司提出的战略目标就是要求信息化要达到国资委中央企业信息化水平评价 A 级指标。这充分体现了企业的信息化目标要求标准很高。因此，需要加强企业信息化资源的开发与利用，强化企业信息资源建设，不断提升引汉济渭数字化、信息化、智能化水平，充分发挥信息化支撑、服务公司发展。

信息化应用系统是一个不断完善和持续运行的过程，引汉济渭公司从近期的建设到未来的运营将会发生业务的转型和管理职能的变化，都需要对信息系统进行不断的升级改造才能适用，因此，智慧调度平台与核心业务系统需要通过与相关 IT 企业强强联合，采用混合所有制模式建立的信息科技公司来承担研发、运行和维护升级工作，以便更好地支撑引汉济渭一期、二期信息化系统的建设任务。

由上述分析可知，引汉济渭公司确实需要积极面对许多复杂的管理问题，期待以精准管理来应对各类难题和各种挑战，完成造福三秦的企业使命。

第三章

党建引领，先锋群体勇担当

习近平总书记指出，国有企业是中国特色社会主义的重要物质基础和政治基础，是我们党执政兴国的重要支柱和依靠力量。党建工作对企业而言意义重大，是企业的"根"和"魂"，是引领企业持续提升管理水平，提高企业核心竞争力的重要保证。要做好党建工作，就必须重视公司和基层党组织建设，不断完善党的组织体系、工作模式、工作责任和队伍建设等，将意识形态传递到基层党建的具体工作中，同时注重两个层级衔接和党员模范带头作用的发挥。通过党建"上下联动 示范带动"工作模式的持续创新反映企业党建工作成效，更好地促进公司可持续发展。

第一节
公司层党组织建设

公司党组织是党在公司中的战斗堡垒。本节紧紧围绕公司党组织建设，从完善党的组织体系、探索组织工作模式、落实党建工作责任、强化干部队伍建设四方面展开论述。

一、完善党的组织体系

公司在"十三五"规划中，新设党委办公室，主要协助党委开展党建工作和总体工作的计划、检查、总结和部署，协助党委分解并落实宣传思想等工作。新组建党委组织部，主要负责做好党组织对公司机构的设置和选人、用人等把关责任。新组建党委宣传部，负责提出、制定和实施公司宣传思想工作、精神文明建设、企业文化培育等工作。同时，公司逐步完善工会建设，在党的领导下充分发挥工会的作用。通过完善党的组织体系建设，有效实现党建工作全覆盖。

1. 明确党委主要职责

引汉济渭公司党委负责组织落实公司重大决策部署。公司党组织带头遵守公司各项规章制度，做好公司重大决策实施的宣传动员、解疑释惑等工作，团结带领全体党员、职工把思想和行动统一到公司发展战略目标和重大决策部署上来，推动公司改革发展。

通过党委会研究并设立公司重大决策执行情况督查制度，定期开展督促检查。通过明确党委职责、界定议事范围、规范工作流程，将党的组织内嵌到公司治理结构中，将党的工作融入公司治理的环节中，充分发挥企业党委的领导核心和政治核心作用。

2. 界定党委决策与董事会、总经理决策关系

公司董事会做出的决定，属于"三重一大"事项，应当事先听取公司党委会的意见和建议。对于需要报国务院国有资产监督管理委员会批准（核准）或备案的，应当依照有关规定报送。总经理在行使相应职权时，也遵循此原则。

3. 成立党委办公室，落实党委工作

党委办公室是党委沟通上下、联系左右、协调内外的枢纽。为确保党的路线方针政策和党委重大决策以及阶段性重要工作的贯彻落实，专门成立党委办公室。党委办公室的基本职能是推动党中央和省委、公司党委会重大决策部署的贯彻落实。

党委办公室是党委机关的枢纽，办公室人员是领导的参谋、助手，他们的工作对协调领导谋大局、抓大局，保障工作高效运作等具有特殊作用[67]。

4. 成立党群工作部，完善党的建设工作

2015年9月1日，党群工作部成立，由其负责公司党的建设、精神文明建设、工会工作和团委工作等。党群工作部成立以来，为加快落实创新形式推进基层党组织标准化规范化建设，不断摸索创新模式，创新党员突击

队、党员联系点、党支部交叉检查等载体，探索党建工作融入工程建设和公司改革发展的新举措。改进中心组学习内容和方式，创新完善党建工作基本制度、流程、载体、方法，充分发挥公司党委的领导作用、基层党组织的战斗堡垒作用和党员的先锋模范作用，为推进公司改革发展提供坚强的组织保证。

5. 成立党委宣传部，做好党的宣传工作

宣传部需要积极发挥"喉舌"作用，筑牢思想基础。党的宣传及意识形态工作是教育和引导群众为实现党的路线、方针和政策而奋斗的基本途径。党的路线、方针和政策要在实践中得到贯彻执行，必须要使广大人民群众确信党的路线、方针和政策的正确性，同时调动广大人民群众贯彻执行的积极性[68,69]。公司通过宣传来教育和引导职工，提高思想觉悟，积极投身到各项工作中，完成党的各项政策的具体实施。同时，对实施过程中出现的新问题及时说明，引导职工正确认识形势，保证各项工作的顺利进行。

6. 基层要配齐专职党务干部

公司党委高度重视加强基层党组织建设和党务干部队伍建设，下属 9 个分（子）公司中已有 7 个配备了专职党务干部。

截至 2020 年 5 月底，公司专职党务干部总计 17 人，占职工总数的 4.76%。党支部 7 个，党小组 19 个（其中机关第一党支部设置党小组 6 个，机关第二党支部设置党小组 7 个，岭南工区党支部设置党小组 3 个，岭北工区党支部设置党小组 3 个，其他党支部暂不设党小组）。公司各党支部共有发展对象 9 名，积极分子 26 名。全国党员系统内在册党员合计 207 人，其中正式党员 198 人，预备党员 9 人。目前，公司及所属分（子）公司党组织建设和党务干部队伍建设已全部落实到位。

二、探索组织工作模式

党对国有企业的领导是政治领导、思想领导、组织领导的有机统一。国有企业党组织发挥领导核心和政治核心作用：把方向、管大局、保落实[70]。明确党组织在决策、执行、监督各环节的权责和工作方式，处理好党组织和其他治理主体的关系，明确权责边界，做到无缝衔接，形成各司其职、各负其责、协调运转、有效制衡的公司治理机制。

公司加强党委领导，持续健全完善"双向进入、交叉任职"的领导体制，坚持执行党委书记、董事长"一肩挑"。坚持把党委会研究讨论作为董事会、经理层决策重大问题的前置程序，确保党委统领国企国资改革和企业高质量发展全过程。按照高素质专业化建设的要求，加强党委中心组政治、法律、财务等理论知识学习，吸纳高级经营管理人员进入党委会，提升党委会领导企业发展、有效管控风险的能力[71]。

按照国资委要求，结合公司实际，制定保障董事会规范运转的相关制度，完善"党委会、股东会、董事会、监事会、经理层"运行机制，完成公司及各子公司党建工作进入公司章程，落实党组织在公司法人治理结构中的法定地位。实行党委会、董事会、经理层成员相互交叉任职，确保党组织的领导作用在公司管理各层级都能得到有效发挥。

三、落实党建工作责任

1. 党建工作责任落实的思路及方式

公司党委成立以来，狠抓党的思想建设，不断强化党员干部思想理论武装，加强党的基本理论、基本路线、基本方略教育，引导党员干部在思想上、政治上、行动上与党中央保持高度一致，进一步坚定理想信念，增强党员干部纯洁性、先进性。公司利用党委会、总经理办公会、领导班子会、司务会、引汉济渭大讲堂等形式，组织班子成员、中层干部开展政治理论学习，切实把干部职工的思想统一到中省要求上来。利用各种会议等，组织领导班子成员和中层干部系统学习习近平总书记系列讲话及中省、国资委党委、水利厅党组各种文件精神，不断增强领导班子成员政治素养和业务素质。

2. 各年落实的重点内容及具体情况介绍

2016年，公司党委全面加强领导班子思想政治建设。全年召开司务会议9期、总经理办公会议15期、党政联席会议7期、专题会议37期，确保对公司事务进行科学决策。坚持党委中心组学习，制定了中心组学习计划，组织开展中心组集中学习10次。先后学习了中共十八届五中、六中全会精神，省委、省国资委、水利厅有关会议精神等内容，不断提高领导班子政治理论素养。

2017年制定印发了党委中心组年度学习计划及补充通知，重点学习了党的十九大、中共十八届六中全会、习近平总书记系列重要讲话、省十三次党代会精神等中省、省国资委、省水利厅有关会议文件及领导讲话精神。全年组织集体学习 17 次，专题研讨 2 次，领导班子政治理论素养不断增强。

图 3-1　党委班子成员组织学习现场

2018 年，公司以学习习近平新时代中国特色社会主义思想、党的十九大精神及全国组织工作会议精神为重点，组织召开冯新柱案"以案促改"专题研讨及国资委督学督导中心组学习研讨会。领导班子成员围绕工程建设和公司发展大局，联系岗位职责、使命，深化理论和业务知识学习，带头讲党课、开展调研，不断提高用习近平新时代中国特色社会主义思想和党的创新理论指导实践、解决问题的水平，形成了与所处领导岗位相称的政治眼力、

图 3-2　党员干部赴梁家河村参观学习现场

理论功力和工作能力。年度开展党委中心组学习 13 次，专题讨论 3 次，领导班子成员带头讲党课 12 次，完成调研报告 7 篇。

2019 年，公司党委深入学习宣传中共十九届四中全会精神。以构建学习型党组织为目标，定期专题学习习近平总书记关于国企改革、党的建设、生态文明、治水方针等重要思想，及时跟进学习中省最新会议文件精神。中心组成员正确处理工学矛盾，工作之余坚持读原著悟原理，细学精读《习近平新时代中国特色社会主义思想学习纲要》和《习近平关于"不忘初心、牢记使命"重要论述选编》，不断增强"四个意识"、坚定"四个自信"、做到"两个维护"，解决工程建设复杂难题，推动公司集团化高质量发展。年度开展党委中心组学习 27 次，专题讨论 6 次，领导班子成员带头讲党课 8 次，完成调研报告 7 篇，撰写心得体会 12 篇，"头雁"效应有效发挥。

2020 年，公司坚持和完善双向进入、交叉任职的领导体制，将党建工作总体要求纳入公司《章程》，制定党委会议事规则和党委会前置研究讨论事项清单，召开党委会 37 次，审议议题 128 项。健全董事会议事规则，完成外部董事配备，起草总经理办公会议事规则，完成总会计师配备，印发经理层包抓重点工作 42 项。公司结合"三个体系"建设，建立完善"三重一大"决策、风险管控、责任追究制度 26 项。建立完善纪检监察、巡查检查、内部审计等管理制度，充分发挥纪检监察、巡视、审计等监督作用，建成全面覆盖、配套齐全、有效约束的制度体系和职责明确、流程清晰、规范有序的工作机制。

四、强化干部队伍建设

1. 严格党员干部的选拔任用

坚持党管干部原则，保证党对干部人事工作的领导权和对重要干部的管理权，保证人选政治合格、作风过硬、廉洁自律。国有企业领导干部要有在一线摸爬滚打、锻炼成长的工作经历，公司要把在实践中成长起来的贤才良将及时选拔到领导岗位上[72]。公司对领导干部，既要从严管理，树立正向激励的鲜明导向，又要关心爱护，鼓励他们放开手脚干实事、甩开膀子干大事。同时大力宣传优秀领导干部的先进事迹和突出贡献，营造良好的政治生态[73]。

公司注重强化党组织在企业领导人员选拔任用、培养教育、管理监督中的责任，支持董事会依法选择经营管理者、经营管理者依法行使用人权，坚决防止和整治选人用人中的不正之风。加强对企业领导干部尤其是主要领导的日常监督管理和综合考核评价，及时调整不胜任、不称职的领导人员，切实解决企业领导人员能上不能下的问题[74]。

2. 建立干部廉政档案

为了贯彻落实全面从严治党的要求，综合掌握干部廉洁从业情况，公司进行了干部廉政档案建立和管理。廉政档案是党组织对干部在党内政治生活和各类公务活动中形成的廉洁自律和党风廉政建设方面思想认识、行为表现、工作成效的有关文件资料，是以文字、图表等形式如实记录干部履行党风廉政建设责任制和廉洁自律情况，不仅具有保存价值，同时也是考察干部廉洁从业情况的重要依据，是干部人事档案的重要补充[75]。

廉政档案的主要内容包括干部本人基本情况、家庭成员情况、其他收入情况，干部及其家庭成员房产，投资和经商办企业等情况，个人重大事项报告，问题线索处置办理的有关材料，党纪政务处分材料，组织生活会发言材料，述职述廉报告、历年党风廉政建设考核结果，民主评议材料，廉洁自律方面受到的表彰奖励，等等。

廉政档案建档对象本人填报的资料必须由本人签名确认，实事求是，不得隐瞒。廉政档案填报内容的动态情况要在事后30日内以书面形式报告。其他材料主要由本人所在党支部、组织人事部门、纪检监察机构和其他有关部门（单位）提供。

廉政档案的建立、管理工作由公司纪检监察室负责。一人一档、统一格式、统一标准，纸质和电子文档同步建立。干部职务发生变动的，党委组织部应及时将有关任免文件复制送纪检监察室，对廉政档案予以更新。

廉政档案实行专人AB角、不联网专用电脑管理。廉政档案管理人员要严格执行《中华人民共和国保密法》和《干部人事档案工作条例》的有关规定，做到依纪依法、全面准确、规范安全。

廉政档案的信息登记报送工作作为干部年度党风廉政建设考核的重要指标，凡有不如实填写、不按时报送或不及时汇报个人重大事项情况等现象和行为的，实行"一票否决"，并视情节轻重进行相应处理。任何人不得保管、调阅自己或与自己存在利害关系的人员的廉政档案。任何部门和个人严禁以任何方式擅自改变已经审定的廉政档案。

基层党建工作开展

　　基层党组织是联系员工、提高员工思想觉悟的桥梁，基层党建工作内容丰富。本节重点从提高员工思想政治觉悟、积极开展基层党建活动、推动纪检监察工作开展和改进基层党组织考核机制四方面展开论述。

一、提高员工思想政治觉悟

1. 基层党员价值观的树立

　　公司组织各种活动树立党员价值观并传递到基层。2014年，公司精心组织召开"两学一做"学习教育常态化制度化推进会，印发实施方案，对"两学一做"学习教育常态化制度化进行动员部署，为推动学习教育打下坚实基础。召开七一表彰大会，通过重温入党誓词、举办庆"七一"文艺汇演，使广大党员干部在理想信念的洗礼和先进典型的引领中，强化自我教育和自我提高。

图3-3　入党宣誓

图 3-4　"两学一做"专题讲座

2017 年，基层党支部以纪念建党 96 周年为契机，组织党员前往延安等红色教育基地开展学习参观活动，深化党性教育。2018 年，筹备召开了庆祝中国共产党成立 97 周年表彰交流会，举办一期党务干部培训班，持续开展"亮承诺、做表率"党员承诺践诺活动。加强党员学习教育，为全体党员发放《习近平新时代中国特色社会主义思想三十讲》等六类书籍，各党支部以"三会一课"为主要形式，开展民主评议党员，召开主题党日活动，组织党员赴延安、照金及川陕革命根据地瞻仰革命旧址，追寻红色足迹，弘扬革命精神，激发兴水情怀。

2. 基层党组织的员工教育工作

按照中央、省委和省国资委党委安排，公司党委提高政治站位，围绕总要求，坚持"四个贯穿"始终，提高认识抓学习，聚焦发展搞调研，刀刃向内查问题，即知即改见成效，各种主题教育扎实有效推进，取得了良好的效果。

首先，强化责任落实，组织召开主题教育工作会议，成立主题教育工作领导小组，将"学习教育、调查研究、检视问题、整改落实"四方面任务细化分解到党委各部门，指定了不同层次学习教育活动的组织者，力求主题教育取得实效。同时充分发挥公司网站、微信公众号、OA 系统等平台的作用，全方位、多角度宣传主题教育工作，共发布稿件近 60 篇，上级转载 12

篇，营造了浓厚学习氛围。

其次，紧扣主题主线，牢牢把握学习贯彻习近平新时代中国特色社会主义思想这一根本任务，聚焦"早日引水进关中"的初心使命，对标对表党章党规、党史、新中国史及张富清、黄文秀等先进事迹，认认真真读原著，持续跟进学讲话。开展集中学习 15 次，研讨交流 6 次，撰写心得体会 12 篇，讲授专题党课 8 期，不断接受思想洗礼和党性检视。

图 3-5　开展"小水滴"活动向陕南山区小学捐赠学习用品

二、积极开展基层党建活动

1. 基层党建基本思路

公司坚持"同步谋划、同步设置、同步配备、同步开展"原则，确保企业发展与党的建设、党的组织与行政工作机构、党组织负责人与党务工作人员，党的工作与企业经营发展协同配合，确保党组织全覆盖各个管理环节。

公司持续坚持和加强党委的组织领导核心和政治核心作用，严格落实"三会一课"、民主生活会、组织生活会、民主评议党员等制度，做好年度党建工作报告、基层党组织书记抓党建述职评议等重点工作，创建更好更具推广价值的党建品牌。每年制定印发年度党委工作要点，明确年度党建工作总体思路、主要任务、工作要求，使企业党建工作有计划、有安排、科学有序推进。牢固树立依靠职工办企业的理念，通过群团组织实现好、维护好、发展好职工利益，为企业又好又快发展提供坚实基础。同时加强宣传舆论引导、企业文化建设和精神文明建设，充分发挥群团组织作用，提升基层党建工作水平。

2. "三我"主题教育特色活动

公司通过"三我"主题教育活动，将基层党建与实际业务紧密融合，实现了党建活动落地。所谓"三我"就是"我的专业我来讲""我的岗位我负责""我为公司献一策"。通过"三我"主题教育活动，全面提升干部职工专业技能水平及工作能力，发挥主人翁精神，着重解决工程建设管理和公司发展全局性、艰巨性难题，解决职工职责意识不够、担当精神不强、素质能力不适应以及工作中推诿扯皮、效率不高等问题，进一步强化各级干部和全体职工的责任意识、担当意识、服务意识、效率意识，提高综合能力，锤炼意志品质，提升修养境界，锻造一支敢负责、勇担当的引汉济渭建设团队。公司着力培育、大力弘扬"敬业、创新、严谨、感恩、包容"的引汉济渭精神，推进工程建设和公司管理水平更上新台阶。

（1）开展"我的专业我来讲"活动。

该活动是在不断摸索中总结出来的一种成功经验和做法。通过员工自己讲自己的专业，开展交流学习，找差距、补不足，将理论学习与实际工作相结合，不断提升职工业务技能水平，在工程质量安全管理、工程合同履约

图 3-6　开展"我的专业我来讲"活动

质量、工程档案管理、人事管理、综合服务、科技创新等方面充分发挥个人专业优势，解决工程建设管理和公司发展难题。活动自 2016 年开展以来，合计举办 110 场次，内容涵盖工程技术与建设管理、安全质量、环水保、公司制度管理、党政思想及公文写作六个方面。公司将受到好评的活动资料集结成制作了《"我的专业我来讲"资料汇编》。

（2）开展"我的岗位我负责"活动。

通过组织"不忘初心、牢记使命"主题教育、"反腐倡廉宣传教育月"、"安全生产月"、师带徒等活动，强化职工责任意识，改善工作作风，自我剖析、查找不足，解决推诿扯皮等问题，优质高效完成好岗位工作。为了提升职工修养境界，提高工作效率和工作质量，活动以"读一套好书、开展学习交流和心得体会评选表彰、组织一场演讲比赛、汇集一本心得体会文章"为主要内容。同时，在公司范围内征集家风家训、文明诚信征文，以及职工创作的摄影、散文、诗歌等水文化作品，编印了《"书香引汉济渭"优秀作品集》。活动强化了干部职工责任意识、担当意识、服务意识、效率意识，营造了"乐为、敢为、有为、善为"的良好氛围，提高综合素质和业务能力。

（3）开展"我为公司献一策"活动。

围绕落实"服务年"要求，开展"我为公司献一策"活动，进一步发挥公司广大干部职工的人才优势和智力优势，提高工程建设质量，与立足岗位做贡献相结合，为实现追赶超越积极建言献策。活动共计收到职工意见建议 48 条，合理化建议 27 条，均已得到落实办理。活动提高了公司管理水平，在提升企业核心竞争力方面发挥了作用。

三、推动纪检监察工作开展

为了认真落实企业党委主体责任和纪委监督责任，公司印发党委及班子成员《全面从严治党主体责任清单》《党风廉政建设主体责任清单》和《党风廉政建设监督责任清单》，印制党委及班子成员《履责纪实本》，签订《党风廉政建设目标责任书》，并与参建单位签订《引汉济渭工程党风廉政建设互联共建协议书》。通过强化关键节点的监控，严格规范管理人员职务待遇、职务消费和业务消费，坚持不懈纠治"四风"，持之以恒落实中央"八项规定"精神。同时，公司严格执行"三重一大"决策制度，认真抓好巡视巡查问题整改。基于健全反腐倡廉制度体系，根据新精神新要求，结合实际修订完成《廉政风险防控管理暂行办法》和《问责实施办法》，建立了廉政风险防控体制机制，组织完成廉政风险点梳理、评级和防控措施的汇总审定，构建和完善不敢腐、不能腐、不想腐的有效机制。

1. 目标确立

落实党风廉政建设责任制，加强反腐倡廉宣传，教育党员干部自觉执行"廉洁从政准则"，增强廉洁自律意识，切实做到廉洁从业。

2. 具体内容及保障措施

（1）尊崇党章、严明纪律，营造风清气正政治生态。

党章是根本遵循，党规党纪是基本准绳。公司始终坚持加强纪律教育和廉洁从业教育，以严明政治纪律和政治规矩为首位，引导党员干部守纪律讲规矩，通过紧抓"关键少数"，落实"五个必须、五个决不允许"，对"七个有之"保持高度警惕。公司坚持高标准和守底线相结合，严格贯彻执行党章、监察法、廉洁自律准则、问责条例等各项党纪党规和法律法规，彰显纪律刚性，维护纪法权威。围绕中心工作，强化执行意识，问责"两面人"。公司对上有政策、下有对策，有令不行、有禁不止的行为，以及纠正表态多、落实少，庸政懒政、贻误工作等行为进行坚决查处，保证公司各项决策部署落实到位。

（2）抓住关键、强化监督，夯实全面从严治党责任。

切实履行党章赋予的职责，强化监督执纪问责，把问责作为管党治党的利器，对党的观念淡漠、纪律松弛等问题严肃追究责任。公司坚持一案双查，追究主体责任、监督责任和领导责任，让失责必问、问责必严成为常态。按照全面从严治党和纪检监察体制机制改革的要求，公司持续深化"三转"，切实履行好党章赋予的监督执纪问责和监察法赋予的监督调查处置双重职能，确保对全体党员干部和公职人员的监督不缺位、全覆盖。

（3）长抓常管、严防反弹，巩固拓展落实精神成果。

始终保持高度定力，以永远在路上的恒心和韧劲，加强对违反中央八项规定精神问题的集中查处和执纪问责。公司要求严格执行《正风肃纪十条禁令》和《互联共建八不准》，强化督导检查和责任追究，对顶风违纪、隐形变异的"四风"问题严肃处理，持续释放"越往后执纪越严"强烈信号。健全党委统一领导、纪委协调抓总、主责部门牵头、相关部门配合、参建各方互相监督的领导体制和工作机制。加强党员干部作风状况动态分析，健全完善问题线索发现和沟通机制，及时建章立制，用制度管人管事，不断巩固作风建设成果。

（4）挺纪在前、动辄则咎，保持惩治腐败高压态势。

坚持惩前毖后、治病救人方针，综合运用"四种形态"统领监督执纪工作。公司始终扭住第一种形态，充分运用第二种形态，紧紧盯住第三种形态，坚决打击第四种形态，把严惩腐败利剑抓在手上，形成持续震慑。坚持无禁区、全覆盖、零容忍。严肃查处违反"六项纪律"行为，防止"七个有之"，做到"五个必须"。紧盯重点部门和关键环节，严查违规插手工程建设项目、贪污腐化、失职渎职等问题，坚决惩治腐败行为。

（5）立规立德、标本兼治，推进不敢腐不能腐不想腐。

持续开展教育知纪、宣讲明纪、任前考纪等活动，提升党员干部纪律规矩素养。公司运用各种媒体平台，宣传廉洁典型，大力营造崇廉尚洁的舆论氛围，积极培育"廉洁文化进企业示范点"，编印《典型案例汇编》和《引汉济渭廉洁文化作品集》，逐步形成具有引汉济渭特色的廉洁文化。通过深入贯彻落实十九届中央纪委四次全会精神，组织实施《廉政风险防控管理暂行办法》和《问责实施办法》，持续强化监督关口前移和责任追究，不断完善公司廉政风险防控手册，建立廉政风险防控网络。采用纪检监察工作例会制度，及时传达上级新精神，交流党风廉政建设和监督执纪工作情况，调研指导工作，通报问题，分析研判工作，不断提高纪检监察工作的针对性和实效性。

（6）从严管理、提升能力，建设纪检监察"铁军"。

以"政治、能力、作风、廉洁"四方面过硬为目标，努力塑造忠诚干净担当的"纪律部队"。通过思想、组织和作风建设，以高度的政治觉悟完成政治任务，强化责任担当，勇于争先创优，敢于秉公执纪，严格按照党的十九大提出的增强"八项本领"要求，不断锤炼"勤、快、严、实、精、细、廉"的工作作风。公司持续深化"三转"，落实深化监察体制改革举措，正确履行监督执纪问责和监督调查处置双重职能。通过教育培训，不断提升纪检监察干部能力水平，同时以多种形式开展岗位练兵，不断提高政治素养和业务水平。公司践行"打铁还需自身硬"，要求纪检监察干部强化自律意识，做好遵章守纪表率，踏踏实实做事，干干净净做人，以铁的纪律建设一支绝对忠诚、负责担当、干净自律的纪检监察"铁军"。

图3-7　2018年获《监察法》知识竞赛第三名

四、改进基层党组织考核机制

党支部对所辖部门、分（子）公司党的建设工作负主体责任。党支部书记履行党建工作第一责任人职责，支部委员履行党建工作直接责任人职责，协助支部书记抓好党建工作和监督执纪。党支部所辖部门、分（子）公司其他中层党员干部履行"一岗双责"，结合业务抓党建。公司党委工作部门履行具体工作职责，发挥协调、跟踪、监督作用，保证党委决策部署的执行。

1. 考核原则及标准

（1）考核原则。

考核坚持权责一致、注重实效、客观公正、公开透明、便于操作、持续改进原则，全面系统评价党支部工作实绩。

党支部以问题为导向报告党建工作情况，不得在党建目标责任考核中弄虚作假、虚报瞒报或搞形式主义。

对党建考核工作中弄虚作假、虚报瞒报的，给予通报批评，年度考核结果不得评为优秀等次。情节严重的，直接确定为较差等次，对党支部主要负责人和直接责任人进行约谈、诫勉直至给予党纪处分。

党支部每半年向公司党委书面报告党建工作。对思想不重视、责任不落实、工作不得力的进行通报批评，限期整改，对相关责任人诫勉提醒。

加强对考核工作的监督，党支部对考核结果有异议的，可向公司党委提出复核申请。

（2）考核标准。

党支部党建工作年度目标责任考核结果分为优秀、良好、一般及较差四个等次，优秀等次比例一般控制在20%左右。党支部党建工作年终目标责任考核基础项目、党支部书记抓党建工作述职评议、公司党委部门联评等单项评分有2项排名末位的，党支部党建工作年度目标责任考核结果不得评为优秀等次。

出现下列情形之一的，党支部党建工作年度目标责任考核结果直接确定为一般或较差等次。①党支部所辖部门、分（子）公司管辖范围内，意识形态阵地出现问题，造成严重影响的；②党支部所辖部门、分（子）公司维护稳定工作不力，发生大规模群体性上访事件，造成严重后果的；③党支部所辖部门、分（子）公司党员干部发生严重违纪违法问题的；④出现其他党建工作问题，造成严重后果的。

党建工作年度目标责任考核成绩，作为所辖部门、分（子）公司的党建考核成绩。考核结果为一般等次的，党支部向公司党委书面报告原因，提出整改意见；考核结果为较差等次的，公司党委对党支部书记和相关责任人进行约谈，责令整改，并视情况进行问责追责；考核结果连续两年为较差等次的，公司党委对相关责任人予以调整或提出调整建议。

2. 考核内容及方法

（1）考核内容。

党建工作年度目标责任考核由年终考核与半年督导检查构成，年终考核主要由基础项目、党支部书记抓基层党建述职评议、党委部门（党委办公室、党委组织部、党群工作部、党委宣传部、纪检监察室）联评三部分构成。具体包括：①基础项目包括思想政治理论建设、支部班子及党员队伍建设、制度建设、组织工作建设、党员教育管理、党风廉政建设、宣传及文化建设、群团及稳定工作、党建与业务融入融合（持续推进各党支部例如"党员突击队、党建＋扶贫"等品牌亮点活动）、党建工作创新十个方面。②党支部书记抓基层党建述职评议，包括支部书记履行党建工作第一责任人职责、抓党建工作情况，以及存在问题和改进工作思路举措等方面，党支部书记述职现场民主测评情况。③公司党委部门联评即根据平时掌握党支部党建工作开展情况进行综合评价。

党建工作半年督导检查主要是由落实党委重大工作部署情况、临时性工作任务完成等情况构成。主要内容包括：年度学习计划、年度工作计划、发展党员计划；民主生活会、组织生活会意见建议整改落实情况；"三会一课"制度落实情况；学习贯彻落实上级文件精神情况；党员学习教育培训和管理情况；党费收缴使用情况；纪律检查和落实"两个责任"情况；意识形态和信息宣传等工作开展情况。

（2）考核方法。

公司党建工作考核由年终考核与半年督导检查构成，按百分制打分，其中年终考核占80%，半年督导检查占20%。

年终考核一般安排在翌年1月开展，与公司年度考核同步进行。考核之前，公司党委根据规定的考核项目，结合省委、省国资委和水利厅决策部署、公司党建工作重点任务，研究制定具体的考核实施方案和《党建工作年度目标责任考核基础项目评价表》。

公司党建工作年终考核采取定性与定量相结合的评价方式。具体包括：①年终基础项目考核组由党群工作部牵头、党委其他部门抽调人员配合。一般采取听取汇报、实地了解、查阅资料等方式进行，按照《党建工作年度目标责任考核基础项目评价表》所列分项评价打分，考核成绩按照60%的权重计入年终党建工作考核总成绩；②党支部书记抓基层党建工作述职评议一般采取召开年度述职评议大会的方式进行。考核成绩由现场打分确定，按照20%的权重计入年终党建工作考核总成绩；③公司党委部门联评一般由党群工作部、党委办公室、党委组织部、党委宣传部、纪检监察室联合举行，联评成绩按照20%的权重计入年终党建工作考核总成绩。

半年督导检查由党群工作部牵头，党委其他部门抽调人员配合。一般采取听取汇报、实地了解、查阅资料等方式进行，按照党委重大工作部署、临时性工作任务完成情况和完成质量等进行评分。

党支部党建工作具有下列情形之一的，半年考核总成绩给予适当加分奖励，其中党支部总体工作、单项工作受到中央或国家级表彰加15分、省（部）级表彰加10分、委（厅）级表彰加8分、公司级表彰加6分；党支部党员个人荣获与党建有关的奖励对应级别减半加分。具体项目包括：①党建工作受到中央、省（部）委、委（厅）及公司表彰；②党建工作在全国、省（部）、委（厅）及公司会议进行经验交流，或典型经验在全国、省（部）、委（厅）及公司推广；③党建工作获中央、省（部）委、委（厅）及公司级领导批示肯定。

发挥党员模范作用

党员的先锋模范作用将带动更多的员工，提高工作效能和质量，确保各项工作任务的顺利完成。通过党员突击队这个载体，充分发挥共产党员在急、难、险、重任务中勇挑重担、冲锋在前，敢打硬仗、能打胜仗的先锋模范作用。通过党员服务示范岗这个载体，有力地推动党建工作与业务工作互促共进，发挥党员先锋模范和典型引路作用。

一、成立多支党员突击队

为进一步充分发挥党员冲锋在前的先锋模范作用，提升工程建设管理水平，深度挖掘 TBM 潜力，提高 TBM 现场工作效率，从 2017 年 7 月起，公司联合建设、监理、设计单位先后成立了岭南 TBM "冲锋号"、岭北 TBM "红缨枪"、"黄金峡"三个党员突击队。突击队充分发挥党员带头作用、骨干作用和表率作用，真正做到"一个党员就是一面旗帜，一个支部就是一座堡垒"，彰显了党员攻坚克难的信念和决心，成为引汉济渭工程建设一线的一面鲜亮旗帜。

1. 岭南 TBM "冲锋号"党员突击队

为有效应对秦岭输水隧洞岭南 TBM 施工段超长距离通风，高温高湿施工环境，突涌水、大埋深、高地应力等不可控环境因素给施工人员、设备的巨大考验及安全风险，大河坝分公司 2017 年积极响应公司"担当年"的主题，联合岭南 TBM 参建各单位成立了由队长、副队长、工程管理组、技术服务组、环境保障组、宣传后勤组构成的岭南 TBM "冲锋号"党员突击队。突击队明确以"急、难、险、重"工作任务为中心，在保障安全质量的前提下，充分发挥党员先锋模范作用和支部战斗堡垒作用，奋力提高岭南 TBM 设备掘进效率，推动岭南 TBM 段又好又快建设。

党员突击队定期召开现场工作推进会，每月由突击队长或副队长带队赴现场主持召开突击队专题会议，分析岭南 TBM 施工情况，研讨解决疑难问题。每季度末召开季度小结会议，总结分析工作进展并布置下一季度重点工作。同时安排工程经验丰富的突击队成员常驻前线办公，每日开展洞内施工检查，会商疑难问题。针对较大规模的岩爆和塌方问题等，快速集结突击队成员召开专题会议会商解决方案。

图 3-8　岭南 TBM "冲锋号" 党员突击队年度总结会

突击队全力应对困难挑战和重大风险。在岭南 TBM 第一掘进段施工中，先后发生岩爆灾害 367 次，导致 TBM 停机检修、处理危害 107 次，爆落岩石多为大块状，多次砸坏 TBM 配套设备。岩石碎片弹射 20 多米，突击队组织工人身着防弹衣、头戴钢盔施工，并搏击隧洞涌水，保障 TBM 重大设备安全和施工人员安全，赢得了节点目标的实现。2018 年 12 月 3 日，堪称综合施工难度世界罕见的引汉济渭秦岭隧洞岭南 TBM 第一掘进段实现精准贯通，标志着引汉济渭工程建设取得了关键性突破，为实现全线贯通奠定了坚实基础。

疫情防控期间在各项防控措施完善的条件下，突击队员和分公司中层以上干部在 2020 年 2 月最先返岗，第一时间成立疫情防控领导小组，深入工程建设一线，迅速部署疫情防控工作。"冲锋号" 党员突击队深入现场，一手抓疫情防控，一手抓复工复产，组织各方科学有序应对疫情影响。突击队员深入秦岭输水隧洞施工掘进掌子面了解围岩发展变化、岩爆及 TBM 设备情况，检查主要生活营区防疫工作，开展复工防疫专项工作检查并召开推进会议，全面做好返岗人员管理等防控措施，使 TBM 于 2 月 29 日恢复了正

图 3-9　施工隧道突涌水后"冲锋号"突击队全力抢险

常掘进。随后岭南 TBM 掘进班组 33 名工人全员返岗，实现了岭南工区施工队伍最先返场恢复生产的局面。2020 年 3 月，大河坝分公司率先实现全员到岗复工，为全面复工奠定扎实的人力基础。

2. 岭北 TBM"红缨枪"党员突击队

2017 年 8 月，经金池分公司党支部与中铁十八局引汉济渭项目党工委研究决定，联合成立岭北 TBM"红缨枪"党员突击队。突击队以"众志成城、攻无不克、无坚不摧"为口号，以"实现岭北 TBM 掘进任务，早日安全贯通岭脊输水隧洞，努力为公司的发展做出更大的贡献"为奋斗目标，通过联合开展活动，争创"党员示范岗"，大力弘扬"特别能吃苦，特别能战斗，特别能奉献"的优良作风和"攻坚克难、甘于奉献、勇于胜利"的新时代铁军精神。

突击队成立后，在项目部设立"党旗红党员示范岗"，承担了很多急、难、险、重的工作任务。突击队的示范岗在汛期阴雨天气安排队员 24 小时值守，负责及时监控险情并应对。队内通过多次开展隧道坍塌安全应急演练，坚持班前谈话，时刻绷紧安全神经。2019 年岭北 TBM 设备改造期间，红缨枪党员突击队分批轮流开展工地驻勤，助力施工现场工作开展。岭北 TBM 设备改造历时近半年，在突击队的带领下、广大参建员工的不懈努力下，克服了重重困难与不利因素，于 2019 年 12 月底完成改造工作，恢复掘进。

国道 108 周至至小王涧道路改造项目（简称"周小公路"），是周至县委县政府确定的重点脱贫项目，西安市委市政府高度重视，也是省引汉济渭公司 2018 年第二、第三季度重要督办事项。在工期紧、任务重的关键时刻，"红缨枪"党员突击队挺身而出，发挥能打硬仗、勇于攻坚的先锋模范作用，充分发挥党组织的凝聚力和战斗力，全力加快"周小公路"建设进度。2018 年 5 月以来，金池分公司坚持每周派专人驻守工地，及时掌握"周小公路"施工进展情况及存在的问题、协调解决有关事项，出主意、想办法、做指导，遇到特殊事项，分公司领导亲临工地进行现场办公，甚至驻守现场解决实际问题，对存在的管理问题及时协调解决。通过不断细化后续工作安排，加大组织协调力度和资源投入，施工进度明显加快。2019 年 3 月，经陕西省"省级贫困县退出专项评估检查"，周至县符合贫困县退出标准，圆满完成省引汉济渭公司助力周至县脱贫的光荣任务。

岭北 TBM 进入接应段以来，强烈岩爆频发、极高地应力现象持续存在，施工进度缓慢。红缨枪党员突击队带领全体参建人员先后协助解决 TBM 施工过程中软岩卡机、有害气体逸出、岩爆频发、高强度围岩、超长距离通风和运输、洞内施工组织协调等多项复杂难题。施工过程中队员们不畏艰难，冲锋在前，带头开展汛期地质灾害隐患排查。严防死守，做好

图 3-10　岭北"红缨枪"突击队进洞检查

TBM 有害气体的专项方案落实，确保为岭北 TBM 施工提供良好的外围环境，争取做到施工过程零干扰，为落实公司接应岭南 TBM 要求奠定了坚实基础。2020 年 1 月 9 日，红缨枪党员突击队在岭北 TBM 项目部开展"再出发、立新功"动员会，鼓励士气。2020 年初，受新冠疫情影响，工地一度停工，但在党员突击队的带领下，全体建设者不等不靠、主动出击、多方积极协调，在短时间内恢复了生产。

"红缨枪"突击队把"实践先进性，岗位创一流"当作行为准则，把党员学习教育活动与工程任务相结合，让堡垒更加坚固、党旗更加鲜红、党徽更加鲜艳、党员更加先进，"红缨枪"更加锋利。突击队号召大家关键时期能站出来、危难时刻能豁出来，发挥党员模范作用。

图 3-11　岭北"红缨枪"突击队开展学党史活动

突击队将继续发挥"众志成城、攻无不克、无坚不摧"的铁军精神，为早日实现安全贯通岭脊输水隧洞目标做出更大贡献。

3. 黄金峡党员突击队

在黄金峡水利枢纽主体工程进入施工高峰期和关键期，为了进一步挖掘党建与业务工作的深度互融互促潜力，充分发挥参建四方党员的先锋模范作用，带动黄金峡全体建设人员积极投身推进工程建设的热潮，推进和保障黄金峡水利枢纽工程建设管理稳中向好发展，2019 年 5 月经黄金峡分公司党支部研究决定与中水十二局、二滩国际监理和中电建建筑集团三家项目部党员共同成立黄金峡党员突击队。

图 3-12　黄金峡突击队成立仪式

突击队下设工程技术组、安全质量组、环境保障组及后勤服务组，日常活动和工作主要由各小组按职责开展。主要工作内容包括：①每组设联络员一名，负责各组队员的日常业务工作开展，将业务工作紧密结合在突击队的攻坚克难任务中。②根据各组职责，日常由组长带队赴现场了解工程进展情况，解决施工中存在的问题。③每月副队长主持召开组长会议，要求各小组及时进行工作总结，并向突击队领导报告工作进展情况及存在的问题。④每季度由队长主持，突击队所有队员参加，赴现场召开季度小结会议，突击队领导点评并根据各组季度表现情况提出改进要求。

自 2019 年 5 月成立以来，黄金峡党员突击队牢记初心使命，切实发挥党员先锋模范作用，始终冲锋在工程建设一线。队员们面对新形势、新任务、新责任，坚定信心，牢记使命，在工程建设、安全质量、合同管理、生态环保和后勤服务等方面积极创新、主动作为，在业务中当尖子、服务中做模范、攻关中争先锋，提前评估现场管理疑点难点，合理安排人员，分组发力，齐头并进，有效解决了物资供应、现场协调、人员调配、资金保障等各类生产难题，有力推动了工程建设。

图3-13 黄金峡突击队队员提前评估大坝作业现场问题

突击队带领黄金峡工区全体建设者成功保障了2020年强降雨时段施工安全，圆满完成5.31重要节点目标，全面展开底孔坝段施工，国庆假期坚守一线，全力保证工程建设进度和质量，用实干和担当充分诠释共产党员强有力的组织力和战斗力，践行以急、难、险、重工作任务为中心的铮铮誓言，展现新时代党组织和党员的崭新形象。

二、设立党员服务示范岗

为了培养选树一大批为推动工程建设和公司改革发展做出突出贡献的先进典型，确立先进基层党组织和优秀共产党员的典型示范引领作用，公司设立党员模范岗、党员服务基层示范岗和党员联系点，充分发挥党员模范先锋带头作用。

1.设立党员模范岗

为充分发挥共产党员先锋模范作用，展示分公司党员形象，提升管理水平，岭南工区党支部组织开展了"党员模范岗"创建活动，每两个月从"领跑形象""敬业形象""奉献形象""党员形象"四个方面对支部党员进行民主打分，确定得分前两位为党员模范岗人选，在模范党员办公桌上设立"党员模范岗"标牌，发挥模范作用。

黄金峡分公司结合落实2016年重点任务和深化"两学一做"教育活

动，号召党员干部职工立足本职岗位，开展"党员模范岗"活动，充分发挥党支部战斗堡垒作用和党员先锋模范作用，不断提高分公司建设管理水平和工作效率，推进引汉济渭工程又好又快建设。

自 2016 年 7 月以来，"党员模范岗"评选活动共开展 16 期，得到党员的积极响应，从各分（子）公司评选模范岗党员 37 人次。

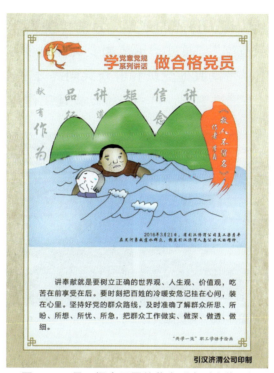

图 3-14　员工梁彦平勇救落水群众（宣传画）

通过"党员模范岗"活动开展，展现了支部党员开拓进取、创新发展的"领跑形象"，彰显了党员模范爱岗敬业、不畏挑战的先锋精神，激励一批干部职工像他们一样立足岗位，勤勉工作。党员模范岗的评选，不仅是对模范党员的鼓励，也是以党建促共建的有力举措，营造了学模范、争先进的热烈氛围，对工程建设和支部组织建设起到了重要的促进作用。

2. 设立党员服务基层示范岗

为突出服务基层理念，促进党员队伍政治上、思想上、业务上和工作上的高标准、高境界、高水平以及高效率，推动支部各项工作上新台阶，公司确立了立足岗位、服务基层的学习教育目标，各党支部、各分（子）公司之间开展业务指导、政策咨询等，通过多方沟通交流，宣传贯彻了党的方针政策和公司的有关规章制度，加强与各分（子）公司的联系，增进感情，促进工作。机关第二党支部于 2016 年 9 月发起"党员服务基层示范岗"活动。活动提出"热情接待、微笑服务，有问必答、耐心细致、沟通指导、及时回电，不推不扰、限时办结"的服务规范，选择党性修养好、奉献意识强、工作作风正、业务水平精的党员，在其工作岗位放置党员服务基层示范岗桌牌，并将落实情况作为评优评先的依据。目前机关第二党支部共设置了 20 个"党员服务基层示范岗"。通过"示范岗"为党性实践活动搭建平台，发挥党员示范引领作用，带动其他党员和群众共同提升工作水平，提高工作质量，更好地服务基层、推进工作，进一步推动党建工作与业务工作深度融合。

图 3-15　党员服务基层示范岗和党员联系点

3. 设立党员联系点

为充分发挥党员先锋模范作用，提高工作效能，岭南工区党支部开展了以党员自身工作岗位为基础，对部门重点工作跟踪、督促、落实的"党员联系点"活动，主要服务三河口水利枢纽。目前设有九个联系点，充分调动了分公司党员积极性，服务工程建设效果明显，受到省国资委党委、公司党委的肯定和好评。

大河坝分公司开展以党员自身工作岗位为基础，对部门重点工作跟踪、督促、落实的"党员联系点活动"，以充分发挥党员先锋模范带头作用，联系点根据各部门党员工作分工及任务安排进行动态调整。

每位"联系点党员"根据自己的工作联系内容制定切实可行的年终计划，自设立以来党支部每半年结合党员大会检查"联系点党员"工作进展情况，对工作成绩突出的联系点党员给予表扬，年底进行最终评比，对表现优秀的前两名党员给予表彰奖励，并作为年终党支部对党员进行评比的重要依据。

通过党员联系点，进一步密切了分公司和参建单位的关系，通过深入现场，加强协调沟通，灵活处事，解决问题、办实事，从管理转变到服务，增强服务意识。党员联系点的设置，通过党员实际行动和行动成果，起到了党员模范带头作用，也影响和感染了其他工作的有序推进，带动了党外群众的工作积极性，所设党员联系点专人负责专事，稳步解决各种技术问题，许多事情亲力亲为、追踪检查，让党员同志倍感责任重大，更有利于工作的开展。

第四节
创新党建工作模式

创新党建工作模式就是要将党建工作与企业建设任务相融合，对外通过与参建单位相互联动、对内通过各分（子）公司技术共享等，将党建资源转化为公司建设资源。同时，通过创新党支部交叉检查制度、开展微党课、创建党员微家和创办学习教育专刊等各种活动，增强党建活力，推动各项工作开展。

一、与参建单位互联共建

1. 互联共建的产生背景

公司在扎实推进工程建设的同时，牢牢把握参建单位均是国有企业的特点，积极主导与参建各方共同深化党风廉政建设责任制落实，着力铲除容易滋生腐败的土壤，下大力气纠治"四风"问题，持续构建风清气正的工程建设环境，全力保障工程安全、资金安全、干部安全。在近年来的党风廉政建设工作中，虽然甲乙双方各自建立起了较为完善的廉政风险防控体系，但在责任落实和纪律防线的"结合部"还存在着薄弱环节，如何加固"结合部"，就成为摆在省引汉济渭公司党委面前亟待解决的重大课题。

2. 互联共建的组织过程

为此，公司纪委在2017年初提出了与参建单位构建工程建设党风廉政建设互联共建平台的构想，得到公司党委的大力支持。2017年9月28日，公司党委制定印发《陕西省引汉济渭工程党风廉政建设互联共建"八不准"》，下发至公司各党支部，各部门、各分（子）公司，并抄送至各参建单位。2017年9月29日，省引汉济渭公司在岭南工区组织召开了"引汉济渭工程党风廉政建设互联共建会议"，参会的公司各党支部与工程参建各单位进行了党风廉政建设工作交流，公司党委书记代表公司党委与49家参建单位共同签订了《引汉济渭工程党风廉政建设互联共建协议书》。

3. 互联共建的具体内容

《互联共建协议书》明确了甲乙双方承诺、违约处理及其他条款，互相公布了联络和投诉举报电话。签订协议的同时，约定在各自履行廉洁从业有关规定的基础上，在今后工作中通过定期或不定期召开座谈会、进行互访等形式交流有关情况，共同搭建并不断完善党风廉政建设互联共建平台，携手全力推进全面从严治党向纵深发展。协议书的签订，标志着引汉济渭工程党风廉政建设互联共建平台初步建成，是引汉济渭公司党风廉政建设工作上台阶的一项制度和机制创新，是在工程建设中落实全面从严治党和党风廉政建设"两个责任"全覆盖的具体举措。

按照协议约定，公司层面定期进行交流和互访，一线分公司更是频繁互动，相互检查《互联共建协议书》和"互联共建八不准"执行情况。公司每半年把互联共建协议落实情况作为对各分公司党风廉政建设考核的重要内

图3-16 公司与参建单位召开引汉济渭工程党风廉政建设互联共建会议

容。从 2018 年开始，公司又进一步将互联共建责任履行情况纳入对各参建单位的季度综合考核，使纵向到底、横向到边，全方位、立体化的党风廉政建设目标责任和监督体系不断拓展和完善。

4. 互联共建的实施效果

通过工程建设甲乙双方携手推进互联共建，使工程建设各方的合作不仅仅局限在技术和业务层面，而是进一步拓展到管理，特别是全面从严治党和党风廉政建设方面，与工程建设的质量、安全、进度相辅相成、互相促进，同时为工程安全、资金安全、干部安全提供纪律保障。

在工程建设中全方位贯彻执行党风廉政建设责任制。甲乙双方加强互联互通，坚持"廉洁从业、监督促进、交流沟通"原则，切实落实好党风廉政建设责任制的各项要求，干部履行好"一岗双责"，甲乙双方全体职工共同遵守《互联共建协议书》和"互联共建八不准"承诺，逐步使遵规守纪、廉洁从业成为一种习惯。

通过互联共建，甲乙双方都着力做好廉政风险防控体系建设，认真查找与参建各方业务往来中的廉政风险点，及时化解隐患问题，制定防控措施。探索建立和不断完善自上而下、自下而上，由内而外、由外而内，上下结合、内外互通、全面防范的立体化廉政风险防控体系，把制度的约束力、监督的制衡力、惩治的威慑力结合起来，全面推进引汉济渭工程党风廉政建设工作。

引汉济渭工程党风廉政建设互联共建机制建立和运行几年来，推动工程建设各方党风廉政建设不断向纵深发展，促使各方纪检监察工作再上台阶，取得了显著效果，参建各方未出现严重违纪违法的人和事。机制的运行和不断完善，有效保障了工程安全、资金安全和干部安全，风清气正的干事创业氛围在工程建设过程中全方位形成并不断得到巩固。

二、以党建促合作新模式

1. 产生背景介绍

为了突出基层党组织政治功能，充分发出党的声音，让群众看到具有"主心骨""贴心人"作用的基层党组织，增强组织群众、宣传群众、凝聚群众、服务群众的能力，公司主要通过人才资源共享，技术互通、知识信息互补，形成以党建促发展合作新模式。正是在这种模式下，基层党组织的向心力、凝聚力得到显著提升。

2. 以党建实现技术共享创新

公司各工区立足于为工程建设添油助力，打造党建与工程建设融合发展的新局面。岭南工区各分（子）公司承载着冲锋在前、攻坚克难的重要任务，自党支部成立以来，一直积极探索如何打破分（子）公司之间的壁垒，充分运用集体智慧的优势，持续不断创新工作能力与资源。支部内部通过人员技术共享、知识信息互补，充分发挥业务骨干的传帮带作用，整体提高工区业务管理能力与创新工作能力，为员工提供相互分享、相互学习、相互实践的组织基础，能够更好地获取、综合个体知识，在不同功能和层次上学习知识，为引汉济渭工程建设培养和储备人才力量。

3. 典型事例介绍

李元来劳模工作室是岭南工区的一大亮点，劳模工作室发挥着头雁作用，围绕工程建设中心任务和重、难点问题，充分发挥业务专长和技术优势，研究与生产实际相结合，带动了员工学劳模、同成长、共进步。

另一个典型就是雷升云同志。在工程现场，常会遇到一些紧急业务，这种时候就需要从外部借调人员进行支援。雷升云同志就是在其中表现优异的骨干人员。2019年大河坝分公司肩负三河口水库初期下闸蓄水的重任，时间紧、任务重，雷升云同志在公司的调配下全力支援大河坝分公司计划合同部，作为业务骨干，跨分公司借调工作，突击重点难点，认真履职尽责，密切配合协作，在业务中发挥了重要作用。

4. 作用及意义

通过内部人员技术共享的方式，对人员资质素质提高、团队发展和工程建设都有极大帮助，既提高了员工工作能力，挖掘了员工潜力，又改善了岭南工区党支部内部管理，激励员工创新方式方法。岭南工区党支部的成立，促进和加强了各分（子）公司原有党务干事的沟通交流，解决了支部人员多、涉及广的问题。通过以党建为纽带的工作配合和协作，同事们能够分享工作办法，让繁杂的工作变得更有条理、更有效率，推进了引汉济渭工程建设。

三、创新党组织活动形式

1. 创新党支部交叉检查制度

引汉济渭公司下属的天道实业宁陕开发公司党支部根据《中国共产党党内监督条例》，参照引汉济渭公司《廉政风险防控管理暂行办法》《问责实施办法》等有关制度，结合支部工作实际，创新制定了监督检查工作小组制度，党支部交叉检查全面管控在建项目及重点岗位，整合检查内容，搭设业务骨干交流观摩平台，营造了"比学赶帮超"的良好工作氛围。

为不断加强党风廉政建设，增强组织凝聚力，构建开发公司党建工作的良好运行机制。同时，及时发现并消除公司各建设项目和经营开发中可能存在的隐患、落实安全措施、预防事故发生。

2017年底，宁陕开发公司党支部创新举措，率先成立了党支部监督检查工作小组，充分对公司项目施工现场、工程管控、经营开发及二级部门负责人履职尽责情况进行全面监督检查，将风险防控深入到方方面面。这既是贯彻落实从严治党，同时也是增强企业员工责任担当意识的一次创新实践。

2018年，宁陕开发公司党支部分别对下属各项目开展交叉检查。全年开展项目建设、内部管理、生产经营等检查四批次，针对子午水厂、接待中心及加油站项目展开质量安全专项检查，对发现的问题及时通报、限期整改，并定期回访检查。有效促进了建设项目生产质量安全和管理效率的提升和改进，同时，为企业又快又好发展提供一个务实高效的工作氛围，营造一个风清气正的工作环境。

通过交叉检查，支部党员率先垂范，业务骨干身先士卒，将工程安全质量责任到人，为共同抓好工程质量、项目进度与安全管理，确保安全生产"零事故"奠定了坚实基础。

2. 开展党建与业务融合的微党课

为更好地推进"两学一做"学习教育常态化制度化，深入开展"不忘初心、牢记使命"主题教育，形成一套党建与业务有机融合、组织生活常态化制度化的工作机制和教育培训机制，夯实"质量年"活动思想基础，岭南工区等党支部开展了"微党课"活动。"微党课"以微小型会议的形式，面向小组全体党员，以短视频的形式，每月召开一期，主要分为红色经典故事和廉政学习两个板块。

2020 年 7 月，大河坝分公司启动"学习红色经典　激发奋进热情"专题系列微党课学习活动。微视频选取了自国际共产主义诞生以来和中国共产党成立以来，对中国、对世界有深远影响的重要历史人物、我国优秀共产党员的视频及有教育意义和学习价值的廉政视频，采取一月一主题，一期一人物的形式，共同学习有影响有深度、有力量有温度的红色经典人物形象和廉洁家风故事，弥补党员干部理论知识学习的不足，营造清正廉洁的从业风气。

截至 2020 年 11 月，微党课已经开展七期。红色经典视频共五期，分别为《带你认识不一样的马克思》、《共产党宣言》、《青春答卷——习近平讲述的故事》、《习近平谈治国理政》第三卷学习专栏、《人物——创造世界工程奇迹的人（一）》；廉政学习视频共两期，分别为《"中国传统中的家规"之韩城党家村——刻在青砖上的家训》《"中国传统中的家规"之三十——范仲淹廉俭绍家风》。

微党课的开展使党员从红色经典人物事迹中汲取了更多积极向上、不惧困难的正能量，并把正能量运用到实际工作中，勇往直前、真抓实干，切实推进工作有进展、出效率。从历史廉洁故事中学习到了家风正则身端正、行端正的深刻道理，深深感受到需要以身作则、廉洁自律、创造工区良好的建设环境。

3. 创建党员微家新模式

为探索"互联网+"党建新模式，岭北工区党支部于 2017 年 8 月创办党建微信公众平台"党员微家"，设有上级精神、微党建、微党课、微社区等板块，全面推进了党建工作信息化，促进了党员教育日常化、经常化。

"党员微家"开设有上级精神、微党建、微党课、微社区、标杆党员、知识库等板块，通过图、文、音、像并茂的形式，定期向分公司党员职工发送上级精神、党建资讯和公司文化建设等相关信息，内容涵盖党建、组工及干部职工生活的方方面面，广大党员可以随时、随地、随身了解并学习中央、公司及支部的安排部署，成为党组织与党员群众交流的新渠道。

"党员微家"采用大数据技术，实时掌握党员学习情况、诉求答疑、评分投票等信息，并对所收集的数据进行横向和纵向比较，生成表现形式多样、说服力强的数据分析报告。"党员微家"融入"服务你我"的理念，实现了党建工作双向交流互动，初步建成"零距离、全天候、网格化"的服务格局，使平台成为了分公司的移动通信数据库。

"党员微家"同时建立"职工微家"订阅号、"职工之家"微信账号、"职工之家"聊天群等集群矩阵，全方位、零距离为党员和职工服务，全面提高党建工作信息化水平。

4. 创办学习教育专刊

为了发挥党组织核心引领作用，丰富职工精神文化生活，提升党组织凝聚力、战斗力和影响力，岭北工区党支部于 2016 年 6 月创办了"两学一做"学习教育专刊《党旗红》。截至 2020 年末已出刊二十余期，发表评论、新闻稿、访谈通讯、员工心得体会、党课文章、新闻图片等作品 400 余篇，营造了浓厚的学习氛围，凝聚了人心，激发了干劲，促进了工程建设。

图 3-17　创办《党旗红》和《岭南先锋》刊物

岭南工区 2020 年 10 月创刊《岭南先锋》，四开四版，分别为：头版新闻、综合报道、亮点扫描、岭南文苑四个部分。创立了一个综合、固定的信息传递、思想交流的平台和阵地，为加强岭南工区党员和群众教育，凝聚思想合力，建设好引汉济渭工程发挥了重要的作用。

第四章
机制创建，项目目标强管控

引汉济渭工程早期由陕西省水利厅组建的陕西省引汉济渭工程协调领导小组办公室具体负责。随着工程进展，项目不断实施，需要组建专业工程建设管理公司全权负责项目建设全过程的组织管理。引汉济渭公司成立后，通过不断地创新和完善各类目标管理机制，达到提高工程建设管理水平，保证工程安全与质量、加快建设周期、提高投资效益和风险控制能力，以及实现生态保护、移民安置、扶贫开发等多项目标要求。

早期项目制管理机制分析

早期在政府投资水利工程项目中实行项目制管理，在管理上发挥过重要作用。但项目制也存在一定问题，故需要进一步按公司制进行改革。

一、工程项目制管理机制调查

1. 建设项目法人责任制

1996 年 1 月，原中华人民共和国国家计划委员会颁布了《关于实行建设项目法人责任制的暂行规定》，要求建设工程按照政企分开的原则组建项目法人，施行项目法人责任制，实现项目全过程管理的责任制度，国有单位经营性大中型建设工程必须在建设阶段组建项目法人。跨流域调水工程建设因为涉及工程、经济、社会、环境等诸多方面，再考虑到水资源具有"准公共物品"属性，一般在前期建设时由政府负责履行法人责任。通过这种模式有效协调各方关系，统筹规划、合理安排资源，保证项目建设的正常进行，以及建成运营后对水资源的有效配置，实现经济目标和社会目标[76]。

2. 南水北调工程管理模式

目前，国内大型跨流域调水工程的管理体制已逐步形成"政府宏观调控、股份制运作、企业化管理、用水户参与"的模式[77]。例如南水北调工程，就是由国家领导小组及其下设办公室以及公司法人，分别承担三个层面的管理工作。它的中线工程，在国务院南水北调工程建设委员会办公室的领导和监管下，由中线干线工程建设管理局负责工程的投资、质量、进度、安全等管理工作[76]。另外，如江水北调、引黄济青、引滦入津等工程，由省水利厅直接管理或设立工程管理委员会或办公室，统一管理和调度[77]。

3. 引汉济渭工程管理方式

引汉济渭工程结合国内外已有调水工程建设管理经验，于 2007 年 6 月 12 日，成立陕西省引汉济渭工程建设协调领导小组，省级有关部门和西安、汉中、安康三市和相关县主要负责同志为领导小组成员，负责工程建设管理中的重大问题的决策和协调，开展前期工作和相关准备工程建设。2007 年 6 月 15 日，省水利厅组建了引汉济渭工程协调领导小组办公室，由领导小组办公室履行法人职责，代理管理工程建设，负责组织推进工程前期工作。

二、工程项目制管理特点分析

1. 越位和缺位共存

由政府下设机构行使法人责任，负责工程建设管理工作，虽然能够统筹安排资源、资金配置，保证正常开工建设，但许多项目投资管理混乱，"不该管的也去管"造成了越位。同时所需专业管理人员不配套，缺乏足够的项目管理经验，在越位的同时又存在着缺位[78]。

2. 专业知识欠缺

政府组建的工程建设管理临时班子往往不了解基建程序和相关法律法规等，欠缺工程建设专业知识和项目管理经验，管理制度不合理，管理方法不完善，导致建设任务难以完成。在这种方式下，行政权力的直接介入导致缺少有效监督，极易造成决策失误或监督失灵[79]。

3.组建专业工程公司的必要性

大型工程需要专业工程建设管理公司作为项目法人进行管理，从招投标到勘察、设计、施工、监理等实行全过程控制。公司制的管理模式既符合政企分离原则，又能够通过专业化项目管理最终达到控制投资、提高工程建设管理水平的目标，保障建设工程管理科学有序。

三、公司制改革总体设计思路

按照公司制的方式运作水利工程项目是改革的必然趋势，这对项目多目标的实现是重要保障。改革中通过组织结构完善、运行机制顺畅等，能够改进以往项目制的弊端，摆脱完全靠政府调控的局面。通过业主与设计、施工和监理等参建单位的通力协作，形成多方共赢。

引汉济渭工程公司制改革的基本思路是"政府主导、市场运作、企业参与、建管一体"，以规范的公司制要求进行运作。

1.确立项目法人的地位

公司需要明确法人的职责、权限，对建设项目的资金筹集、项目实施、生产经营等进行管理，实现施工过程的安全、质量、进度和费用控制最优化目标，以及满足水利工程准公益性，生态保护、移民扶贫和环境美化等社会责任目标。

2.参建单位严格落实规定

参建单位必须按照合同要求，落实质量主体责任。从公司到分公司，再到各参建单位，必须增强质量意识、责任意识。通过将责任目标的层层分解、细化，落实到参与建设的每一位人员，这样才能有效地保障工程项目实现既定目标。

3.项目运行机制设计创新

公司内部管理的制度化、规范化是项目目标实现的基础。引汉济渭工程具有投资大、周期长、综合难度高等特点，并且项目的目标除了安全、质量、进度和费用等核心目标外，还需要考虑施工涉及区域的生态保护以及移民安置等问题，属于多目标的管理活动。这些目标之间存在着相互影响关系，不能割裂开进行管理设计，一味地追求进度或费用等目标，将难以实现工程的顺利推进。因此，工程项目运行机制的设计必须考虑到目标之间的相互作用关系，以创新性思维进行机制设计，有效融合项目核心目标与社会效益目标，对项目实施的全过程进行全面的控制。

业主及参建单位管理改革

引汉济渭工程规模大且复杂程度高，参建单位众多，业主与参建单位以及参建单位之间的协同对工程建设至关重要。因此，围绕项目管理，业主单位与参建单位必须做出对应的管理改革。

一、业主单位项目管理改革

从陕西省引汉济渭工程协调领导小组办公室到陕西省引汉济渭工程建设有限公司，是从政府临时职能机构到独立法人公司的过渡，标志着公司现代法人治理结构的雏形。

公司于 2012 年 12 月 19 日经省政府批复成立，2013 年 7 月正式运营，全面负责引汉济渭工程建设及运营管理。

1. 完善机构设置

根据陕西省水利厅《关于省引汉济渭工程建设有限公司机构设置有关事项的通知》（陕水人发〔2013〕36 号）文件精神，公司内设 7 个职能部门（综合管理部、计划合同部、财务审计部、人力资源部、工程技术部、安全质量部、移民环保部），2 个分公司（大河坝分公司、黄池沟分公司），确定了各部门及分公司临时负责人的人选，满足了公司的运营需求。

2. 强化思想建设

公司成立之初，遵循现代企业制度建设的有关规定，根据公司新组建的实际情况，加强干部思想政治教育，认真贯彻落实党的十八大和陕西省第十二次党代会精神，不断提高领导班子的政治素质，坚持民主集中制，促进团结和谐、增强法制观念，提高科学决策水平，保证了工程建设和各项工作顺利进行。

3. 规范制度建设

根据实际情况，2013 年公司出台了《陕西省引汉济渭工程建设有限公司岗位责任管理制度》《陕西省引汉济渭工程建设有限公司考勤记工管理办法》等43项管理制度，委托专业机构策划公司薪酬方案和考核体系。

公司重点研究国家管理制度要求和引汉济渭工程管理特点，充分借鉴相关工程管理经验，提出"公司+分公司"两级管理体系，以此制定合同管理办法、招投标管理办法、计量支付管理办法、参建单位考核管理办法、参建单位人员考勤管理办法、建设工程监理管理办法、工程机电设备管理办法、农民工工资支付工作管理办法、安全生产标准化考核实施管理办法、文明工地建设实施方案等多项考核管理办法，全面约束参建单位现场管理工作，主要包括：

（1）从《合同管理办法》出发，以合同为准则明确合同立项、合同办理、合同审查、合同签订、合同履行、合同修改与合同归档及合同管理中纠纷处理等内容，为合同管理提供了一个全面的从立项到审批再到监督管理、执行落实的全过程管理参考及约束，尤其是其中要求管理责任的划分、法律顾问的引入及合同谈判的要求，为之后合同执行的后期困难提前扫清了障碍，在一定程度上避免了后期合同纠纷的发生。

（2）变更管理办法的提出为引汉济渭工程变更管理指明了方向，对于成立之初的技术纠纷指出了利用设计变更的方式予以处理的可能性，明确了变更的立项流程、变更的审核流程、变更费用处理方式等，为变更处理指明了方向。同时，在变更处理中约束了分公司、公司处理权限划分、为现场解决变更问题、加快工程进度给出了思路。

（3）参建单位考核管理办法是公司为强力约束参建单位现场管理，以考核促整改，督促现场以规范、规程、合同及管理制度要求提出的。公司通过引入参建单位考核管理基金的创新举措，以"有奖有罚"的具体措施，督促参建单位落实合同责任、提升工程质量、加快工程进度，保证各项工作有序推进。

（4）参建单位人员考勤管理办法是公司为强力约束现场人员管理的创新之举，通过人员约束，保证现场管理的技术力量。随着公司信息化技术的不断增强，施工现场引入了全工区联网的考勤管理系统，保证各类人员在岗，确保工程技术力量充足。

（5）公司为响应水利工程文明工地建设要求，在全工区下发了文明工地建设实施方案，为各施工单位建设项目部在工区开展文明工地建设提供了理论参考，保证了现场文明工地的建设做到"整齐、整洁"、施工人员精神与形象气质佳、现场施工管理有序、有力，充分提升了引汉济渭工程整体形象。

（6）监理管理办法是公司从监理管理规定出发制定的全面约束监理管理的制度，明确了监理单位与公司的合同关系，为监理管理现场提供了管理依据，指出监理现场管理的重点与协调管理的要求，为保证现场管理指明了方向。

二、参建单位项目管理改进

参建单位密切配合公司改革，从制度制定到落实再到监督等，严格执行，确保工程质量安全。

1. 严格执行现场管理各项制度

统筹协调参建各方，科学合理考虑各环节衔接，强化人员履约、紧抓现场管控，规范工程建设过程管理。按照年度工程进度计划，合理规划安排钢筋、水泥、粉煤灰、金结及机电设备的进场交付时间，确保工程物资保障。每月定期召开现场工程建设协调会，超前谋划，及时发现和解决工程建设现场存在的问题。

（1）严格合同履约。全面落实各参建单位的合同主体责任，督促其按合同约定，投入相关人员及设备，保质保量完成合同任务。同时，通过现场（在隧洞内、支洞口及坝面必经道路设置人脸识别系统）考勤、合同投标主要管理人员更换从重处罚等措施，强化工程建设过程管理，遏制了主要管理人员"不按合同履约、不按合同驻扎现场"等现象。

（2）强化季度考核。坚持以问题为导向，以整改为目标，以问责为抓手，充分发挥考核作用，确保问题整改不留死角。每季度末，公司组织相关业务部门认真对标对表年度工作安排，深入一线检查各单位年度计划、变更处理、安全质量落实情况，查找工作中的突出问题和短板不足，加强问责问效，确保年度各项工作任务如期完成。

（3）加快变更处理。公司严格按照"先批准，后变更；先设计，后实施"的原则处理变更。同时，督促各单位及时上报已发生各项变更，在规定时限内逾期不报者将不再受理。公司组织专家采取现场办公方式，咨询处理无法达成一致意见的变更立项问题。

2. 从严控制工程质量安全

公司全面深化安全标准化运行工作，严格落实安全生产主体责任，公司与各部门、各参建单位签订了安全生产目标责任书。监督部门、分公司与员工签订了安全生产目标责任书，监督检查各参建单位内部安全目标责任书的签订和落实。同时，深入开展安全生产制度建设、隐患排查、风险防控、员工培训等工作，安全工作做到横向到边，纵向到底，不断强化安全意识，防范安全事故发生。同时，不断完善试验检测管理、质量追溯系统，严格执行常规检查、专项检查和工程质量检测和"飞检"力度，进一步夯实质量责任制，严把工程质量关，实现安全生产及施工质量平稳可控。

3. 确保建设资金落实到位

公司统筹落实资金，确保建设资金及时足额到位，为年度建设任务圆满完成提供坚强资金保障。公司财务人员对工程款科学预算、建立台账，严格执行重大项目重点保障，急难问题优先保障，及时拨付。同时对重点标段银行账户进行监管，有效防范财务风险。为确保及时足额支付农民工工资，全年对农民工工资专户资金使用情况进行实时监管，定期进行农民工工资专项检查，切实保障农民工权益。

项目管理运行机制持续创新

项目管理运行机制创新需要顶层设计，以目标为导向，厘清目标之间的相互关系，对实现项目目标意义重大。本节主要围绕安全、质量、进度、费用、生态、扶贫、环境美化和风险控制等讨论了各自机制的建立。

一、机制建立总体设想

1. 机制的含义

"机制"一词最早源于希腊文，原指机器的构造和动作原理，通常与机理、制度相联系，可以分解为"机理"＋"制约"。机制是考虑约束的制度运作原理，它不等于制度，是围绕目标设计的流程，一般泛指系统内部的制约关系及其运行机理[80,81]。

水利工程项目管理就是运用管理学的思想和系统科学方法，将项目运行视为一个整体的系统，对其协同运行机理进行探讨，进行项目内部的有机制约关系及其运行机理设计。

2. 机制建立的必要性

引汉济渭工程项目涉及的领域多、建设难度大，项目管理非常复杂。工程因为跨流域调水和输配水规模较大，参与承担各子任务的施工单位较多，在一定程度上存在缺乏沟通或思想、目标不统一等问题，管理工作难以高效组织，甚至出现矛盾纠纷。因此，要达到预期的管理和控制目标，必须将工程建设中的管理内容加以合理分配，采取有针对性的措施等保障管理工作的落实。如果没有完善的管理机制，项目在建设的过程中将缺少指导和约束，相关管理部门及人员的管理责任不清晰，难以保障工程管理工作的顺利开展。

为了有效地解决项目在工程管理、质量控制等方面存在的各种问题，公司不断总结工程经验，完善项目运行机，在国家水利工程项目相关法律法规、行业标准的基础上，结合工程实际，建立适合引汉济渭工程项目的运行机制，用该机制来指导工程在安全、质量、进度等核心目标以及生态环保和扶贫等长效目标的实现和控制。随着机制的不断完善，工程建设中的管理问题不断被突破，实现了建设目标并完成建设任务要求。

3. 目标控制机制的整体构建

（1）引汉济渭建设项目是多目标工程。

引汉济渭工程的项目目标以安全、质量、进度和费用为核心，以生态保护、移民扶贫和环境美化为辅助，通过风险控制机制，完成各部分的风险识别、评价、应对和控制，融合多个机制协同运作、不断完善，保障引汉济渭工程的多目标要求的实现。

（2）目标有效实现需要建立控制机制。

引汉济渭工程项目主要有八大运行机制，安全保障机制、质量保证机制、进度控制机制和费用管理机制是为完成安全、质量、进度和费用目标及项目管理目标而设立的。生态保护机制、扶贫长效机制和环境美化机制是为第二层级目标即社会效益目标而设立的。风险控制机制是协调双层运行机制的手段，通过风险源和风险等级的精准预判，减少风险发生，同时做好风险应对，保障项目各层级目标的实现。具体的项目运行机制关系如图4-1所示。

图 4-1　风险控制视角下的运行机制创新示意图

（3）风险控制要贯穿项目整个过程。

运行机制的顶层设计从风险控制视角融合八大机制，从目标、组织机构、流程设计、保障手段等角度考虑如何支撑项目的安全、质量、进度和费用控制的内生驱动力，以及生态、扶贫和环境美化的外在拉动力，促进协同创新的价值实现。

4. 风险控制视角下的运行机制解析

（1）核心项目目标层的运行机制关系解析。

目标设定是项目管理的前提，安全、质量、进度和费用在满足项目目标的过程中存在相互影响关系，有一定的制约性。但是，"安全"是第一位的，在保障安全的前提下，工程在满足质量、进度及费用目标。因此，在风险控制机制设计时，风险识别就是要把影响工程安全目标实现的各要素全面辨析，从公司到基层、个人及参建单位，明确目标的同时也明确风险源，由此构建风险树，评估风险发生概率和损失，对重大安全风险完全杜绝，对其他风险有效防控。

组织机构是项目管理的组织保障，通过设立机构、岗位和配备人员，给予职责及权利，全面监控安全、质量、进度和费用情况。由于水利工程项目的多目标要求，组织机构的人员需要一专多能，整个组织精干高效。项目质量建设是工程的重要目标，涉及各个参建单位，使质量管控更加复杂，因此，组织机构设置中除了常规的部门，还需要增加各方面专家，构建专家库，对施工过程的各个环节进行"飞检"，有效地挖掘和预防风险源，完成严格的质量控制。

流程设计是为了合理统筹项目管理全过程，使其不偏离既定计划，更高效、更科学地运行，从而降低成本、加快进度并获得理想的结果。流程设计在项目立项和实施阶段都应该有所体现。在项目立项阶段，项目审批后的环节可同步进行，地质勘探、现场勘查和项目设计招标并行，节省出方案设计和审批工作时间，同时保证方案设计的科学性。由于水利工程项目处于多变、复杂的环境中，难以按照总进度方案分配工作，需要知道短期的、详细的作业方案，根据现场情况灵活地安排施工作业计划，包括工期目标及任务、相应的资源配置需求等。在项目的实施阶段，流程设计需要设置定期汇报环节，加强项目进度汇报，协调各方应对项目异常或变更等问题。

保障手段是项目各项管理政策落地实施的重要举措，除了制定的政策落实到位，还需要在项目实施前和实施过程中预防和监控各项活动。一般在项目实施前通过合同来约束，减少设计、施工和监理等方面的风险因素，保障项目按计划实施。在项目施工过程中，采用高科技手段全程监控，保证项目质量、安全等目标的实现。

（2）社会效益目标层的运行机制关系解析。

生态保护、扶贫和环境美化都有具体而明确的目标。生态保护要遵守生态恢复原则，关注水流生物和周边物种多样性的恢复，在工程设计之初就融合生态保护，控制工程对生态的影响，修复河道水文以及整个水域生态系统。扶贫的任务目标是针对库区移民和贫困人口实施精准帮扶，重视生计能力的可持续是扶贫工作的关键，构建移民社区，通过具体的场域可以实现精准扶贫工作的展开。生态、扶贫和环境机制在建立之初就需要根据目标识别风险因素，从而才能在规划、设计中控制建设风险，保证工程顺利进行。

组织机构的设置对扶贫和移民工作具有重要作用。中国征地移民工作目前实行的是"政府领导、分级负责、县为基础、项目法人参与"的管理体制，征地移民需要地方政府以及县级政府主导，建设单位配合，涉及市、县级发展和改革委员会、国土资源局、农业局、林业局等众多部门协调配合，自上而下建立工作督导，才能做好全盘工作。

流程设计对完整地考评水利工程环境等方面的风险具有重要作用。针对环境影响这个多层次、多方位、多因素的综合系统，按照流程逐步进行风险识别、风险评价等，可以改变以往侧重于单一环境风险因素，缺乏系统的评价及应对方法，导致管理方案的有效性受到影响。

保障手段直接作用于监督和实施工程区域内环境管理方案，建立各项制度和政策、环境情况的数据统计、污染源建档等工作。结合当前"云大物移"技术手段，环保等方面的监测更加高效、便捷和可追溯，保证了各项工作在既定目标下的开展，较好地降低了风险的发生。

二、安全保障机制建设

公司始终遵循"安全第一、预防为主、综合治理"的方针和"以人为本、生命至上"的管理理念，坚持"零隐患"的管理目标，严格落实水利工程项目法人安全生产主体责任和监管责任。建立了专职安全生产管理机构，配置了专职安全生产管理人员，不断优化安全生产管理体系。2018年3月，公司通过了水利部水利工程项目法人安全生产标准化一级达标创建，取得了一级证书和牌匾，目前运行良好。引汉济渭工程建设开工以来，未发生一起一般及以上等级生产安全责任事故，安全生产处于可控状态。安全保障机制具体包括以下几点：

1. 建立安全组织管理机构

公司成立以党委书记、董事长为组长，总经理、副总经理及领导班子其他成员为副组长，各部门、分子公司负责人为成员的安全生产委员会。公司、分公司设置了安全质量部，作为安全生产管理的专职机构，配置了专职安全生产管理人员，骨干人员均持有注册安全工程师证书，形成了公司、分公司以及设计、监理、施工齐抓共管的管理网络。

2. 安全生产目标责任的精细化

每年年初，公司与各参建单位签订安全生产目标责任书的同时，督促参建单位内部也按此方式签订。公司与各部门、分子公司签订安全目标责任书，各部门与员工签订安全责任书。据统计，每年安全责任书的签订率达到100%。责任书的签订进一步明确了工作职责，细化了安全保证措施。

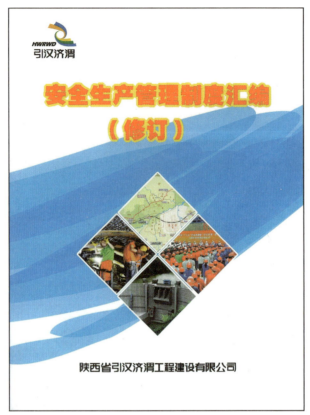

图 4-2　安全生产管理制度汇编（修订）

3. 隐患排查治理活动准时化

以风险分级管控和隐患排查治理为主线，以安全生产攻坚行动为抓手，开展隐患治理工作。具体做法是以《水利水电工程施工危险源辨识与风险评价导则（试行)》为依据，在危险源辨识的基础上，确定危险源的风险等级，依据危险源风险等级确定管控措施并开展管控工作。公司管控重大风险、分公司管控较大风险、监理单位管控一般风险、施工单位管控低风险。当发现风险管控措施失效时，便记录为事故隐患，进入事故隐患治理工作流程。公司及分公司定期、不定期开展安全检查、巡查和专家"飞检"等工作，对查出的各类问题按照隐患整改"五定"原则完成整改，整改率 100%。

4. 严格落实安全生产费用投入

公司成立以来，在行业内创新采取"实报实销"的安全生产费用管理模式，坚持"先投入后支付"的原则，按照国家规定安全生产费用提取比例，在每期计量时按照工程计价款的 2% 提取安全生产费用，将原来的按比

图 4-3　防坍塌演练

图 4-4　筑起防汛抗洪坚固屏障

例拨付变更为现在的施工单位现场投入、监理单位现场审核、分公司抽查确认、公司审批拨款的形式，以此保证安全生产费用专款专用，公司成立以来累计审核安全生产费用 11170 余万元。

5. 信息化手段精确指引安全生产

公司立足项目法人安全生产标准化运行情况，建立"引汉济渭工程安全生产管理信息系统"。通过系统在 PC 端和移动端（APP）的运用，实现了对各参建单位安全生产工作的在线监管。安全生产管理以数据为导向，从数据中找出工作的薄弱环节，创新开展安全生产管控方式方法，通过信息化的手段为安全生产管控和决策提供科学支撑。

图4-5　全天候监控确保安全生产

6. 安全生产管理成效显著

公司建立27项安全生产管理制度，每年坚持开展安全生产月和"安全生产万里行"等活动，全面推行安全生产标准化管理。按照安全生产标准运行管理要求全面推进安全标准化、常态化运行，安全标准化创建及运行成效显著。2019年12月获得省应急管理厅"全省安全文化示范企业"称号。

三、质量保证机制建立

1. 质量管理组织机构

公司按照行业标准和规程规范规定，执行工程建设强制性条文，建立质量责任制，实行"业主负责、施工保证、监理控制、政府监督"的全过程、全方位、全员参与的工程质量管理体系。引汉济渭公司采用二级管理模式，公司有主管质量的副总经理，总部设安全质量部，负责建立健全工程质量管理体系，制定公司质量管理制度，明确工程质量目标，分解责任并监督落实。

2. 质量检查严格化

公司每季度对各参建单位开展质量检查，重点检查各参建单位质量体系建设及运转情况、单元工程质量检验与评定、施工单位质量"三检"工作、监理单位质量平行检测及内业资料情况。检查过后发布质量检查通报，要求各参建单位认真整改存在的质量管理问题。

图 4-6 隧洞围岩收敛监测

组织质量专家进行"飞检"。为了更好地履行水利项目法人管理职能，始终保持各参建单位工程质量处于可控状态，公司成立了引汉济渭工程安全生产、质量管理方面的专家库，抽调专家采取"四不两直"的方式对工程建

图 4-7 不定期开展专家"飞检"工作

设现场进行检查会诊，查找各参建单位在质量管理体制、质量生产责任制等方面的薄弱环节，指出日常管理工作中存在的不足和施工现场的安全隐患和质量问题，依托专业力量帮助各参建单位提升质量管理能力。

公司通过国内公开招标，确定具有检测混凝土、岩土、量测甲级检测质量的黄河勘测规划设计研究院有限公司和具有金属结构和机械电气甲级检测质量的黄河水利委员会基本建设工程质量检测中心，开展项目法人质量检测。

图 4-8　聘请专业质量管理机构定期深入工地开展质量巡查

为及时、全面掌握各工地试验室检测工作的准确性、完整性，保证检测工作的科学、公正、准确、真实，并有效规范检测行为，保证试验检测结果的真实准确，公司通过视频监控系统及质量检测管理系统软件，实现检测数据实时上传、检测结果及时反馈等功能，最大限度地减少检测误差。

3. 质量监控手段精确化

在三河口水利枢纽建立了全国首个"1+10"全生命周期工程信息管理系统。截至 2020 年底，共采集各类监测数据 6478 万余条，采集数据已高达至 TB 级，有效确保了大坝施工质量，信息化应用走在了水利行业的前列。碾压混凝土大坝混凝土碾压、温度控制、变态混凝土加浆振捣、基础灌浆是施工的关键环节，施工过程分别用智能温控系统、碾压质量监控系统、加强振捣系统、智能灌浆系统进行智能化控制，实现了混凝土出机口温度、入仓温度等 10 余个温控数据的自动采集和实时预警反馈，碾压遍数、铺料厚度等 5 个碾压参数的实时监控自动采集实时预警反馈，混凝土振捣位置、加浆量、浆液浓度等多参数的智能监控，灌浆压力、浆液密度、浆液流量等 5 项控制指标自动采集传输，有效保证了工程施工质量，避免人工控制带来的误差和现场作弊行为。

4. 实现工程质量可追溯

依据 2018 年 8 月 2 日企业制定的《陕西省引汉济渭工程质量终身责任制实施办法》（引汉建发〔2018〕166 号），落实参建各方质量终身责任，确保引汉济渭工程质量安全，加强引汉济渭工程项目质量管理，提高质量责任意识，强化责任追究，保证工程建设质量。

三河口水利枢纽以工程项目划分为脉络，以施工单元工程为工程建设质量信息监控与采集基本模块，利用"1+10"全生命周期工程信息管理系统，将工程建设过程中使用的材料和中间产品规格、批次、厂家、检验人员、检验结果，每道工序环节施工质检员、监理人员及施工现场环境等相关信息录入信息系统，实现在原材料、中间产品、施工过程、质量检验验收等环节的追溯管理，确保整个工程周期过程的管理透明化，做到全程有据可查、有章可循、有人负责。

5. 参建单位的严格质量奖惩

为加强质量管理执行力度，规范参建各方质量管理活动，公司制定了《陕西省引汉济渭工程建设有限公司引汉济渭工程质量、安全责任追究制度》和《引汉济渭工程质量奖罚实施细则（试行）》。对施工管理过程中成绩突出、质量领先的单位及个人进行表彰与奖励。对在各级检查中被通报质量管理违规及质量问题的单位及相关人员进行责任追究和经济处罚。

四、进度控制机制建立

为了实现工程项目施工进度准时化，公司制定了进度控制规范，严格执行进度控制和管理，对期间出现的各种问题从严治理，从项目过程细节入手的精细管理，利用信息化等精确管理手段保证项目施工过程的进度。随着秦岭输水隧洞逐渐掘进至秦岭主脊最大埋深处，新出现的超高强度硬岩、岩爆、高温地热、有害气体等多种问题叠加，加剧了施工综合难度。

图4-9　秦岭输水隧洞施工过程中岩爆发生现场

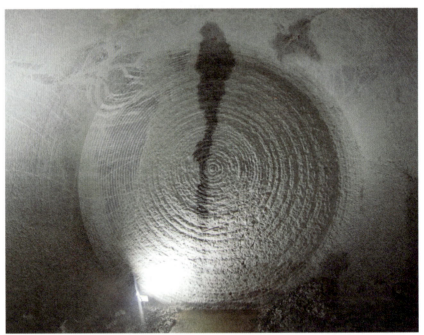

图4-10　隧洞施工中掘进机刀盘在高硬度岩石上刻下的同心圆

1. 进度控制的严谨性

工程施工进度计划控制和管理按照"两级计划、四级管理"进行。两级计划分为：一级进度计划即各标段施工总进度计划，包括工程施工控制性工期、总体形象进度计划、工程建设重大节点形象进度计划等。二级进度计划指各标段年度、季度、月度进度计划等。四级管理分为公司、分（子）公司、监理单位、各承包单位。

2. 执行过程的严格性

施工进度控制的总体原则是周督促、月检查、季度考核、控制年度目标和总工期。参建各方及时跟踪检查重要节点、关键部位施工计划落实情况，重点分析关键路线的进展情况和进度延误的影响因素，分析实际施工进度与施工进度计划的偏差并及时纠偏。

3. 问题处理的严肃性

公司建立现场驻勤、巡视检查机制，定期组织召开由公司领导主持，各职能部门、分公司负责人参加的工程建设管理月例会，并充分利用月例会、季度考核、检查等深入工程现场，及时解决工程建设中进度方面存在的问题，对各类技术问题提出建设性的指导意见，凝聚参建各方、形成合力，确保工程建设有序推进。

4. 进度控制的创新性

在施工过程中，为确保工程建设进度，公司多措并举，用科技攻难题。秦岭输水隧洞施工过程中，地质条件极为复杂，突涌水、岩爆、高磨蚀硬岩、软岩变形、断层塌方、有害气体、高湿高温等工程难题频繁出现。针对诸多施工难题，率先引进 HSP、激发极化、瞬变电磁、三维地震、微震监测等先进的超前地质预报技术进行预报预警，预报准确率达 80%。采用超前水锤钻孔应力释放、掌子面中部手风钻钻孔爆破应力释放及超前小导洞应力释放等措施，解决了高地应力提前释放问题，以达到降低岩爆强度等级的目的。

5. 管理手段的信息化

公司以智能、信息化手段促进进度控制。在大坝混凝土施工过程中，联合华北水利水电大学、中国水利水电科学研究院建立三河口施工期监控管理智能化系统，采用"1+10"的管理模式，运用自动化监测技术、数值仿真技术等实现大坝智能化施工。联合清华大学张建民院士团队，将其研发的"无人驾驶碾压混凝土智能筑坝技术"首次成功应用在大坝混凝土施工过程中。该技术实现混凝土碾压过程智能控制，有效地克服了人工驾驶碾压机作业碾压质量不稳定等缺点，使得质量的标准化、程序化不受人为因素的影响，提高了施工质量，加快了施工进度。

五、费用管理机制建立

公司成立之初至 2020 年底，共完成引汉济渭调水工程三河口、黄金峡水利枢纽工程以及秦岭输水隧洞工程招标工作 153 项，中标金额 65.87 亿元。完成二期工程招标工作 17 项，中标金额 16.55 亿元。为了用好这些资金，公司制定了严格的费用管理机制，保证工程资金合理使用，确保工程项目正常进行。

1. 实行全面预算管理

2015 年起，公司通过实施全面预算管理，把公司发展战略制定的年度经营目标进行分解、落实，让公司的长期战略规划和年度全面预算保障的具体行动方案紧密结合，从而实现"化战略为行动"，确保企业的发展目标有效实现。公司始终以全面预算计划过程管理和预算指标严格控制为抓手，在全面预算的编制上，紧紧围绕公司主责主业和中心工作，突出重点、统筹兼顾、厉行节约、综合平衡，把公司有限的资源进行最优安排，确保引汉济渭工程建设重点项目重点保障、急难问题优先供应、一线难题有效解决；在全面预算的执行上，突出预算刚性执行，对无预算、超预算开支不予保障，切实维护了预算的严肃性，有效提高了建设资金使用效益；在全面预算数据使用上，通过全过程、全领域、全场景为管理层提供准确翔实的经济数据，为公司科学决策提供全面科学的数据支撑，有效降低了决策风险和经营管理风险。

2. 监管工程资金支付

公司为防范施工单位的资金风险给工程建设带来较大影响，确保支付的建设资金依法合规使用到引汉济渭工程上，采取了三方资金监管模式，公司与施工单位、银行签订三方协议，委托银行监管施工单位银行账户及资金。

施工单位每笔提取资金，银行按公司审核进行拨付。审核内容包含公司对施工单位资金使用预算及调整预算，包括拨付金额、拨付单位及账号、资金用途、合同金额、累计拨付及结算情况等详细信息。同时，银行将账户信息、账户资金余额在月底反馈给公司。施工单位及时将因施工对外签订的各项物资采购合同、雇佣劳务合同、设备租赁合同等，及时登记并报分公司备案。

公司建立了"引汉济渭工程在建项目资金情况周报表"，对各标段各单位的账户资金、本月资金计划、本月计划支付农民工工资、农民工人数、拖欠人数、拖欠金额等信息进行详细登记和跟踪检查，形成了全方位、全过程、全时段资金监管方式，有力保证了引汉济渭工程建设的口粮，确保了工程资金用于引汉济渭工程建设上，是工程能正常有序开展的定海神针。

3. 监管农民工工资发放

公司认真贯彻落实国务院及省政府关于全面治理拖欠农民工工资问题的部署要求，切实保障农民工合法权益，高度重视农民工工资发放等问题，加强农民工工资监管，采取以下措施：

①监督承包单位劳务分包合同，合同中明确劳务工工资及支付等主要条款。②对进场农民工实行实名制管理，建立全部劳务工队清单、农民工花名册和农民工工资支付表，专人负责工程计量、结算和农民工工资发放工作。③每月农民工实名制工资支付明细表随工程月度结算报表一同上报，公司从工程结算款中将农民工工资支付到专户，委托农民工工资专用账户开户银行，从专户中直接将工资拨付到每个农民工的工资支付银行卡。④实施公司、分公司、监理各方定期到工地开展农民工资发放检查、调查，开展义务普法，并在生活区张贴监督举报电话。⑤公司将施工单位农民工工资发放情况纳入各参建单位年度考核并实行一票否决制，发现虚假报送农民工工资明细表的扣除当月考核金，取消年度考核评优资格，并进行通报。

六、生态保护机制建立

公司全面承担引汉济渭工程建设任务以来，始终坚持把生态文明建设作为一项重大政治责任，自觉践行习近平生态文明思想和"绿水青山就是金山银山"的绿色发展理念，全面贯彻落实国家、省关于生态文明建设和环境保护的重大决策部署，以工程建设和环境保护"三同时"制度为准绳，严格强化过程监管，通过智能手段精确做好各项环境保护工作，实现生态环境的全面保护。

1. 遵循工程建设和环境保护"三同时"原则，践行环保理念

引汉济渭工程穿过秦岭底部，经过陕西天华山国家级自然保护区、陕西汉中朱鹮国家级自然保护区、陕西周至国家级自然保护区、汉江西乡段国家级水产种质资源保护区、陕西周至黑河湿地省级自然保护区4个国家级、

1 个省级自然保护区以及西安市黑河水源保护区，点多面广，战线较长。

公司按照环评报告批复要求，积极践行环保理念，坚持和谐开发、绿色开发，在开工之初就确立了"生态工程、绿色工程""争创生产建设项目国家水土保持生态文明工程"的目标，始终坚持环保措施与主体工程建设同时设计、同时施工、同时投产的"三同时"原则，健全体系、严控标准，扎实做好环境保护工作。

为了尽量减少工程对环境的影响，在工程设计之初进行科学规划，取消越岭段一个支洞，并将渣场等设计远离保护区，最大限度地减少由于工程建设对天华山自然保护区的影响。

2. 建立严谨的环保管理体系，健全组织机构

引汉济渭工程建立了公司、分公司、监理监测、参建单位四级环保管理体系。

公司成立施工期环境保护与水土保持领导小组，公司主要领导任组长，分管环水保领导任副组长，领导小组下设办公室，设在移民环保部。移民环保部配备专职环境管理人员，负责工程环保日常工作，下设岭南、岭北现场工作部，配备有专兼职管理人员。5 个分公司（大河坝分公司、金池分公司、黄金峡分公司、秦岭分公司、渭北分公司）均配备有专职环保管理人员，负责工程现场环保日常管理工作。

公司通过公开招标引进环境监理、监测单位，对工程进行现场监督、对施工期间环保措施效果进行监测，协助管理环保工作，给工程环保管理提供了强有力的支撑。各参建单位均设立了环境保护机构，配备专职人员负责环水保工作。

3. 严格落实铁腕监督，贯彻各项环保制度

公司相继出台了《陕西省引汉济渭工程施工期环境保护与水土保持管理办法》《陕西省引汉济渭工程施工期飞行检查办法》《陕西省引汉济渭工程施工期监理管理办法》等十余项规章制度，涵盖管理、检查、监理、考核、处罚等内容，为规范化管理奠定了基础。

为落实环保主体责任，在每个标段开工之初就与施工单位签订《环境保护与水土保持目标责任书》，进一步明确责任，并要求其制定《施工期环境保护与水土保持实施方案》，严格按照实施方案管理施工，有效管控环保措施落实。在建设过程中创新实施《引汉济渭工程施工期环境保护与水土保持

工作考核基金管理办法》，将环评报告书和水保报告书的各项措施纳入招标文件，将环保"三同时"制度落到了实处。

图 4-11 大坝岩石边坡生态治理现场图

4. 采用多种监控手段，实现全景全天候实时监控

公司定期或不定期开展全工区环水保日常检查及"飞检"工作，发现问题立即要求进行限期整改，并按公司相关办法进行考核。

为了进一步做好环水保工作，创新管理措施，在三河口、黄金峡大坝施工区及砂石骨料开采加工区、各隧洞排水处理站等环境敏感点，均安装了高清全景摄像头。在岭北黑河水库上游隧洞涌水处理重点区域安装了水质在线监测设施，公司管理人员可通过电脑及手机 APP 实时查看环保措施落实情况。

公司成立了"朱鹮无人机中队"，不定时深入工区，通过无人机高空拍照、河道取水，光谱分析仪现场分析等方式开展无人机"飞检"工作，严格检查施工环保落实情况。

同时，将环水保工作纳入年度考核，实行一票否决制，严格奖惩环水保工作。环水保实施"天眼"监控工程，建立了覆盖整个工区的信息化管理网，240 路高清视频系统实现了全工区及山泉水厂的 24 小时无死角实时远程监控，73 个环保监控摄像头，实时监测一线施工排水及运行情况，实现了手机 APP 同步操控，确保管理无死角。

5.严格弃渣治理，注重废水排放的实效结果

引汉济渭工程建设穿越西安、汉中、安康3市和周至、洋县、佛坪和宁陕4县，工程位于西南土石山区且涉及汉江上游重点预防保护区，丹江口水源区治理区，秦岭南坡的重点预防保护区和秦巴山区水土流失重点治理区，秦岭北坡重点预防保护区和秦岭北麓重点治理区，水土保持工作尤为

图4-12　废水排放治理现场鸟瞰图

图4-13　秦岭输水隧洞黄三段3号支洞渣场复绿现场图

重要。

按照水土保持批复要求，严格执行水保"三同时"制度，在已施工的主体工程区、工程永久生产生活区、交通道路区、施工生产生活区、弃渣场区等区域，完成了防洪排导工程、斜边防护工程、拦渣工程和植被建设工程等水土保持防护措施，对控制和减少施工期人为水土流失发挥了良好的作用。

引汉济渭工程共 17 处渣场均严格按照"先拦后弃"的原则修建挡护工程，同时坚持"完成一片治理一片"的原则对长时间不扰动区域开展覆绿工作。

在开工前对表土区域进行剥离集中堆存，并采取沙袋临时拦挡、密布网密闭并播撒草籽措施。弃渣场挡墙采用格栅反包工艺，弃渣场大多选取河滩荒地，待渣场使用完毕将其复垦改建成基本农田，增加约 800 亩基本农田。佛坪县大河坝镇三河口村杨家沟、石墩河镇大堰沟、下湾 3 处，利用引汉济渭工程弃渣造地 197 亩，有效助力群众生产生活。截至 2020 年底，已在石墩河下湾处完成了 120 余亩荒地的回填与覆土工作。

在施工废水处理方面，岭南工区每个隧洞支洞口均修建了涌水沉淀池，施工涌水经过初沉、加药搅拌及三级沉淀后达标排放。在岭北工区，公司耗资 3500 万元修建了高标准的"高效池 + 石英砂池 + 活性炭池"三级处理工艺的施工涌水处理设施，处理后的涌水达到县城自来水水质水平。

各施工单位在混凝土拌合站修建了拌合废水沉淀池，拌合废水经过加药沉淀后用于厂区及道路洒水降尘，三河口砂石料加工系统采用先进的 DH 废水循环利用系统，实现了"零"排放。在各施工营区均修建了卫生厕所，配置有标准的地埋式一体化生活污水处理设施，生活废水经生化处理后，定期外运。

6. 采用创新举措实现生物保护的多样性

为减缓水利开发对鱼类资源的影响，在黄金峡水库建设鱼类增殖站及鱼道，在三河口水库配套建设捕捞过坝等措施，有效恢复工程对鱼类的影响。

（1）鱼类增殖站。

在黄金峡水利枢纽上游段高标准建设鱼类增殖放流站，已放流青鱼、草鱼等 12 种鱼类，试验性放流鯮、鮊等 4 种鱼类，计划放流总规模达到每年 65 万尾。

鱼类增殖站距离下游河口 1.3 千米，主要由建（构）筑物、排洪建筑物和取水建筑物三部分组成，用地面积 67.3 亩。站内主要建筑物有育苗培育厂房、亲鱼孵化催化厂房、室外鱼池、室外仿生态池、综合办公楼、蓄水池、污水处理站和人工湿地等。

（2）大坝设鱼道。

根据各类过鱼建筑物的特点，结合过鱼对象的洄游习性、鱼体大小以及技术条件，在黄金峡大坝上修建鱼道，让鱼类繁殖群体借助过鱼设施翻过大坝到达特定场所，为亲鱼繁殖、鱼卵孵化、幼鱼索饵等创造条件，从而达到在一定程度上改善大坝上下游鱼类种群交流的效果。目前，黄金峡水电站1970 米鱼道与主体工程同时建设。

（3）捕捞过坝。

三河口水库所在的子午河中分布的 32 种鱼类在汉江干流均有分布。三河口水利枢纽坝高 145 米，地形条件和坝高决定不适宜修建鱼道等过鱼设施。大坝建设后，为了减少对鱼类的影响，工程采用捕捞过坝增进鱼类种质资源的基因交流，主要是采用坝址上下游捕捞鱼苗、幼鱼过坝放流，来增进鱼类种质资源的基因交流，采用定制张网、拦网进行捕捞，用活鱼运输车对渔获物进行运输过坝。

七、扶贫长效机制建立

引汉济渭工程战线较长、范围较大，移民安置工作涉及西安、汉中和安康，共需搬迁移民总人口超万人，移民安置总投资 41.74 亿元，人均投资40.23 万元。

公司作为陕西省国资委所属国有企业，积极践行习近平总书记讲话，踊跃参战，脱贫攻坚，加入助力脱贫攻坚汉中合力团，助力汉中市脱贫攻坚。引汉济渭工程的三河口水利枢纽、黄金峡水利枢纽、秦岭输水隧洞，大部分工程处于汉中市洋县、佛坪县，安康市宁陕县，移民村大多地处秦岭深处，山大沟深，森林茂密，原有交通设施条件差，道路崎岖，遇到夏季暴雨，出行非常危险，甚至无法出行。"山高石头多，出门就爬坡"是这里的真实写照。基础设施条件差成为制约当地经济发展的瓶颈，束缚了村民的思想和发展意识，是造成该地贫困人口多、贫困发生率高的主要原因之一。这些突出的种种问题深深地触动了引汉济渭工作者的心弦，为了库区移民能够更好地生活和发展，公司主动担负起助力当地脱贫攻坚的责任。

1. 成立机构，严格落实责任

公司印发《中共陕西省引汉济渭工程建设有限公司委员会关于成立脱贫攻坚领导小组的通知》，成立了组织机构，公司党委书记、董事长为组长，班子成员为组员的脱贫攻坚领导小组，设立相关部门负责人为成员的办公室。由公司移民环保部具体负责助力脱贫攻坚的日常工作，为工作开展提供了强有力的组织保障。同时，印发了《助力脱贫攻坚工作实施方案》《助力生凤村脱贫攻坚结对帮扶方案》等文件，明确了助力脱贫攻坚的指导思想、工作目标、项目计划，为工作开展创造了基础。

2. 高度重视，提高政治站位

脱贫攻坚工作是党中央的重大战略部署，是全省工作的重中之重，公司将其作为首要政治工作来抓，贯彻落实中省扶贫工作精神，并通过以下活动落实具体工作：①举办"引汉济渭大讲堂"，聘请专家学者为员工讲解党的十九大报告、习近平扶贫工作讲话精神，传达学习《陕西省脱贫攻坚指挥部关于做好季度通报工作的通知》《陕西省扶贫领域作风问题专项治理实施方案》《2018年脱贫攻坚春季攻势行动方案》《汉中合力团产业扶贫领域作风问题专项治理实施方案》等文件，使全体员工充分认识脱贫攻坚工作的重要性。②及时召开专题会议，研究部署助力脱贫攻坚和驻村扶贫工作，确保扶贫工作措施落实。③派员参加省国资系统企业扶贫干部能力提升培训班，提升了从事扶贫工作员工素质与能力。

3. 强化日常，保障有序推进

公司按照中省关于脱贫攻坚工作要求，不断强化脱贫攻坚日常管理工作。①确定专人按期报送助力脱贫攻坚工作情况及信息。②及时总结或制定脱贫攻坚工作文件。③按时参加省政府、国资委、合力团的各种脱贫攻坚工作会议。④公司主要领导多次与地方政府座谈沟通助力脱贫攻坚工作，亲自到项目实施现场检查，督促项目实施。⑤建立完善的扶贫工作档案，严格收发文工作流程，建立脱贫攻坚项目月度台账。每一项政策措施出台、每一项工作任务落实、每一个具体经办事项都要有起因、依据、过程和结果，档案资料和印证材料翔实完整。⑥在企业年度预算单列脱贫攻坚项目资金，制定项目资金投入年度计划，优先保障脱贫攻坚项目资金，保持扶贫资金支出"绿色通道"，各项目完善自身资金支付台账，保障资金合理合法合规使用。

4. 结合企业发展，开展助力脱贫

公司在搞好工程建设的同时，围绕"建设一项工程，造福一方百姓"，结合公司自身实际，千方百计地将工程建设与脱贫攻坚工作紧密结合，主要从改善贫困群众的生产和生活基础设施入手开展扶贫工作：①通过加快移民安置项目建设，解决贫困村出行等基础设施薄弱问题，从改善生产条件方面助力脱贫。②通过加快移民安置点建设，使移民从地质灾害多发易发地搬迁到基础设施完善、居住安全、环境良好的安置区入住，从改善生活设施方面助力脱贫。③成立专业的商贸公司，利用"企业+合作社+贫困户"模式，通过互联网进行农副产品宣传营销，流转帮扶村合作社茶园，聘请专业人士到村现场授课，助力千亩茶园建设和中蜂养殖产业发展，做到扶贫与扶智相结合。④鼓励引汉济渭工区的单位用工优先吸纳贫困人员，促进就业扶贫。

图4-14　助力生凤村生态茶园建设现场图

5. 加强舆论宣传，营造良好氛围

加大助力脱贫攻坚工作宣传力度，在公司网站开辟的扶贫攻坚专栏上宣传中省精准扶贫、精准脱贫的重大决策部署，加大相关新闻媒体宣传地方政府或公司取得的扶贫工作成就、扶贫工作中涌现出来的先进事迹、贫困户中的脱贫典型等的力度，制作宣传短片，传递社会正能量，营造打赢精准脱贫攻坚战的良好舆论氛围，提升社会影响力、认知度，为决战决胜脱贫攻坚提供强大精神动力。

6. 建立扶贫监督反馈

公司纪委把扶贫纪律执行情况作为纪检监察的重要工作来抓，主要通过：①坚持每月由公司脱贫攻坚领导小组办公室自查自纠扶贫领域存在问题，公司纪委每月进行一次抽查。②接受舆论监督，通过走访座谈、发放调查问卷、公布监督举报渠道等方式，对公司扶贫纪律执行情况进行监督检查。③持续落实"三个助力"和"以案促改"工作措施，开展"不忘初心、

图 4-15 公司领导徒步走访贫困户

图 4-16 公司扶贫募捐活动现场图

牢记使命"主题教育活动和调研活动，时刻强调扶贫工作廉洁自律和作风建设。④积极组织扶贫工作人员参加省上组织的扶贫教育培训，观看警示教育片。经全面梳理和排查公司脱贫攻坚工作，公司扶贫项目申报和实施，项目建设中监管、竣工验收、资金兑付全过程，均能够严格按照相关规定和流程办理，未发现违反中央八项规定精神等问题。

7. 严格执行日常工作考核

通过制定年度工作计划、季度工作计划、工作要点及《助力脱贫攻坚工作任务及考核指标分解表》，将脱贫攻坚工作落实到部门、人员，年终首先形成自查自评总结报告，并接受上级单位年终考核，驻村扶贫工作队接受所在县的考核。

8. 移民和扶贫成果显著

公司通过加强组织领导，完善工作机制、保证资金投入、加大宣传推广等，多措并举开展助力脱贫攻坚工作，取得了显著效果。

公司积极出资入股汉中市产业扶贫开发公司，通过工程项目辐射、老旧水厂改造、就业消费扶贫等形式助力脱贫攻坚。公司以改善基础设施、产业扶贫、消费扶贫等系列精准扶贫措施，助力汉中合力团涉及县区和宁陕县生凤村全面实现脱贫摘帽，圆满完成汉中合力团各项扶贫任务。公司连续四年被授予陕西省助力脱贫攻坚优秀企业，2021年2月，汉中合力团被中共中央、国务院授予全国脱贫攻坚先进集体称号。

图4-17　佛坪县大河坝镇移民区鸟瞰图

公司针对佛坪等山地多、耕地少、环境保护任务艰巨、基础较差的县，以移民搬迁为契机，改善贫困人口的居住环境、就业环境、耕作环境等。公司扎实开展安康市宁陕县生凤村驻村扶贫工作，领导班子与贫困户结对帮扶，驻村扶贫工作队队员慎终如始，深入贫困户家庭，解决实际困难，获得群众一致好评。

图 4-18   生凤大桥建成通车

2020 年底公司投资 3600 万元的生凤大桥建成通车，中蜂养殖基地产业兴旺，生凤茶园绿意盎然。截至 2020 年底，利用扶贫电商、微商城等平台，大力推介营销扶贫产品，累计采购扶贫产品 450 余万元。公司被授予 2018 年安康市助力脱贫攻坚优秀企业、2019 年社会扶贫先进集体。

八、环境美化机制建立

为加强引汉济渭工程文明工地建设管理工作，进一步提高工程施工现场安全生产、文明施工的管理水平，促进现场管理制度化、规范化和标准化，公司成立了"文明工地建设领导小组"，并编制印发了《文明工地建设实施方案（试行）》。以"驻地建设庭院化、现场标志标识统一化、施工便道砂石化、施工管理规范化"为准则，充分调动全体建设者的积极性，大力倡导文明施工、安全施工，营造和谐建设环境，争创全国水利建设工程安全文明施工一流现场。

1. 三河口河道整治

三河口水利枢纽未开工之时，子午河峡谷段，满目绿水青山，令人流连忘返。为了在建设好水利主体工程的同时保护好"绿水青山"，公司联系工程实际规划河道整治工作，规划先行，既要金山银山，又要绿水青山，实现河道整治的精益管理。

引汉济渭河道整治项目以三河口丰富的自然环境"依山傍水、人间仙境、生态河道、天然氧吧"为依托，规划在工程建设的同时，融入以观光、生态休闲、康体健身、科考科普、文化寻踪等主题的河道整治项目。结合三河口水利枢纽运行情况，对水利枢纽下游河道行洪能力进行复核，开展河道整治规划，对水利枢纽的安全运行以及沿河人民的生产生活安全有着重要意义。

河道整治项目规划涉及三河口大坝坝后至下游子午河汇入汉江口附近，共计 6.5 千米左右，主要项目包括三河口漂流和水利风景区景观建设。三河口漂流以黄三隧洞 4# 支洞作为起漂点，正对大坝景观区，终点设于子午河汇入汉江口附近。漂流途经八大景观区域，全程设有 4 个漂流服务站，可根据需求选择长漂和短漂。通过对河床进行清理整治，在保证安全前提下为游人提供惊险刺激的汉水漂流体验。

2. 景观区域规划

水利风景区景观区域包括的具体内容：①大坝景观区由三河口大坝及周边景观组成，夜间坝体会有灯光秀。②野营拓展区以漂流、水上乐园、空中木栈桥、玻璃木栈、直立式旋转滑梯、独木桩等水上极限运动为主。③彩云观赏区以色叶植物为主，形成万紫千红的自然花海景观，给人们以视觉冲击力。④山谷骑行区有特色景观雕塑、滨水观景台和越野骑行车道。⑤民俗居住区建设特色的民俗建筑群、观景平台等，让游客在水上就可以远观到当地的建筑风格及地域特色。⑥滨水商业街以特色装饰吸引游客。⑦生态保育区以郁郁葱葱的植物为主，形成茂密的景观林带。⑧文化体验区设置景墙雕塑群与栈道小路相结合，展现地域历史文化，为景区宣传带。通过这些规划，改善区域环境，宣传当地文化，吸引旅游投资等，助力经济快速发展。

3. 边坡生态修复美化

公司以建设"生态文明工程"为目标，针对水利水电工程高陡硬质边坡生态修复"措施少、效果差、维护难"的特点，同相关科研单位、院校展开合作，积极开展边坡修复试验试点工作，目前效果显著。

黄金峡水利枢纽边坡采取陡边坡植被混凝土生态修复技术，对大坝左、右岸坝肩开挖形成的边坡进行生态恢复，坝肩边坡为砼锚喷坡面和框格梁支护坡面。边坡恢复前首先进行平整并清理坡面浮土、碎石，对局部凹陷或负坡区进行填平，再采用植被砼生态恢复技术对边坡进行生态恢复，马道平台采用种植槽内覆土 0.3 米后灌草结合绿化。

图 4-19　边坡生态修复工作

柳木沟料场绿化面积约 15 万平方米，针对不同的地质边坡情况采用相匹配的处理方法进行绿化修复。土石混合坡面采用客土喷播工艺进行绿化，马道平台采用播撒草籽和覆土后播撒草籽两种方式进行处理，岩质坡面、混凝土锚喷坡面实施植被砼生态修复技术和高次团粒喷播法进行绿化处理，其余平台通过种植冬青达到绿化效果。引汉济渭工程的边坡修复美化已经取得实效。

九、风险控制机制建立

引汉济渭工程是国家重大水利工程项目之一，建设责任重，监管要求高。自引汉济渭办公室成立起，聘请了专业法律机构陕西德伦律师事务所，为工程保驾护航。公司成立后，按照加强依法治企要求，设立总法律顾问，由专业律师担任，为公司"三重一大"、董事会重要决策事项、重大业务合同立项会签、公司涉诉案件办理等工作进行全方位法律服务，严控法律风险。

随着公司不断发展壮大和工程建设有序推进，公司持续加强法务、风险及合规管理工作力度。自 2019 年 3 月陕西省国资委召开全省国资系统国有企业防范化解重大风险工作会议以来，公司依照《省国资委关于排查化解省属企业重大风险的工作方案》（陕国资发〔2019〕93 号）（下称"方案"）的要求和部署，扎实开展了以"全面有效排查化解公司风险，构建覆盖全面的风险控制体系"为核心，以"精心组织，合理布局，扎实开展"为原则，组织进行重大风险排查化解及风险防控体系建设相关工作。

图 4-20   邀请总法律顾问梁志新进行职工法律风险培训现场图

全面风险评估工作历时六周，主要经历五个阶段，包括风险识别、风险分析、风险评价、成因分析和风险应对。风险评估从战略风险、市场风险、财务风险、运营风险及法律风险五个方面，对公司全部 17 个部门的风险进行识别和评估。参与公司重大风险评估的人员包括：公司领导、公司中层以及各部门员工。

1. 准确识别项目风险因素

通过运用检查表法、访谈法、对标法等多种方式，经过科学的筛选、提炼、对比、分类、组合等手段，对公司可能存在的风险进行有效识别，共识别了五大类风险 112 项三级风险，27 项二级风险，4 大一级风险。其中，战略风险 18 项，运营风险 66 项，财务风险 21 项，法律风险 7 项，如表 4-1 所示。

表 4-1　公司风险信息库统计

一级风险	二级风险	三级风险
战略风险	4	18
运营风险	12	66
财务风险	8	21
法律风险	3	7

公司风险主要集中在战略风险、运营风险和财务风险，其中，运营风险占全部风险的 60%，财务风险占 19%，战略风险占 15%，这与公司国家级工程项目类公司的经营情况相符。公司正在经历项目一期工程的建设期，对影响公司整体发展的关键事项，如工程建设管理、招投标管理、采购管理及筹融资管理等进行重点管控。因此，在战略风险中，重要事项督办风险、移民征迁安置风险等与公司项目宏观管控相关的风险占比较大；运营风险中，工程项目管理风险、采购风险、招投标管理风险等与工程建设实施管控相关的风险占比较大；财务风险中，融资风险、预算管理、资金管理等与重大资金管理相关的风险占比较大。

2. 精确评价项目风险等级

采用问卷调查法和专家分析法，在公司范围内发放《陕西省引汉济渭工程公司风险评估调查问卷及评估标准》，收集问卷 132 份。经过对问卷数据的统计、计算和分析，结合其他方法后，将风险划分为重大风险、中等风险及一般风险三类。结果评定出 20 个重大风险，45 个中等风险和 47 个一般风险。同时，根据对公司前十大重大风险的确定，编制《陕西省引汉济渭工程公司 2019 年风险评价报告》，并制定应对措施。前十大重大风险包括安全生产目标管理风险、工程项目验收风险、投资监督风险、子公司运营管控风险、设计变更风险、工程项目参建供应商考核风险、招标文件编制风险、制度管理风险、法律诉讼风险、信息化建设风险，最终形成《陕西省引汉济渭工程公司风险信息库》。

3. 严格落实风险应对工作

针对识别的风险和缺陷，公司具体采用了制度管控和流程管控的应对措施。①制度管控方面，公司编制管理制度汇编，定期结合公司实际经营状况更新或优化制度，明确公司战略。②流程管控方面，公司从安全生产、采购业务、财务报告、档案管理、对外担保、发展战略、工程项目等 20 个模块进行了梳理，共梳理了 112 个流程，形成了《陕西省引汉济渭工程建设有限公司风险防控规范流程框架》《陕西省引汉济渭工程建设有限公司风险防控规范流程文件》，提升了公司制度管控和流程管控的标准化以及规范化程度，加强了风险应对工作的执行力度。

4. 风险对策实施控制

在公司风险应对策略设计结束后，公司的风险控制工作即进入运行管理期，该阶段公司在最高管理层的领导下，由风险管理部门组织日常监督、定期进行分析评价及优化更新。各职能部门积极配合并严格按照流程文件及风险防控制度手册开展各项业务。

公司风险管理部门持续跟踪缺陷整改情况，对于认定的缺陷，风险管理部门结合公司领导和评价工作组的要求，组织各责任部门明确整改方案，确定整改措施及整改时间，并要求责任部门及时整改。作为公司风险防控工作的组织和统筹部门，风险管理部门持续跟踪其整改落实情况。对已经造成损失或负面影响的，追究相关人员的责任。

在重大风险排查化解及全面风险评估工作开展基础上，公司不断总结风险防控工作过程中的经验和教训，结合公司风险防控工作实际需求和省国资委工作要求，编制印发《风险防控管理办法》、《风控评价管理办法》、《风险评估管理实施办法》、《风险防控监督与考核办法》及一系列风险防控工作体系文件，与公司法务、合规管理制度体系形成合力，正式形成了覆盖全面的风险控制体系。

第五章

公司管理，系统改革谋效益

公司发展战略决定了公司的管理体制、制度与文化[82,83]。公司的管理体制、制度与文化不是三个层次，而是三个维度"三位一体"，服务于公司发展战略。体制以产权为主题，以治理结构为主要内容，解决的是企业的利益格局问题[84-86]。只有在体制上做好了整体谋划和设计，才能有效引导系统组织，开辟企业改革发展新局面。制度以管理为主题，以人力资源管理为主要内容，解决的是企业的能力和效力问题[87,88]。文化是企业（精神）激励的重要内容，解决的是企业和员工的动力和活力问题[89,90]。

好的体制，确保好的战略决策；好的制度，确保战略执行到位；好的文化，确保战略执行的效果。三者与公司发展战略有机互动，促进企业良性经营、持续发展，它们之间的关系如图 5-1 所示。

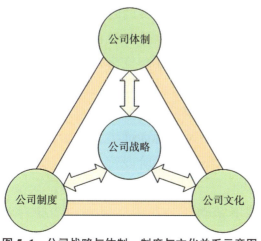

图 5-1　公司战略与体制、制度与文化关系示意图

　　基于公司战略与体制、制度与文化的关系，本章首先明确公司管理早期的状况与存在的问题，以问题为导向，结合公司"十三五""十四五"发展的规划，明确公司管理创新的一些基本原则。进一步从公司体制（主要表现为组织机构）、公司制度、公司文化方面分别梳理公司在管理创新方面的典型实践和成功经验。探究公司在现代治理制度方面的改进与创新，并对公司在具体实施多元化发展战略中的创新性经营模式进行总结。

公司管理状况与问题

一、公司早期管理状况

1. 组织机构方面

　　按照省编办〔2009〕22号文件精神，由"陕西省引汉济渭工程协调领导小组办公室"具体负责前期筹备工作。治理改革前的机构存在如下问题：尚不具备建立公司法人治理结构的基本要求；缺乏公司发展战略和长远规划；公司管理体制机制建设有待进一步完善；企业党建工作与中央、省委对加强国有企业党的建设的要求尚有较大差距。

2. 企业制度方面

　　公司早期制度建设伴随着水利工程建设经历了从无到有、从简单到系统、从侧重合同管理到聚焦公司发展的过程。根据制度的管理范围和综合程度，公司目前的制度可以划分为以下三级：政策指导性制度、流程规范性制度和规范操作性制度。政策指导性制度可横向划分为战略规划类、党群管理类、全面预算类、组织管理类、企业运行类、财务管理类、人力资源管理类；流程规范性制度可横向划分为采购管理类、仓储管理类、资源管理类；规范操作性制度可横向划分为质量标准类、质量控制类、安全管理类、工程管理类。公司早期为适应不同发展阶段管理需要建立了一系列制度，但制度管理存在以下主要问题：

　　（1）制度间关联不紧密。公司成立以来，为应对各类管理需要制定了不少制度，制度内容虽面面俱到，但一些制度不易执行，究其原因，一是多而不精，条款多、规定多、程序多，执行繁杂。二是制度数量大但不系统，一些制度之间缺乏密切的关联性和配合性，没有形成制度合力。

（2）部分制度与现实脱节。制度的制定是从上而下的，一些制度没有经过深入而细致的调研，而是简单地采取了拿来主义，参考或借鉴了兄弟单位和同行业企业的同类制度。部分制度与公司实际存在一些脱节，制度的宣传工作不扎实、不到位，出台后没有能够得到真正的贯彻落实。

（3）制度与企业文化脱节。制度建设和企业文化培育未能相互融合，相互促进，形成合力。早期公司企业文化不是很清晰，也不统一，虽然做了一些建设工作，有时候只开花不结果，究其原因是企业文化未能真正渗透进企业相关制度建设之中。

（4）公司早期制度偏重于对参建单位的合同管理和员工的考勤管理，确实改善了参建单位有效履约和监管问题，但对内部员工而言，缺乏有效的激励机制及能上能下的流动和升迁机制。

3. 企业文化方面

公司成立初期以建立和完善企业识别系统（CI）为主要工作，强化企业形象建设，并逐步导入行为和理念识别系统。初期主要工作是梳理整合文化资源；制定和规范使用公司企业形象识别系统（VI）；提炼并初步确立以企业精神、企业价值为主要内容的理念系统；制定具有引汉济渭特色的员工行为规范，初步树立起公司在社会上的良好形象。早期公司企业文化存在如下主要问题：

（1）认识不足、理解偏差。早期公司工程建设人员和管理人员均来自于不同地区、不同领域和不同单位，他们为工程建设的顺利开展做出了积极的贡献。但正因为人员来自不同单位，受原有的价值观念影响，对企业文化的形成产生一定的干扰，不易达成共识。另外，部分领导及员工对企业文化建设必要性认识不足，对企业文化的内涵、特点、结构、影响因素、产生条件、产生模式及企业文化与思想政治、党建、社会主义精神文明、宣传活动的关系等基本理论的理解存在一些偏差。这些都影响了企业先进文化的形成。

（2）关注形式、缺乏特色。早期在文化建设实践中过分关注文化的外在形式，缺乏总结具有本企业特色的文化内涵；将企业文化抽象化、表象化、运动化，缺乏对企业文化的长远定位认知，无益于对企业文化加以系统地提炼、升华和重塑；重实践活动，轻理念研究。

（3）定位不清、参与度低。公司早期，一方面企业文化建设职能定位、归属部门不够清晰，另一方面忽视了员工在企业文化建设中的主体作用，文化很难得到员工的广泛认同和接受，没有转化成员工的集体意识和整体行动，全员参与文化建设的积极性较低。

4.多元化经营方面

水利工程的性质特点决定了公司为非营利公益性组织。工程建设的基本使命是以跨区域的水资源科学开发和高效配置，为关中经济实现高质量发展提供保障，助力陕南陕北经济发展。工程建设完成以后，如果仅通过初始水权出售，公司将难以实现盈利和可持续发展，工程建设积累的先进经验和技术难以有效发挥作用，早期参与工程建设和管理的人员难以有效安置。为了解决上述工程建设可能带来这类现实问题，多元化、集团化和产业链式发展成为公司迫切需要提前探讨的问题。公司已经进行了一些战略性的超前布局和未来规划，通过子公司和分公司的形式实现了在充分利用水利资源、工程建设服务与咨询、水利信息化等方面的多元化经营举措，但其中仍然存在一些需要进一步思考和解决的问题：

（1）如何集中资源做强做优主业。需要进一步探索多元业务发展的可行性，重点围绕"水源、骨干水网及供水设施工程建设与运营管理、水源及工程保护区综合开发利用"等主业方向谋划发展，以"水利工程建设"作为巩固提升类主业，全面推进引汉济渭工程建设；以"水源及工程保护区综合开发利用"等作为培育和提升的核心业务，未来重点谋划，为做强做优国有资产奠定基础。

（2）如何逐步实现由工程建设向运营管理转变，由业务管理向产业投资转变，由产业系统向生态系统转变。在着力打造一流水利工程的同时，坚持"建设一处水利工程，打造一方水利景区，改善一方生态环境，带动一方经济发展"的建设理念，整合优势资源，同步推进经营开发。

（3）如何推动产业结构优化升级。公司需围绕工程建设，多元布局开发，加快子公司发展，协同推进水利工程建设、水资源综合保护与开发、产业链延伸、水利风景区建设、水利科技与信息、水文化开发研究等产业发展。

二、公司管理创新设想

1. 明确公司发展思路

以习近平新时代中国特色社会主义思想为指引，全面贯彻党的十九大和中共十九届二中、三中、四中全会精神，牢固树立创新、协调、绿色、开放、共享的发展理念，深入贯彻中央新时期治水思路和中央及省委关于深化企业改革的有关要求，抢抓国家加大水利基础设施建设投资的战略机遇，坚持以实现高质量集团化发展为目标，以引汉济渭工程为依托，以资源为纽带，以跨区域的水资源科学开发和高效配置为手段，围绕主业谋发展，稳步推进市场化改革，做强做优做大引汉济渭，为关中经济实现高质量发展提供保障，助力陕南陕北经济发展，为谱写新时代陕西追赶超越新篇章做出新的贡献。

2. 突出公司发展定位

立足陕西，致力于水资源开发利用和保护，以初始水权出售为契机，建设水资源开发运营管理平台；以水源供应、水资源配置、水利风景区建设、工程建设、清洁能源、产业链延伸为支撑，坚持稳中求进总基调，坚持创新发展理念，坚持市场化改革方向，积极参与陕西水系联通，建立一体化的水生态产业链，成为政府满意、社会受益、资产增值、持续发展的卓越品牌和陕西省水资源运营的龙头企业。

3. 遵循发展基本原则

公司的治理创新始终服务于公司未来发展，围绕公司"创新、协调、绿色、开放、共享"的发展理念，"高质量集团化"发展战略目标，公司的治理创新要遵循如下基本原则：

（1）坚持科学管理，形成竞争优势。按照工程初步设计报告和省政府确定的建设目标，依靠技术进步，科学制定建设计划，细化推进实施方案，为有序高效推进引汉济渭工程建设提供基本遵循。进一步加强工程建设精细化管理，切实抓好进度控制、安全质量等现场管理工作，确保在工程建设顺利进行的基础上，降低成本，统筹资源开发，取得竞争先机。

（2）坚持改革发展，建设一流企业。加大改革力度，进一步理顺体制，搞活机制，全面提升公司可持续发展能力。以建设一流水利企业为目标，依托工程建设，搞好公司基础设施、人才培养、管理升级、经营开发、员工福利等工作，不断壮大公司实力。

（3）坚持科技创新，提高管理水平。进一步加强科学研究，推进科技创新，破解施工难题，支撑工程建设。切实加强网络和信息管理，促进新一代信息技术与工程建设融合发展，不断提升引汉济渭数字化、信息化、智能化水平，充分发挥科技支撑、服务、驱动工程建设和公司发展的作用。

（4）坚持生态文明，搞好环保水保。按照工程建设环评报告要求，妥善处理工程建设与环境保护的关系，采取有效措施，切实抓好秦岭自然保护区、汉江水源保护区、黑河水源保护区的施工环保水保工作，全力打造生态文明工程。

（5）坚持突出特色，探索经营开发。依托引汉济渭资源优势，结合公司实际，突出特色，明确重点，合理控制经营项目和投资规模，优化配置建设资金，扩大资源利用范围和市场拓展渠道，建设培育系列合作开发载体和政策规章。

（6）坚持文化引领，铸造企业灵魂。以创建引汉济渭特色文化为抓手，以培育核心价值观、增强企业凝聚力和竞争力、实现更高质量的可持续发展为目标，把价值理念贯穿到工程建设和公司管理的各个环节、融入员工的思想理念与行为之中，不断提升企业文化的驱动力、重塑力和转化力，推进公司高质量发展。

第二节
组织机构改革与创新

公司组织机构变革是生产特征、企业规模、企业人员素质、企业经营战略、企业生命周期等多种影响因素共同作用的结果[91]。一个企业的组织结构形态要随诸多因素的变化适时进行调整，以有效地配置企业自身可以掌握的各类资源，降低管理成本，提高市场竞争力。

一、公司机构改革主导思想

1. 加强党委领导

持续健全完善"双向进入、交叉任职"的领导体制，坚持执行党委书记、董事长"一肩挑"。坚持把党委会研究讨论作为董事会、经理层决策重大问题的前置程序，确保党委统领国企国资改革和企业高质量发展全过程。按照高素质专业化建设的要求，加强党委中心组政治、法律、财务等理论知识学习，吸纳高级经营管理人员进入党委会，提升党委会领导企业发展、有效管控风险的能力。

2. 规范董事会建设

按照国资委要求，结合公司实际，制定保障董事会规范运转的相关制度，完善"党委会、股东会、董事会、监事会、经理层"运行机制，完成公司及各子公司党建工作进入公司章程，落实党组织在公司法人治理结构中的法定地位；实行党委会、董事会、经理层成员相互交叉任职，确保党组织的领导作用在决策层、执行层、监督层都能得到有效发挥[92]。

3. 健全法人治理结构

健全公司及各子公司的法人治理机构，完善公司及子公司监事会。加强董事会建设，建立董事长、总经理行权履责清单，建立完善工作沟通和督导机制。按照公司部门负责人到各子公司担任董事、监事，各子公司高管交叉担任董事、监事的原则，完善各级党委会、董事会、监事会和经理层成员组成，配齐配强子公司的董事、监事[93]。

4. 激发管理层经营活力

落实《省属国有企业董事会市场化选聘经理层成员的实施意见》，推行经理层任期制和契约化管理，经理层任期原则上与董事会任期一致。完善职业经理人制度，公司所属子公司进入实质发展阶段后，逐步实行职业经理人管理，推行差异化薪酬。

5. 推进企业民主管理

按照程序选举职工监事，选举工会主席作为职工董事进入董事会，保障职工民主权利；注重发挥职工董事、职工监事在参与企业决策和治理中的作用。完善职代会制度，按期召开职工代表大会，研究审议涉及职工切身利益的重大问题，切实维护职工权益。落实司务公开制度，明确公开事项，采取多种方式及时公开，保障职工的知情权、参与权和监督权。开展党外知识分子建言献策活动，扎实做好整改落实，确保做到条条有反馈，件件有落实[94]。

二、总公司机构改革举措

新的经济形势下，为了培育具有市场竞争力的现代企业，公司自 2013 年成立以来，通过强化顶层设计和组织再造，拓宽经营领域、完善产业结构，进而推动企业全面战略升级的真正实现。公司发展定位的转变也使公司组织管理逐渐向多元化、专业化、平台化、集约化等方向转变，不断提升公司的精益运营能力，为公司的战略落地提供有力的支撑。

1. 公司初创期，准确把握运营需求

2013 年公司初创之时，根据陕西省水利厅《关于陕西省引汉济渭工程建设有限公司机构设置有关事项的通知》（陕水人发〔2013〕36 号）文件精神，公司内设业务技术部门 7 个（综合管理部、计划合同部、财务审计部、人力资源部、工程技术部、安全质量部、移民环保部），分公司 2 个（大河坝分公司、黄池沟分公司），确定了各部门及分公司临时负责人人选，满足了公司运营需求。

2. 公司发展期，准确捕捉改革需求

2016 年，公司设立、调整 3 个委员会（工会委员会、水利系列职称评审委员会、政工系列职称评审委员会），设立 3 个小组（深化改革领导小组、职称改革领导小组、信息化管理项目小组），设立 1 个中心（后勤服务中心），设立 1 个子公司（陕西熹点文化传播有限公司），在 4 个分公司（黄金峡分公司、大河坝分公司、金池分公司和秦岭分公司）各增设 1 个党务部门（党群事务部），在设立完善组织机构的同时，明确机构职能。2017 年，公司在原有机构基础上，内设机构 13 个（综合管理部、计划合同部、财务审计部、人力资源部、工程技术部、安全质量部、移民环保部、筹融资部、基建办、党群工作部、纪检监察室、信息宣传中心、后勤服务中心），设立 6 个分（子）公司（大河坝分公司、金池分公司、输配水分公司、黄金峡分公司、宁陕引汉济渭开发有限公司、陕西熹点文化传播有限公司）。

3. 公司成熟期，准确定位党建和多元化战略

2020 年，根据公司战略发展规划、业务发展和加强党建需要，优化行政机构设置，完善党组织机构设置，完成公司组织架构调整，将加强党的建设嵌入公司治理结构，全力保障"引汉济渭"水利工程的建设运转协调高效。围绕工程建设，多元布局开发，加快子公司发展，协同推进水利工程建

设、水资源综合保护与开发、产业链延伸、水利风景区建设、水利科技与信息、水文化开发研究等产业发展。

目前公司已依据《公司法》等法律规定、发展阶段需要和国资委相关要求，着力健全以公司章程为核心的现代企业制度体系，逐步完善了"党委会、股东会、董事会、监事会、经理层"的运行机制。公司的现代企业制度基本建立，公司决策、执行和监督机构之间权责明确、相互独立、相互制衡、运转规范有序。公司职能部门和分（子）公司的设置基于实际需要和公司战略发展需要，为公司"十三五"期间的运营和管理提供了助力。后续工作中，公司将根据发展战略和"十四五"规划以及二期工程建设，适时调整组织机构，以匹配未来发展需要。

公司组织结构如图 5-2 所示。

图 5-2　公司组织结构

三、分公司机构改革举措

分公司成立之初，主要采用的是工程建设期运作模式，实现项目法人责任制、招标投标制、建设监理制和合同管理制。基于此，分公司一般初设综合事务部、工程管理部、计划合同部和环境保障部4个部门。

随着工程建设进入运营期，实行的是"国家控股、授权运营、统一调度、公司运作"的方式。按照现代企业制度要求和市场经济规律，自主经营，自我发展，努力追求效益最大化。在此基础上，分公司一般新增党群事务部、安全质量部、机电物资部等，将环境保障并入总公司移民环保部直管（岭南、岭北工区设现场部）。

第三节
企业制度建设与贯彻

企业规章制度是企业员工的行为准则，它在企业管理中具有强制性和约束力。建章立制是企业管理的重要组成部分，企业制度建设必须注重把握五大要素：①正确把握企业规章的内在属性；②正确把握企业规章的制定原则；③正确把握企业规章的制发质量；④正确把握企业规章的延续变革；⑤正确把握企业规章的执行规定[95]。

一、企业制度持续建设与完善

1. 严谨制度制定与完善

2013年公司出台了岗位责任、考勤管理等43项管理制度；2014年，公司从规范政务管理、细化事务管理、强化工程建设管理三个方面，制定完善了涵盖党务、工程招投标、资金管理、资产管理、工程验收、安全管理、信用评价等八大类25项规章制度，进一步明晰了工作责任，厘清了公司与分公司的关系，规范了工作流程，建立健全了工作机制；2015年，公司进一步完善制度、规范程序。通过制订并试行《工作规则》《电子档案管理制度》《公务接待办法》《劳动合同管理办法》等制度和办法，进一步完善了公司制度，健全了管理体系。2016年，公司围绕"效率提升年"活动的开展，狠抓自身建设，使内部管理水平迈上了新台阶。通过完善制度、健全管理体系，完成了公司议事规则的修改，制订了《保密工作管理办法（试行）》《员工招聘办法（试行）》《中层管理人员管理暂行办法（试行）》《补充医疗保险管理办法（试行）》《企业年金实施方案》等管理办法，编制印发了《公司管理制度汇编》《员工礼仪行为规范》等，使公司管理制度进一步得到完善，促进了公司的规范化管理。完成了"十三五"规划、"追赶超越"行动方案、改革实施方案的编制，建立了 OA 办公系统并全面推行；规范和加强档案管理，组织开展档案知识培训，完成《陕西省引汉济渭工程建设项目竣工文件实施细则（试行）》的编制，完成工程档案分类大纲；完成三河口、黄金峡枢纽安保招标工作。2017~2019 年，按照中省有关文件精神，为加快改革步伐，推进引汉济渭工程更好更快建设和公司持续健康发展，制定完善《进一步做强做优主业实施方案》，集中资源做强做优主业；2017 年，制订《积分考评办法》《鼓励激励办法（试行）》《容错纠错办法（试行）》《中层干部能上能下、员工能进能出办法（试行）》；2018 年，制订《教育培训办法（试行）》《师带徒实施办法（试行）》；2019 年，制订《专业技术职务聘任办法（试行）》《工资总额管理实施办法（试行）》，修订《中层管理人员管理办法》《积分考评办法》《员工请休假及考勤管理办法》；2020 年，制订《司管班子和干部综合研判实施办法（试行）》《管理人员进行提醒、函询和诫勉的暂行办法》《"三项制度"改革实施办法》《人事档案管理办法（试行）》；2021 年，制订《后备干部管理办法（试行）》。

2. 严格人员选拔和考勤管理

2013 年，公司根据实际情况出台了《岗位责任管理制度》《考勤记工管理办法》等 43 项管理制度，委托专业机构策划公司薪酬方案和考核体系。2014 年，公司进一步建立完善了绩效考评体系。包括建立和完善了干部管理办法，推行了聘任干部试用期制度和考核结果与使用挂钩制度，形成了能进能出、能上能下的干部管理机制。坚持高标准选用人才，严把人员入口关。完善了考勤制度，按照现代企业制度要求，实施了薪酬方案，按季度推行绩效考核，考核结果与薪酬挂钩，做到了劳动贡献与劳动报酬紧密结合。"十三五"期间，根据工程建设和公司发展要求，通过陕西省国资委系统组团招聘、人才市场招聘、高校招聘、网上社会招聘等方式，积极引进各类人才。修订公司《工资总额管理办法》《员工积分考评管理办法》《员工请休假及考勤管理办法》，改进绩效工资分配细则，制订《三项制度改革实施办法》，不断完善薪酬和激励体系，按时足额缴纳各类社保基金，最大限度激发员工工作积极性。

3. 严肃督查督办

公司将年度目标任务分解为66项重点工作，明确包抓领导、责任单位和完成时限；结合公司办公会、司务会安排部署，跟进督办，每月一次督办提醒，每季度一次督办通报，督办结果作为考核的重要依据，有力推进了重点工作任务的落实。同时有效控制三公经费，制定并实施了接待管理办法、差旅费报销标准，进一步加强车辆管理，严格限制在外接待，三公经费明显下降。

4. 创建现代企业制度

2020年，公司根据《国企改革三年行动方案（2020—2022年)》，按照全面深化改革的要求，深入推进混合所有制改革工作，努力创建中国特色现代国有企业制度，主要包括：①加强党委领导。②规范董事会建设。③健全法人治理结构。④激发管理层经营活力，落实《省属国有企业董事会市场化选聘经理层成员的实施意见》，推行经理层任期制和契约化管理，经理层任期原则上与董事会任期一致。⑤推进企业民主管理，推进混合所有制改革行动。⑥防控重大风险，完善公司内部控制体系和内部审计体系建设，重点完成法务工作规章制度和业务流程的设计和制定，组织实施董事会决议通过的风险防控方案。强化资产监督管理，加强财务监督、审计监督、纪检监督以及监事会监督等力量和资源，建立发现问题、督促整改、强化追究的工作机制，形成国有资本监督闭环，维护国有资本安全。⑦建立健全多元化的科技创新体制机制，加强科研服务体系建设。⑧以创建引汉济渭特色文化为抓手，落实党委意识形态工作责任制，规范文化宣传工作流程，切实提升引汉济渭品牌美誉度和影响力，推进公司高质量发展。⑨加强思想政治建设，强化基层组织建设，抓好党风廉政建设。

二、企业制度认真贯彻与固化

1. 公司制度宣讲培训准

公司领导对企业规章制度高度重视，本着抽象问题具体化、难点问题明晰化、重要问题指标化、跟踪指导和监督及时化的原则，通过各种途径和方式对不同层次的人员进行精准宣讲和培训。目的是让各类人员深入理解制度的目的和操作办法，从而转化成相关部门的行动标准。具体做法包括：①对企业非常重要的制度文件，例如公司经营计划，由专人讲解，进行研讨，写出心得；②对各部门来说非常重要的文件，进行大会宣读，现场解答；③公司一般制度文件和部门比较重要的制度文件，制作看板，明确疑点；④需要张贴的公司制度文件和部门制度文件，根据工作需要进行张贴，以示提醒。

2. 公司制度贯彻执行严

公司领导以身作则，率先严格遵守各项规章制度，对下属员工起到引导作用。工作责任落实到人，各部门至各员工各司其职，使各项规章制度落实到实事上，避免流于形式。公司通过培训，使全休员工对公司制度有了真正的理解和认知，提高了遵章守纪意识，逐渐形成良好的制度执行力。通过工作标准具体化和书面化，监督和引导员工按程序流程去完成每一个工作步骤，从而提高了员工的岗位技能。在执行制度的过程中，坚持违者必究，一旦有员工违章，及时做出相应的处理；对该罚而不执行处罚的，追究其直接领导的责任。强调层层监督，相互监督，即使是领导犯错，也要公平对待，做出一样的处罚。此外，公司还依靠全员定期做好监督检查，考核检查形成常态。通过定期检查，把各部门工作考核和相关考核结合起来，从上至下，一环扣一环，从而使全体人员被公司制度所"引导"，而不是被制度"约束"，形成主动执行制度的良好局面。

三、企业制度建设特点与成效

1. 企业规章制度建设特点

公司自成立以来，在规章制度制定过程中力求使其成为公司的治本之策，追求精准完美。经过七年来的积累和不断完善，公司逐渐形成了一套适合精准管理的规章制度，并体现出如下典型的特点：①有极强的针对性和适应性，制度内容切合公司实际；②有清晰的管理流程和职责分工，明确了公司工作程序及各级人员的职责；③有较强的操作性和可执行性，制度执行过程简单快捷，便于各级人员参与管理；④系统性和全面性，将公司管理内容所涉及的方方面面都包含其中，内容细致全面；⑤合法性和权威性，公司制度内容不仅符合国家法规和行业标准，还进行了细化和延伸；⑥规范性和统一性，公司制度的制定引导着企业文化的形成，同时也与企业文化相统一，公司各项制度相互统一、相互补充；⑦时代性和先进性，不同时代的生产技术水平和人文思想不一样，公司能够准确把握时代要求，及时对现有制度进行更新和完善，始终保持公司制度的先进性。

2. 企业规章制度建设成效

公司通过建立和健全以"严谨""严格""严肃"为特征的系列规章制度，初步显现出如下效果：规范了各项管理程序，统一了管理思想，明确了管理职责。在建立规章制度的过程中，通过实践不断完善和优化规章制度来优化管理程序和方法，使管理更加精准化，做到管理标准明确、工作标准准确、操作规程精确，让员工明白哪些能做，哪些不能做，应该怎么做。从而为公司带来良好的管理环境和高效的运转机制。

第四节
企业文化建设与培育

企业文化是在一定的条件下，企业生产经营和管理活动中所创造的具有该企业特色的精神财富和物质形态[96-98]。企业文化是企业的灵魂，是推动企业发展的不竭动力。它包括企业愿景、文化观念、价值观念、企业精神、道德规范、行为准则、历史传统、企业制度、文化环境、企业产品等[99,100]。其中，企业精神和价值观是企业文化的核心。这里的价值观不是泛指企业管理中的各种文化现象，而是企业或企业中的员工在从事经营活动中所秉持的价值观念。如公司的logo、服饰文化、企业之歌、"感恩"活动、茶艺培训、公司的规章制度等，都属于企业文化的范畴。企业文化体现在企业管理的各个环节当中。

一、企业文化设计与持续完善

1. 企业文化建设任务

公司自成立初期就高度重视企业文化培育，围绕公司发展战略，发动员工总结提炼出具有时代特征和鲜明个性的企业精神，旨在用优秀的企业精神引导人、激励人，用强大感召力的精神力量把全体员工的意志统一起来，增强公司全体员工对"引汉济渭"品牌的认同感和归属感。使员工队伍成为上下同心、作风过硬的优秀团队，为推动公司事业的蓬勃发展创造不竭的动力源泉。文化建设主要包括以下几个方面内容。

（1）培育企业价值观。

企业价值观是企业发展的价值取向，是企业在追求经营成功的过程中所推崇和信奉的基本行为准则，是企业文化的核心。公司作为省属国有公益性企业紧紧围绕企业的行业特点、地域文化，提炼出本企业有内涵的价值观理念，进而培育本企业有个性的企业文化。公司秉承服务社会的责任和价值理念，致力于绿色生态水利工程建设，在不断追求卓越中实现员工价值最大化，得到了广大员工的认可。

（2）突出人本管理。

企业员工是企业文化的创造者，同时又是企业文化的接受者和传播者。公司企业文化培育强化"以人为本"的意识，注重人性管理和人心管理，通过一定形式和途径，加大对员工的感情投入，通过优秀员工评选表彰、专业技能评聘等激励手段，锻造一支"特别能吃苦、特别能战斗、特别能奉献"的员工队伍，为企业科学发展注入了活力。

（3）构建品牌文化。

企业品牌文化是企业文化的物质载体和物化形态，企业品牌文化不仅包括企业的产品和提供的服务等生产经营成果，还包括企业环境、企业容貌、企业广告、企业标志等企业形象识别系统的内容。企业品牌文化建设，就是要使企业文化理念外化于形。公司通过整合资源、统筹设计，建立起能充分体现水利工程企业文化理念的企业标志体系，并通过爱心公益活动和多元化经营及扶贫开发等活动打造企业品牌，提升企业知名度、信誉度和美誉度，树立企业良好的公众形象。

2. 企业文化建设阶段

文化从来都不是一个一成不变的体系，从人类进入文明社会起，文化就在"苟日新，日日新，又日新"的状态中不断发展变迁，推陈出新。企业文化作为社会文化的一种微观形态，亦应保持文化理念的更新，尤其是要随着时代与公司发展不断创新，与时俱进。引汉济渭公司企业文化的设计与持续完善主要可分为如下几个阶段。

图 5-3   公司爱心捐赠活动现场图

（1）设计、起步阶段（2016 年）。

通过梳理整合文化资源，制定和规范使用公司企业形象识别系统（VI），提炼并初步确立以企业精神、企业价值为主要内容的理念系统，制定具有引汉济渭特色的员工行为规范。初步树立起公司在社会上的良好形象。主要工作包括：

1）巩固宣传工作阵地，提升宣传工作水平。2016 年，主要是加强公司内部宣传平台建设，进一步办好公司网站、简报等媒体。同时，适时进行微博、微信公众号等新媒体建设，进一步加大宣传力度。加强与中省媒体的战略合作，增强与媒体的沟通与信任，加大力度宣传报道工程建设及公司发展情况，营造良好的工程建设舆论氛围。

2）提炼企业理念，制定员工行为规范。2016 年，通过组织对富有引汉济渭特色的绿色文化、安全文化、质量文化、管理文化等进行分析、梳理，从中提炼出公司的理念系统、行为规范系统，并初步编制公司文化手册。

3）进一步设计完善公司企业形象识别系统（VI）并规范使用。系统设计公司各类标识、服装、司歌等形象识别系统，在公司内外树立鲜明的整体形象，增强全体员工对公司的向心力和归属感。

4）培训企业文化骨干，普及企业文化知识。通过引汉济渭大讲堂邀请企业文化专家、高级企业管理人员讲授企业文化理论、企业发展战略，CI理论等，使全体员工对企业文化建设的意义、内容、目标、任务等有深刻的认识，增强开展企业文化活动的自觉性。

5）运用有效载体，开展企业文化建设活动。围绕工程建设开展征文、摄影、演讲、歌咏比赛、趣味运动会等形式多样的文化体育活动，丰富职工文化生活。结合年度工作，开展"向管理要发展、向管理要安全、向管理要效益"竞赛活动，使企业文化延伸、扩展，扎根到每个员工的心中，形成上下互动的文化氛围。

（2）巩固、提升阶段（2017~2018 年）。

1）着眼于学习型组织的创建。立足于改进员工的思维模式，为员工提供良好的培训条件和学习环境，培养员工不断超越自我的学习能力和创新能力。结合公司发展实际，开展多种形式的技能比武和劳动竞赛活动，形成在工作中学习、在学习中工作、在实践中创造的浓厚氛围，全面提升员工队伍的整体素质。

2）着眼于培养现代企业管理模式的文化取向。2017~2018 年，公司管理工作从建设管理逐步向运营管理过渡，重点培养致力于公司整体效益最大化的经营理念，树立资本价值观念、大成本观念，树立全面、协调、可持续的发展观，使公司的各项管理工作科学化、程序化、规范化，形成适应现代企业制度，同时与国际接轨的管理体制和管理文化。

3）着眼于员工个人价值同企业价值的有机融合。广泛宣传"公司发展，个人进步"的员工信条，深化劳动、人事、工资制度改革，以实施干部竞争上岗为重点，加强人力资源的能力建设。引导员工进行自我职业生涯设计，充分调动员工的积极性、主动性和创造性，引导他们将个人的成长融于企业的发展当中，形成兴衰与共的局面。

4）着眼于用典型案例诠释、升华企业文化。在企业文化建设的过程中，注意挖掘公司内具有代表性的典型人物、事件、故事，形象生动地展现和诠释公司的文化理念，并将这些事件、故事和人物事迹汇编成册，在系统内进行广泛的宣传和学习。

（3）总结、创新阶段（2019~2020 年）。

1）开展企业文化调研、培训、研讨活动。全面总结公司企业文化建设的经验，表彰一批企业文化建设的先进集体、先进个人和优秀成果。

2）制定新的企业文化建设规划。结合公司发展战略取得的成就和面临的新形势、新任务，在总结经验的同时，分析工作中存在的差距和不足，研究如何进一步完善企业文化建设工作机制，制定今后三至五年新的企业文化建设规划。

3）完善公司文化体系。立足于公司未来发展的历史趋势和时代特征、内外部发展环境的变化、体制改革和战略发展的需求、管理层与员工个人价值的实现进行文化创新。对企业精神、战略目标、宗旨、价值观、理念和员工行为规范进一步提炼升华，形成完善、成熟的公司文化体系。"十三五"期间，公司以创建引汉济渭特色文化为抓手，以培育核心价值观、增强企业凝聚力和竞争力、实现更高质量的可持续发展为目标，形成了以"引汉济渭、造福三秦"为企业使命、以"敬业、创新、严谨、感恩、包容"为企业精神的核心价值理念，并广泛开展多种主题活动。成立了文化创新工作室，拍摄制作的《地心救援》等微电影获得全国微影视大赛金奖等多个奖项，抗疫故事微电影《荣途》获全国总工会网络正能量微电影一等奖。

3. 企业文化建设成果

公司作为行使政府公益性职能的水利企业，必须树立独特的文化品牌，塑造绿色、生态、环保的良好企业形象。在长期的企业文化实践与创新中，逐渐形成一个包括优秀的领导人形象、员工形象等内容的系统企业形象体系。经过努力，公司已经形成了特有的企业文化，概括起来就是：敬业、创新、严谨、感恩和包容。

（1）敬业。

中华民族历来有"敬业乐群""忠于职守"的传统，敬业是中国人民的传统美德。敬业的核心是无私的奉献意识，是人类精神世界追求高尚的崇高目标，属于道德追求，它不像法规，是必须遵守的行为底线。敬业，首先是爱岗位。在自己的岗位上干好自己的工作，要热爱引汉济渭公司，要积极主动。敬业，也包括担当精神，就是要主动地担当，担当精神不光是对工作的担当，更是对自己的担当，只有拥有了担当精神，才会脱颖而出。敬业，就是要拿出主人翁精神，把工作的事情当成自己家里的事情来办，工作才能做好。敬业是工作的本分，也是提升企业核心竞争力的关键，更是个人职业发展的核心基础。敬业就是要热爱本职、安心岗位、忠于职守、尽心尽力，就是在各自的岗位上发扬"工匠精神"，做好本职工作。

（2）创新。

创新，顾名思义，就是要创造出新的事物。创新一词出现很早，在

《魏书》有"革弊创新"，在《周书》中有"创新改旧"。对公司来说，创新就是要突破自我、敢为人先、攻坚克难、勇创佳绩，以创新精神提升工程管理水平。①技术创新。目前公司的施工管理信息化已经全国领先，智能化施工手段如无人机应用、无人机直播、无人机救援等行业领先。②管理制度创新。比如公司把安全措施费用2%提出来实报实销，对参建单位的主要管理人员实施严格的考核制度，坚持对施工单位进行季度考核的奖罚等。③工作思路创新。公司不仅局限于把工程搞好，在建好工程的同时，要考虑怎么做有利于公司的长远发展。例如，宁陕开发公司在三河口储备了100亩土地，按照公司发展战略，结合水源保护，可以用于规划水利风景区。④文化创新。公司着眼于文化的继承和传承，博采众长，借鉴不同的企业文化，"取其精华、去其糟粕""推陈出新、革故鼎新"，最终实现引汉济渭企业文化创新。特别是要在工程建设中吸收优秀的管理文化和制度，形成富有引汉济渭特色的企业文化。⑤工作方法创新。不断学习新知识，掌握新手段，应用新设备、新载体，主动地、能动地做好工作。方法上要不断改进、不断创新，摒弃陈旧落后的、形式主义的东西，创造新颖、有效、吸引人的新方法、新载体，创造出工作的新效果、新途径、新局面。

（3）严谨。

严谨，形容态度严肃谨慎，细致、周全、完善，追求完美。严谨细致，就是对一切事情都要有认真负责的态度，一丝不苟、精益求精，于细微之处见精神，于细微之处见境界，于细微之处见水平，特别注重把自己岗位上的、自己手中的事情做精做细，做得出彩，做出成绩。引汉济渭工程要建好，严谨、廉洁、安全是工程建设成败的重要保障。在施工技术层面，必须明确工程质量验收标准，严格执行设计及施工要求，以精益求精的严谨精神把控好项目建设的各个环节。在制度作风层面，必须狠抓党风廉政建设，守住底线，不越红线，弘扬吃苦耐劳、真抓实干的精神，构建风清气正的廉洁文化、安全文化。通过严谨的态度、廉洁的作风、安全的理念，为千年工程提供重要的保障。①严谨就是要按规矩办事。必须遵守国家法规、基本的建设制度和公司的规章制度，每个人在任何工作过程当中都要依法、依规、依矩。②严谨就是要办好每件事。办好领导交办的每一件事，办结后要向领导汇报。③工作要限时完成。一般情况下，限时办理的事情要千方百计地完成，如果确实按时办不完，就要提前向主管领导汇报。④层级负责。一级对一级负责，每个人对主管领导负责，主管领导对部长负责，部长对高管负责，一级抓一级，归纳到一点，就是"我的岗位我负责"。

（4）感恩。

从中国古代开始，一直都崇尚"感恩"，《诗经》有云："投之以木桃，报之以琼瑶。"感恩，是一种处世哲学，也是生活中的大智慧。学会感恩，为自己已有的而感恩，感谢生活给予你的一切。这样才会有一个积极的人生观，才会有一种健康的心态。感恩别人，就是工作中要责任担当，就是要对公司无私奉献。感恩公司，就是要在自己的岗位上干好自己的本职工作来感谢公司。公司把"感恩"确定为公司的企业文化，就是为了强调"做人"的重要性。作为一名引汉济渭人，无论是在工作还是在生活中，都应该心存感恩，不忘初心，牢记使命，为把引汉济渭工程建设成世纪工程而贡献力量。

图 5-4   员工感恩引汉济渭公司

（5）包容。

包容是一门学问、一门艺术、一种美德、一种境界，也是一种幸福。现代社会工作节奏越来越快，企业的各项规章制度也非常严格，在这种情况下，就一定要给员工一个好的氛围。互相之间要理解，互相之间要包容，人与人之间要包容，近山爱水，广纳贤才，文化多元，和谐发展。公司员工来自不同专业、不同学校、不同行业，有铁路部门的、交通部门的、水利部门的，有从私企过来的，还有刚刚毕业的学生，从而在公司里形成一种多元性的文化，这种多元文化对企业的发展有很多好处。从不同行业来的同志有不同的习惯，公司希望能够包容来自五湖四海不同行业的优秀人才。在遇到不同意见的时候，公司可以从这三个方面来理解：①自己不可能永远是对的；②有些事情没有严格的对错之分，不同的工作方法都能达到目的；③在规范和定额允许范围内，为了大局要学会妥协。

二、企业文化培育与逐步成形

公司在企业文化建设主要从三个层次展开：

（1）表面层物质文化，称为企业的"硬文化"。包括企业 logo、厂容厂貌（浐灞调度中心）、机械设备外观、工装造型等。

（2）中间层次的制度文化，包括领导体制、人际关系，以及各项规章制度和纪律等。

（3）核心层的精神文化，称为"企业软文化"。包括各种行为规范、价值观念、企业的群体意识、职工素质和优良传统等，这是企业文化的核心，被称为企业精神。

公司成立以来，每年确定一个主题，相继开展"精细化管理年""环保年""效率提升年""担当年""质量年""服务年""创新年"等主题年活动，厚植引汉济渭文化底蕴，让企业精神深入人心。2014 年的主题为"精细化管理年"，在生产管理上"精细规范"，确保平稳高效；在安全管理上"精细标准"，确保安全可控；在项目建设上"精管细控"，确保目标实现；在管理流程上"精编细排"，确保体系畅通。2015 年的主题为"环保年"，强化环保水保工作，助力生态工程。2016 年的主题为"效率提升年"，通过效率提升，实现观念明显转变，素质明显提升，团队执行能力明显增强，"企业发展我发展，企业成长我进步"的活动目标。2017 年的主题为"担当年"，实现科学决策、干事主动、目标明确、执行到位、担当作为的良好氛围。2018 年的主题为"质量年"，树立以质量求发展、以质量促发展、以质量检验发展的意识，着重提高工程建设质量、安全质量、管理质量和服务质量。2019 年的主题为"服务年"，聚焦工程建设、聚焦企业发展，通过强化机关服务基层，推进基层服务一线，形成全员服务工程建设良好氛围。2020 年的主题为"创新年"，着重把创新发展理念落实融入工程建设和公司发展改革具体实践中，坚持国企党建和公司治理创新、工程建设管理创新、集团化高质量发展创新，实现在工程建设上提水平、在企业管理上增效益、在集团化发展上激活力的目标效果。

公司在企业文化的不断培育和成形中，努力实现如下目标：①激发员工的使命感。不管是什么企业都有它的责任和使命，公司将企业使命感作为全体员工工作的目标和方向，成为企业不断发展或前进的动力之源。②凝聚员工的归属感。通过企业价值观的提炼和传播，让公司从领导到员工的所有人共同追求同一个梦想。③加强员工的责任感。通过大量的资料和文件宣传员工责任感的重要性，给全体员工灌输责任意识、危机意识和团队意识，使员工清楚地认识企业是全体员工共同的企业。④赋予员工荣誉感。公司每个人都在自己的工作岗位、工作领域多做贡献，多出成绩，多追求荣誉感。⑤实现员工的成就感。使员工能够认识到公司的繁荣昌盛关系到每一个公司员工的生存，公司繁荣了则员工们就会引以为豪，会更积极努力地进取，荣耀越高，成就感就越大，从而更好地实现个人价值。

1. 领导班子高度重视

（1）精准引领——坚持党建引领文化。坚持融合抓党建的基本理念，突出党建引领、文化铸魂，推动党建与企业文化凝心聚力深度融合，建立党委书记党支部工作联系点制度，形成党员突击队、服务基层示范岗、党员联系点、党员微家、党支部交叉检查等十大融合载体，创新党建融合模式，充分发挥党员模范先锋作用。完善党建工作制度条例，加快推进党建工作标准化建设，大力开展"党建质量提升年"活动，"三基"建设得到加强。加强干部学习教育，扎实开展"两学一做"学习教育活动，深入开展"不忘初心牢记使命"主题教育活动，通过红色教育、主题党日等多种形式开展党员教育，打造忠诚干净担当的高素质干部队伍。强化廉政文化建设，持续开展"反腐倡廉宣传教育月"活动和廉政从业教育，深入以案促改"四个查一查"，创新开展廉洁家风主题活动，编印《引汉济渭廉洁文化作品集》，廉洁诗歌散文征集和营造风清气正的干事创业氛围。

（2）严格设计——注重顶层设计指引。企业文化作为广大职工共同的价值观、追求，必须对职工具有强烈的感召力。这种感召力能把企业职工引导到企业目标上来。这种功能往往在企业文化形成的初期就已存在，并长期引导职工始终不渝地去为实现企业的目标而努力。公司成立初期就将企业文化建设纳入中长期发展战略规划，在制订公司"十三五""十四五"发展规划过程中，认真听取专家学者和公司干部职工意见建议，深入开展企业文化建设调研和研讨，做到统揽全局、因地制宜、精心部署，将企业文化建设作为专门章节，提出长远规划和近期目标，为公司企业文化建设提供根本遵循、指明发展方向。

（3）创新工作——成立文化创新工作室。根据公司企业文化事业发展需要，公司党委研究成立了公司文化创新工作室。工作室以"传播引汉济渭声音，讲好引汉济渭故事"为指导方向，在公司领导的指导下，高质量完成《地心救援》等多部职工微电影的制作拍摄，完成《子午湖》等多部文化书籍的编纂工作。积极探索公司水利文创的相关工作，完成企业吉祥物设计、"梅子熟了"系列果酒文化礼品视觉设计、社会主义核心价值观系列海报设计、"世界水日"主题海报设计等工作。工作室尚泽阔同志也被中国水利文学艺术协会美术分会聘为第三届理事会副秘书长。

（4）瞄准长远——科学谋划企业愿景。坚持围绕"水源、骨干水网及供水设施工程建设与运营管理、水源及工程保护区综合开发利用"的主业方向，提出远期配水目标，科学谋划公司长远发展，提出了供水、水资源配置、水利风景区、工程建设、水利科技、信息智能六大业务板块，先后成立宁陕引汉济渭开发有限公司、陕西熹点文化传播有限公司、陕西子午建设管理有限公司、陕西天道实业有限公司、陕西引汉济渭勘测设计研究院有限公司等多家全资子公司，扎实推进公司对外战略合作项目，在供水业务、信息智能业务方面，已与多家央企公司达成战略合作意向，公司突出主业打造集团化发展新格局成效显著。

（5）准确凝练——总结提炼企业精神。企业精神作为企业核心价值观的重要内容，形成于企业发展过程，又反作用于企业发展，发挥着重要的导向、激励、辐射等功能。引汉济渭工程建设过程中，充分继承和发扬中华民族悠久治水史中形成的人禹精神、都江堰精神、红旗渠精神、九八抗洪精神等优秀治水传统和宝贵精神财富，孕育并提炼出了以"敬业、创新、严谨、感恩、包容"为核心内容的企业精神，与新时代倡导的"忠诚、干净、担当、科学、求实、创新"的新时代水利精神一脉相承。

（6）落实形象——企业视觉识别。美国学者凯兹·卡恩认为，在社会系统中，将个体凝聚起来的主要是一种心理力量，而非生物的力量。社会系统的基础，是人类的态度、知觉、信念、动机、习惯及期望等。企业文化正是以大量微妙的方式来沟通企业内部人们的思想，使企业成员在统一的思想指导下，产生对企业目标、准则、观念的"认同感"和作为企业一员的"使命感"。在企业氛围的作用下，使企业成员通过自身的感受，产生对本职工作的"自豪感"和对企业的"归属感"。"认同感""使命感""自豪感""归属感"的形成，将使职工在潜意识中形成一种对企业强烈的向心力。基于此，公司成立初期，就高度重视企业形象塑造和品牌建设，结合引汉济渭工程特点和公司实际情况，设计了企业 logo、企业标准色。将视觉识别元素规范运用到公司手提袋、员工胸牌、司旗、官网页面、宣传展板以及产品外包装上，并将企业 logo 形状与浐灞调度中心项目建筑设计融为一体，充分彰显公司企业文化特征。

（7）严格约束——企业行为识别。企业文化是无形的、非正式的、非强制性的和不成文的行为准则，对职工有规范和约束作用。在一个特定的文化氛围中，人们由于合乎特定准则的行为受到承认和赞扬而获得心理上的平衡与满足。反之，则会产生失落感和挫折感。因此，作为组织的一员往往会自觉地服从那些根据全体成员根本利益而确定的行为准则。公司制定了中层管理人员管理办法，明确中层管理人员的行为准则。严格执行水利行业专业从业人员行为准则，制订和完善员工职业道德规范和员工行为准则。制定了严格的考勤管理和请休假管理制度，并为全员统一配发正装、工程服、工作牌等，提出统一着装要求。同时，制定了员工积分考评管理办法，严格约束员工的行为规范。在公司内部大力倡导"八办"作风，与工程参建单位互联共建"八不准"。

2. 主要领导倾力培训

公司领导将文化培训落在实处。实现公司的发展战略目标，需要有强大感召力的精神力量把全体员工的意志统一起来，增强全体员工对"引汉济渭"的认同感和归属感。围绕公司发展战略，发动员工总结提炼出具有时代特征和鲜明个性的企业精神，用优秀的企业精神引导人，激励人，从而把人心凝聚起来，使员工队伍成为上下同心、作风过硬的优秀团队，为推动公司事业的蓬勃发展创造不竭的动力源泉，每期员工入职培训，党委书记董事长开讲第一课。公司主要领导通过各种途径和方式培训企业文化骨干，普及企业文化知识。通过引汉济渭大讲堂邀请企业文化专家、高级企业管理人员讲授企业文化理论、企业发展战略、CI 理论等，使全体员工对企业文化建设的意义、内容、目标、任务等有深刻的认识，增强开展企业文化活动的自觉性。

3. 多项措施强化效果

企业文化建设除了强调价值观、企业精神，还需要注重文化仪式和文化网络的作用。所谓文化仪式是指企业内的各种表彰、奖励活动、聚会以及文娱活动等，它可以把企业中发生的某些事情戏剧化和形象化，来生动地宣传和体现企业的价值观，使人们通过这些生动活泼的活动来领会企业文化的内涵，使企业文化"寓教于乐"之中。文化网络是指非正式的信息传递渠道，主要是传播文化信息。它是由某种非正式的组织和人群所组成的，它所传递出的信息往往能反映出职工的愿望和心态。通过注重文化仪式和文化网络的支撑作用，企业文化才能真正落地生根。

公司采用多项措施使企业文化落在实处：

（1）广泛开展主题活动。紧紧聚焦工程建设和公司发展实际，围绕公司"敬业、创新、严谨、感恩、包容"的企业精神，广泛开展各类主题年、主题月等活动，取得良好效果。2014~2021年，相继开展"精细化管理年""环保年""效率提升年""担当年""质量年""服务年""创新年""数字赋能年"主题年活动。2018年开展了公司成立五周年主题活动。坚持每年定期开展"感恩月"主题活动，并开展形式多样的主题演讲、书画摄影征文比赛等活动。

图 5-5　感恩移民活动现场图

（2）创作引汉济渭之歌。邀请省音乐家协会深入工程建设一线开展采风活动，征集创作引汉济渭之歌。

（3）发布社会责任报告。作为功能类省属企业，坚持将"引汉济渭惠泽三秦"作为企业使命，认真履行企业社会职责，并公开发布《企业社会责任报告》。2019 年，公司发布的《企业社会责任报告》获得省国资委系统品质奖。

（4）加强制度文化建设。公司高度重视制度建设，不断加强制度文化建设。以工程监管、安全质量、招标管理、变更管理、移民征迁、生态环保管理等为重点，建立完善业务管理制度；以决策体系、风控体系和责任追究体系"三个体系"建设为重点，建立完善公司治理结构。制作制度汇编，加强制度宣贯，严格制度执行，形成了靠制度管人、按流程办事的特色鲜明的制度文化。

（5）丰富企业文化载体。设计制作文化衫、岩石标本等多种文创产品。编纂出版《子午湖》《梅子熟了》等书籍。以引汉济渭工程为背景和主题，制作拍摄《地心救援》《父亲的地图册》《荣途》等多部职工微电影，并多次获得国家级大奖。在公司官网开设"山水文苑"专栏，累计发布职工创作文章 200 余篇。

（6）注重员工教育培训。公司制定了《员工教育培训管理办法（试行)》，从指导思想、组织领导、职责分工、内容方式等方面作出了规定，从制度层面上细化职责。通过精心制定年度教育培训计划，采取灵活多样的方式分层分类做实培训。坚持领导干部带头参加学习，坚持集中培训和鼓励自学相结合，推进干部教育培训工作制度化、规范化、常态化。建立了教育培训的激励机制和考核机制，作为干部评优评先的重要依据。将企业文化作为员工入职培训的重要培训内容进行讲授，并安排公务礼仪、茶艺香道等礼仪文化课程。坚持开办引汉济渭大讲堂，累计开班 80 余期，每年开班不低于 10 期。深化社会主义核心价值观宣贯教育，制作社会主义核心价值观宣传海报，拍摄《我和我的祖国》快闪片等。加快创建引汉济渭水情教育基地，积极筹备申报国家级水情教育基地。

三、企业文化表现与内涵提炼

公司通过长期培育和不断完善，企业文化表现在不同方面。

1. logo 设计与含义

引汉济渭 logo 如图 5-6 所示。

图 5-6　引汉济渭公司 logo

该 logo 精准体现了"引汉济渭，惠泽三秦"水利精神。上半部由黄蓝两色构成，以双弧线形式表意渭河、汉江；下半部由黄、绿、蓝三色构成，以三弧线形式表意由陕北、关中、陕南构成的三秦大地。中间圆形则表意引汉济渭工程主体隧道上半部弧线与下半部弧线相交，则表意渭河、汉江二水汇流后，水润关中，兼济陕北，最终惠及三秦大地。

2. 工装设计中的文化

引汉济渭公司工程装及活动服以军绿色为主色调，结合公司 logo 形象，主要寓意有两层含义：

（1）践行绿色发展理念。坚决贯彻落实习总书记"绿水青山就是金山银山"绿色发展理念，省引汉济渭公司始终坚定不移走生态优先、绿色发展之路，以实际行动践行青山常在、绿水长流、生态引汉济渭的初心。引汉济渭工程秉承"绿色工程、生态工程"建设目标，公司成立了施工期环境保护领导小组，形成了公司、分公司、水土保持监理单位、参建单位四级水土保持管理体系。公司正紧紧围绕党的十九大对环境保护与生态文明建设的要求，严格按照水利部批复的意见，全面落实生态环境企业主体责任和各项水土保持措施，全力创建国家级水土保持生态文明工程。

（2）军事化规范化现场管理。引汉济渭工程地跨黄河、长江两大流域，横穿秦岭屏障。施工周期长、难度大，这就要求必须要有一支高质量、军事化、规范化的现场攻坚队伍。军绿色工程装配备肩章，寓意着肩负"引汉济渭，惠泽三秦"的神圣职责。

图 5-7　男女工服展示

3. 制度建设中的文化

公司制度建设精准兼容企业文化。公司在制度建设中，为了更好地兼容企业文化，最大限度地发挥文化作用，秉承制度与文化辩证统一的观点，基本原则包括：

（1）二者既有交叉，又有差异。从相同的方面看，公司制度也是企业文化的表现，比如，制度中的非正式制度，就更多具有文化的成分。从不同的方面看，制度更多体现的是一种规则，而文化更多体现的是一种对待规则的精神和价值取向；另外，公司制度更多是刚性的，而且运行的线条也是清晰的，而文化则是弥漫性的，体现出一种无处不在的渗透。

（2）二者相互影响和相互制约。一方面，公司制度影响和制约文化或人文精神的生长；另一方面，文化或人文精神也影响和制约制度的建设和发展，同时也影响和制约制度实际运行的效率。基于此，公司在制度建设中，遵循企业宗旨、强调企业文化的引领作用，充分考虑制度建设体现和增强企业文化，以此制定、完善公司的职业道德规范和员工行为准则，以此规范企业的经营行为，增强全体员工的自我道德约束能力和自主管理能力[101]。通过广泛开展各种文明建设活动，使全体员工普遍树立起爱岗敬业、勤奋工作、遵章守纪、勇于创新、不断进取、甘于奉献的行为意识。

4. 文化提炼及其内涵

公司文化内涵准确反映"公益＋水利"企业使命。从企业成立伊始，就肩负着行使政府公益性职能的水利企业使命。因此，公司围绕企业使命建设和树立自己的品牌，塑造"绿色环保＋诚信服务"的良好企业形象。初期以建立和完善企业识别系统（CI）为主要工作，强化企业形象建设，并逐步导入行为和理念识别系统，形成一个包括优秀的领导人形象、员工形象、产品形象等为内容的系统的企业形象体系，逐步在全社会和广大员工中树立起"引汉济渭，造福三秦"的使命形象、"绿色产品、绿色环境"的注重环保形象、"爱岗敬业，奋发进取"的员工队伍形象、"内有亲和力，外有影响力"的卓越企业家形象。

5. 其他关联文化设计

（1）运用有效载体，扎实开展文化建设。围绕工程建设开展征文、摄影、演讲、歌咏比赛、趣味运动会等形式多样的文化体育活动，丰富职工文化生活。结合年度工作，开展"向管理要发展、向管理要安全、向管理要效益"的竞赛活动，使企业文化延伸、扩展，扎根到每一个员工的心中，形成上下互动的文化氛围。

（2）弘扬感恩文化，创造感恩月活动。为了让广大员工了解感恩，心怀感恩，学会感恩，公司每年确定一个主题，在10月开展感恩月活动。寓教于日常，提升凝聚力、向心力和员工素养，着力促进形成心怀感恩、爱岗敬业、和谐快乐的工作氛围。

（3）通过多种形式，精准宣传文化品牌。通过聘请企业文化顾问，邀请作家、书画家、音乐家、摄影家走访工地，拍摄原创微电影、文艺影片；参加农高会、跨采会、文展会、科技节、科博会等展会；举办"我与大坝同成长""汉江小水滴"等公益活动及知识讲座、摄影展、书画展，以及进校园、进机关、进企业、进军营、进社区等多种方式，宣传并强化引汉济渭企业文化品牌。

（4）创建文化工作室，助推企业文化建设。公司创建文化工作室，设计出梅子酒、文化创意U盘等多款具有鲜明企业文化元素符号的文创产品，强化企业文化品牌宣传力和影响力。

第五节
现代治理制度完善

企业治理制度即企业法人治理制度，是指为维护以股东为核心的权益主体的利益，对企业的权力制衡关系和决策系统所作出的制度安排[102,103]。基本内容包括各相关权益主体之间的权力制衡关系，为保证企业绩效最大化而建立的科学决策系统。企业构建现代治理制度的意义在于：①改革与完善企业治理制度是建立现代企业制度的核心。②企业治理制度构成现代企业管理系统的关键环节。③企业治理制度对企业绩效起决定作用[104,105]。

一、公司治理阶段划分

公司自 2013 年成立以来，公司治理可以分为两个主要阶段。

1. 公司治理的精准设计与实施（2013~2016 年）

陕西省引汉济渭工程建设有限公司成立后，在强力推进引汉济渭工程前期工作、工程建设及管理的同时，通过完善机构设置、强化思想建设、规范制度建设、优化人才管理等举措，着力加强自身建设，加快了公司管理和制度化的脚步。各年度治理亮点主要体现在：

（1）2013 年：靠前指挥，工作面貌焕然一新。多措并举，工程建设迅速提速。落实责任，质量安全得到保障。抓重点、抓关键，移民安置全面启动。强化责任，严格合同履约管理。市场融资，有效缓解资金压力。科技创新，落实项目带动科研。严格考勤，促进工作作风转变。扎实开展党的群众路线教育实践活动。

（2）2014 年：步步跟进，前期工作逐项突破。双管齐下，建设资金有效保障。控制过程，工程建设全面提速。精细管理，安全质量稳步向好。科技创新，助推建设初见成效。完善机制，内部管理日趋规范。多措并举，特色文化凝心聚力。

（3）2015 年：强化环保水保，助力生态工程。开源降本内审，资金有效落实。科技支撑建设，信息助力管控。狠抓自身建设，提升内部管理。文化宣传鼓劲，党群激发活力。

（4）2016年：探索产业布局，稳步推进多元经营。公司结合企业长远发展需要，不断围绕主业进行多元经营和开发，拓宽产业空间布局，厚植发展优势。

2. 公司治理的创新与探索（2017~2020年）

（1）推动管理模式创新。以理念创新引领管理创新，推动公司管理制度、管理架构、管理流程、管理方式等方面的创新与变革。支持以提高效率、释放活力，增强动力，保护公司利益为目标的管理制度优化调整，做到简洁、管用、高效。根据企业功能定位，科学设置管理架构，横向减小管理幅度，纵向控制管理层级，定岗定员，优化管理。

（2）推动技术创新。编制科技创新规划，强化科研平台建设，推进应用基础研究，推进科研成果转化应用。公司依托"院士专家工作站"和"博士后创新基地（科研工作站）"等平台，联合相关高校和顶尖科研机构，以创新突破施工关键技术、运行管理模式为核心，开展多项科技攻关，确保工程顺利推进和建成后水量合理调配及资源高效利用。建立健全多元化的科技创新体制机制，加强科研服务体系建设，注重重大科技成果落地生根，不断提升科技创新能力。到"十四五"末期，面向工程建设需求和行业科技前沿，力争产出一批标志性重大科技成果，跻身同行业领先水平。

（3）推动商业模式创新。以市场需求为导向，推动公司未来商业模式创新，全面打造行业领先、效益优先的高质量发展模式。牢固树立为客户创造价值的理念，从简单的水源批发向提供系统解决方案延伸，开展示范性水务业务，抢占供水市场，延伸供水产业链；建设具有鱼菜湿地共生系统，零污染排放的黄金峡水库鱼类增殖放流站，延伸科普旅游价值；延伸水源地保护区绿色生态价值，发展以"子午谷"茶叶、"子午玉露"山泉水等引汉济渭特色生态产品；延伸库区自然风景价值，规划发展水利风景区旅游；延伸引汉济渭世纪工程和秦岭深刻文化内涵，发展水文化休闲旅游。开发引汉济渭周边生态产品，助力脱贫攻坚。

二、公司治理典型做法

1. 创新考核管理

公司自成立以来，先后制订季度考核方案、年度考核方案、积分考评办法、工作日志法等，形成对单位个人考核、年度季度考核、新老员工考核、干部试用履职考核四考并存，全员考核"赛马"、全过程管理的新局面[106]。

（1）实行交叉考核。为使分公司与总公司深入沟通，公司创新组织开展总部各业务部门和各基层单位交叉考核。搭建公司本部各部门与分（子）公司相互交叉考核的平台，公司本部考核分（子）公司、分（子）公司考核公司本部，通过交叉考核促进公司本部与分（子）公司之间增进沟通理解、强化配合协同，及时解决基层或本部工作中急需解决的问题。为了解决对各部门、单位考核中因业务类别不同而难以科学对比评价的问题，结合公司和工程建设的特点，将所属各单位（部分）分公司、子公司、业务部门、综合部门四类，每年度、每季度按照考核打分在每一类中划分 A、B、C、D 等级，实行分类分级考核。对所属各单位进行分级分类考核。

（2）创新开展积分考评。为解决公司员工在日常工作中不严格执行办公纪律，不注意着装、考勤、言行等问题，公司在组织开展经营业绩考核之外，借鉴驾驶证分数管理模式，自 2016 年起在全公司推行积分考评，将职业道德、遵章守纪、行为礼仪、表彰奖励、好人好事、日常行为规范等，全部纳入积分考评范围，有奖有罚、奖罚结合，实现对个人的考评从粗放式向精细精准转变，与绩效考核相互呼应。

（3）创新实施"工作日志"法。2020 年，因受新冠肺炎疫情影响，公司采取居家办公模式，为了对员工实施更加有效的管理，掌握全公司员工工作情况，自 2 月 10 日开始，在全公司实施"工作日志法"，即全体员工每天撰写工作日志、纳入表格化管理。

（4）深入实施全员考核。对中层管理人员、二级部门负责人和普通员工进行季度、年度考核，根据考核结果划分等级，兑现考核工资，拉大收入差距，在公司形成了积极上进、公平竞争、重业绩、看品行的良好氛围，激发了全员干事创业活力。

（5）实施"三项制度改革"。为破解之前考核分配差距不够大、季度考核中仅有对单位（部门）考核但没有对个人考核等瓶颈，公司印发实施《进一步发挥考核分配激励作用的通知》，下放考核工资分配权限，拉开分配差距，扩大对个人考核范围、缩短考核频次。并制定《"三项制度改革"实施办法》，将考核结果与人员调整、员工收入等挂钩，推动中层管理人员能上能下、员工能进能出、收入能增能减。

2. 完善薪酬体系

公司结合引汉济渭工程建设处于秦岭深处的特点，基层一线职工工作环境相对艰苦，为鼓励员工去基层、去一线，工资分配在制度设计时均向一线倾斜。2017年，为保障和调动职工工作的积极性，增强内部凝聚力，公司为员工建立了企业年金。公司自成立以来，一直在不断地建立、完善"六险二金"等相关福利体系，吸引了一批又一批人才投身引汉济渭高质量集团化建设，同时健全的福利体系也彰显了企业社会责任，塑造了良好的公司形象，增强了竞争力。

3. 应用信息化手段

工程安全质量可控，施工全过程可追溯，全工区覆盖无死角[107]。融合创新技术，BIM技术广泛应用，实现工程建设优化和全生命周期管理。建设预报系统，实现超前预警尽早应对。"天眼"网络全覆盖，实现全天候无死角工区监控。建成安全管理系统，实现多层次全方位安全保障。引入VR、AR技术，实现工程虚拟化现场体验。推进管理信息化，实现资源优化配置效率提高。公司大力推进新一代信息技术与工程管理的深度融合，以提高工程建设管理、动态监测、诊断分析、应急处置、优化管理、生态保护的智能化和现代化水平为目标，充分运用5G通信、云计算、大数据、物联网、人工智能、虚拟现实、无人机等新一代信息技术，全面集成调度自动化系统、安全监测、水土保持监测、环境监测、生态监测和一期工程相关建设等内容，强化引汉济渭业务与信息技术深度融合，深化业务流程优化和工作模式创新，降低工程安全风险，减少管理维护人员，控制调度运行成本，提升管理运行效率，提高水资源利用率和供水保证率，优化引调水社会、经济与生态效益，显著提高工程管理的现代化水平[108,109]。

多元化经营模式创新

一、建设期与经营期差异分析

1. 运行机制不同

陕西省引汉济渭工程建设有限公司作为工程建设期项目法人，是建设管理体制的核心，按照工程建设程序，严格落实项目法人责任制、招标承包制和建设监理制，依法合理合规开展工程建设行为。按照建管一体化的要求，引汉济渭工程建成后，其运行管理依然由项目法人负责，实行市场化公司运作，在政府合理补偿公益性耗费的情况下，确保工程良性运行和公益性任务的实现。

2. 管理的重点不同

工程建设期管理的重点是基础水利工程建设、水利项目运行与维护、骨干网建设与供水网建设等，涉及工程资金、进度、质量、成本、安全等方面的协调与管理。面临工程建设筹资难、周期长、时间紧、难度大等难题。运营期管理的基础是水资源调度、水权交易、水电运行与开发、水源地保护与建设，重点是"水"全产业链的开发、绿色生态资源开发利用等。在完成"兴水为民，利泽三秦"的社会使命的同时，努力实现公司的盈利和可持续发展。

3. 建设的目标不同

工程建设期的目标是全力保障引汉济渭水利工程项目的建设效率，加快项目工程的高质量高效率作业，在此基础上逐步构建公司水资源的市场开发、资源整合、系统集成、投资融资、项目建设等核心功能体系。运营期的建设目标是实现各部门的良好协作，外部资源有效整合，打开政策空间，形成清晰高效的功能集成平台，驱动企业从单一水资源基础业务向水资源全产业链进行深度优化和整合，不断扩展水务产业链相关的新市场、新产品。探索新兴商业模式，构建多元化集团业态。

二、茶园建设与移民精准扶贫

陕西引汉济渭工程建设有限公司自成立以来，在不断追求企业高质量发展的同时，公司领导高度关切工程建设区域农民脱贫攻坚相关工作，为此专门设立扶贫工作队对当地农户进行点对点帮扶。扶贫队员们经常穿梭在周边山区的山涧树影之中，努力为农户探索致富新渠道，挖掘当地特色产业，通过企业自身优势帮助农户开辟新的可持续发展路径。

1. 茶园遴选严格

扶贫队员在扶贫攻坚过程中多次深入山区拜访贫困户。其中有一次，前往探索寻找当地优势农产品时，恰巧途经梅子镇生凤村，在东经108°北纬33°的深山之中，发现了一处三千多平方米自然生长三十余年的神秘老茶园，队员们十分惊喜。首先，北纬33°是中国茶树生长地带的最北部，而在这一带最适宜生长茶树的地区就是陕西南部的汉中、安康和商洛地区。该地区位于中国南北分界线秦岭山脉腹地，树木丛生，人迹罕至，野生动植物物种丰富，加之秦岭山脉亿万年形成的地质构造和土壤岩层，为茶树提供锌、硒等对人体有益的各种微量元素的同时，更为其添加了一层神秘色彩。其次，该地区具有海拔高、光照足、降水充沛和山间常年云雾缭绕等特点，为茶树的生长提供了优越的自然环境。扶贫队是在历经数小时的步行艰苦跋涉中才寻得此处的，生长区域花草遍布，自然野生，孕育出的茶树清香无比，

图 5-8　生凤茶园实景

该片茶园树种系大河坝群体种，为陕南地区的代表性茶树种类，后经中茶所指定检测机构和西北农林科技大学专家研究表明，茶园的绿色安全等级已经完全超出国内最高的有机食品安全等级，公司已着手认证国际最为严格的欧盟有机标准检测。

2. 严格管理茶园

子午谷有机茶园管理全部采用人工除草，完全不使用化肥、农药、植物生长调节剂、化学食品添加剂等物质。采用人工除草、中耕除草等方式来防治杂草，坚持人工采摘，同时采用太阳能杀虫灯与防虫粘板等绿色防控的方法减少病虫害发生。茶园采用的有机微生物肥料富含茶树所需的微量元素，无毒无害，有利于提高茶叶产量、改善品质、抗病促长、生产绿色食品和发展生态农业。茶园自觉接受和配合检验检疫部门的监督管理，定期有针对性地进行水质过滤和土壤改良，从源头杜绝污染。茶叶是按有机农业生产体系和传统加工工艺所生产，且在加工、包装、贮运过程中不受任何化学物品污染，是真正的绿色有机原生态的产品。

3. 创新合作模式

宁陕子午商贸有限公司成立于 2019 年 11 月 6 日，是陕西省引汉济渭工程建设有限公司为助力脱贫攻坚、实施产业帮扶成立的全资子公司。依托工程建设，结合扶贫开发和宁陕县地域特点，主要经营生态茶、土蜂蜜、天麻、核桃油等扶贫优质农产品的开发与销售，开展"公司＋合作社＋贫困

图 5-9　公司捐赠新式蜂箱助力蜂养殖产业升级

户"模式，推动生凤村有机农产品、林下特色经济作物两大特色产业。其中，位于生凤村的子午商贸荒野茶园为 20 世纪 70 年代种植，后因无人管护，无采摘，多年荒野生长。茶园地处古代巴蜀茶区的最边缘，基于南高北低、垂直差异大的地形特点和昼夜温差大、雨量充沛的气候条件，宁陕子午商贸有限公司在带动当地村民就业的基础上，重新投入种植养护。独特的生态环境造就该茶区病虫害少、有机质含量高、鲜叶品质优异，产出的生凤茶茶香纯净、茶汤饱满，具有香高、味浓、回甘、耐冲泡等特点。

4. 落实脱贫攻坚

宁陕子午商贸有限公司始终秉承引汉济渭公司"润泽关中、带动陕南"的发展理念，在带动农村经济发展的同时，积极响应省委省政府坚决打赢脱贫攻坚战的号召，全面落实省公司助力脱贫攻坚工作任务，通过在生凤村种植与投入千亩茶园并与俄罗斯签署出口茶战略协议等有效举措，直接改善生凤村当地合作社发展资金不足、特色产品销售渠道不畅、当地村民就业路子不宽等实际问题，并运用电子商务平台等现代化手段拓宽当地农副产品销路，增加村民收入。公司未来将继续坚持扶贫生态产品开发，反哺水源地，用切实行动服务当地百姓。

5. 带动移民增收

引汉济渭工程自启动以来严格按照移民条例规定，实行"政府领导、分级负责、县为基础、项目法人参与的管理体制"，按照开发性移民方针，采取前期补偿、补助与后期扶持相结合的办法，使移民生活达到或者超过原有水平，工程建设过程当中始终坚持以人为本，保障移民的合法权益的宗旨，坚持建设一项工程、造福一方百姓的崇高理念，通过工程建设带动移民群众增收、致富，实现移民群众"搬得出、稳得住、能致富"的总体目标。

三、水利风景区与生态文明设计

党的十八大、十九大将生态文明建设提升到国家战略层面，陕西省政府办公厅于 2016 年 7 月 29 日出台了《关于加快推进水利风景区建设的意见》，其中提出结合引汉济渭、东庄水库等骨干水源工程加快以生态修复为主的水利风景区建设。引汉济渭水利风景区是以引汉济渭工程项目为依托，将自然和人文旅游资源相结合而形成的一个风景区。风景区建设秉承保护水资源、改善水环境、修复水生态的宗旨，是生态文明建设中人水和谐、人与自然和谐的典型示范工程。

　　引汉济渭水利风景区项目位于秦岭南麓，跨越三市四县。东北邻西安市，距西安市150千米。西北接宝鸡市，距宝鸡市240千米。西南接汉中市，距汉中市80千米。东南接安康市，距安康市110千米。位于西安两小时旅游经济圈内，依托大西安经济圈，连接丝绸之路经济带和汉江经济走廊。

　　引汉济渭水利风景区所处秦岭物种资源丰富，拥有多种珍贵的动植物资源，生态保护是秦岭的首要任务，因此生态是水利风景区项目发展的基础前提与重点，其范围内的一切生产、生活、休闲等活动都要融入生态元素，生态产业是项目发展的基底。依托区域内优越的资源，通过构建核心吸引力，吸引游客来此旅游休闲，通过特色产品让游客在此停留，进而产生消费，通过消费带动区域旅游经济水平，促进全域旅游发展，实现生态文明建设目标。因此，融合生态农林业、生态观光、生态游乐、生态休闲、避暑康养、生态研学与特色商业于一体的生态旅游产业是项目发展的核心产业。

　　引汉济渭水利风景区总体规划布局为：一轴、两水、两镇、四组团、十大项目节点。一轴：大秦岭108风景道。以G108国道为主线，由黑河、椒溪河、子午河、汉江为水线，串联起整个景区。两水，即黄金峡、子午湖；两镇，即大河坝综合服务小镇、白沙渡田园度假小镇；四组团，即三河

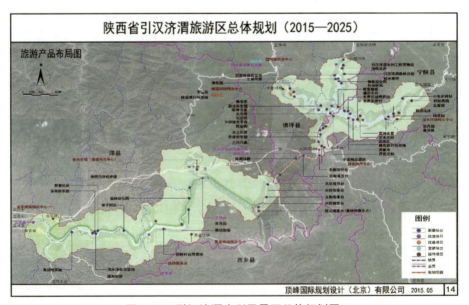

图5-10　引汉济渭水利风景区总体规划图

口滨水休闲组团、黄金峡生态度假组团、黄池沟水利科教组团、西乡茶园生态休闲组团；十大项目节点，即筒车湾景区、筒车文化湿地公园、香蒲湾湿地公园、朱鹮湾湿地公园、渭门老街、金水河大峡谷、金水银滩度假区、烂草湾湿地公园、黄金峡文化休闲街、瞰湖居树屋度假村。

引汉济渭水利风景区项目是一个优化环境的生态工程，造福后代的利民工程，对提高村落品质，增强宁陕县、周至县、佛坪县、洋县竞争力具有重要作用。总体而言具有三大效益：经济效益、社会效益和生态效益。

（1）经济效益：景区建成后，随着游客数量的增加，带动景区周边休闲旅游产业发展，促使第三产业发展，增加地方的财政收入，提高农村居民的生活水平。景区内的经济收益，将主要来源于游人门票、餐饮、购物、交通、住宿、活动等收入。在不考虑土地成本的前提下，本项目第四年开始盈利，第七年收回投资成本，年回报率约为14%，规划2030年年度收益达12.38亿元。

（2）社会效益：主要体现在提升村落生活品质，改善人居环境；增加就业机会，维护社会稳定；弘扬地方文化，传承民俗风情；增强居民素养，提升幸福指数。

（3）生态效益：通过对专项规划的落实和贯彻，大量的生态环境整治措施将使景区的生态环境显著提升。主要表现在区内水质得到有效净化，水资源得到有效保护，沿岸植被覆盖率增加，生态堤岸的建设得以运用等方面。同时，通过引入大量的湿地景观植物的配置，进一步发挥植物的环境修复能力，全面提升区域的景观形象。

四、梅苑赏花与养生产业形成

公司秉承引汉济渭工程"润泽关中、带动陕南"的建设理念，按照"近自然治理、柔性治理、系统治理、综合协调治理"的思路，为了有效治理当地水土流失，改善局部环境和地质条件，促进水土资源的可持续利用和水土保持事业的科学发展，以瓦房坪滑坡体综合治理项目为切入点，建设引汉济渭水土保持示范园——子午梅苑。梅花名列中国十大传统名花之首。梅花不畏严寒，不居高的高雅品质与中华民族所崇尚的民族精神相吻合。被人们称颂的"岁寒三友""四君子"均有梅花。古人认为梅花的五瓣是五福之象征：一是快乐、二是幸运、三是长寿、四是顺利、五是和平。以梅苑为平台，在展示公司水土保持成果的同时，传播、展示、交流、切磋以梅为主题的诗、词、歌、赋、书、画，以及摄影等。梅苑是得天独厚的梅文化传播基地，梅文化是梅苑得以长期发展必不可少的动力之一。在弘扬梅文化、传播梅文化的同时，宣传普及爱梅、植梅、赏梅的文化知识，陶冶人的情操。

1. 子午梅苑介绍

子午梅苑是引汉济渭水土保持示范园一个重要的组成部分，也是集水土保持、知识科普、文化教育、水利观光旅游、绿色扶贫和感恩大秦岭、保护大秦岭宣传教育为一体的专业园区。子午梅苑位于安康市宁陕县梅子镇，占地面积 120 余亩，包括梅苑主景区 50750 平方米，乘车览胜区 36823 平方米，以及连接 1 号路和好望角观景台的曲径悠然区 24610 平方米。营造以梅为主体、多种观赏植物合理培植的生态园林景观，构建观光、休闲生态旅游基地，梅花科研、繁育基地，梅文化传播、教育基地，实现永续利用，可持续发展。园区内种植梅花 11 大品种群 140 余个品种，其中梅花国际登录品种 113 个，数量 5000 余棵，另有青梅 400 余棵、蜡梅 2000 余棵，榆叶梅 2000 余棵，合计各种"梅"树 10000 余棵。搭配树种，有常绿兼开花植物丹桂 400 多棵、大红紫薇 1000 多棵、色叶树种鸡爪槭和日本红枫 200 多棵，高大乔木七叶树 50 多棵，刚竹近 30000 棵，常绿灌木红叶石楠球、海桐球、大叶黄杨球等 1000 多棵，宿根花卉 20 万余窝，草坪 50000 多平方米。

2. 子午梅苑开发

（1）培植多种园林植物，形成四季观赏植物景观。在以梅为主题景观的同时，充分利用地势培植一定规模的其他特色观赏植物，形成别具一格的四季或多季观赏植物景观。

（2）利用梅果的观赏价值和采摘乐趣，开发观果、摘果体验项目。众多北方游客对梅果知之甚少，并对梅花树结果表示惊讶。梅果生长成熟期，累累硕果压满枝头，送给群众的是丰收的惊喜。采摘梅果的体验，送给群众的是情绪上的愉悦和心理上的满足。这均是都市人缓解工作紧张情绪和竞争压力的精神需求，是对新生活方式的探索和尝试。

（3）开发梅的花、果加工利用产品。使群众在观光、游乐的同时，获得更大的满足。已初步开发经营梅花茶、梅子酒及梅的花、果菜肴，深受游客的青睐。在梅园适当的地点，设立茶楼酒店经营独具特色的梅花宴、梅果宴及农家宴，既能满足群众需求并且经营期长不受季节限制。

图 5-11　了午梅苑设计图

（4）开发梅苑参观纪念品。如配有梅花图案的装饰品、日用品或梅花、果特色小食品等。凭借这些有形有色的纪念品、特色小食品，群众可以回忆起参观过程中的愉快经历，同时还能通过分送这些纪念品和小食品来为梅苑做宣传。

（5）利用独特的环境优势，吸引客户租用梅园，是创收和维持梅苑可持续运营的一种可行渠道。如出租房屋或场地、举办会议或展览；为用户举办招待会（会议晚宴、节庆招待酒会）；为影视作品拍摄提供外景地等。

（6）利用青山绿水红花的环境优势，依托山地走势，设置梅林种植体验活动，让人们穿行其中，零距离接触生态大自然，开展养生推广活动，助力养生产业的形成。

五、生态示范与科普基地建设

创造湿地共生系统，延伸科普旅游价值。引汉济渭公司建设具有鱼菜湿地共生系统，零污染排放的黄金峡水库鱼类增殖放流站，延伸科普旅游价值。截至 2020 年，已经逐步在引汉济渭受水区以参股或投资净水厂、污水处理厂的建设和运维；与央企合资开发受水区市场。鱼类增殖站中养殖了 12 种鱼，其中有 8 种濒危种类，站中种植 147 种植物，使用无土栽培，与鱼类共生。在此基础上打造"鱼乐苑"营地，设置专业鱼类科普教育和现场学习体验的鱼类主题活动，寓教于乐，让广大群众特别是青少年儿童从中了解更多的鱼类专业知识，了解鱼类增殖放流的重要性。同时配建包括鱼类纪念品售卖、鱼主题餐厅、娱乐活动场地、帐篷露营场地等，使游人可以在这里充分地学习和体验鱼文化，形成集科普教育、休闲娱乐、郊野露营于一体的主题营地。

图 5-12　黄金峡鱼类增殖站鸟瞰图

六、优质水源利用与产品开发

1. 山泉资源精准开发

引汉济渭公司子午水厂以土地资源储备为目的，综合开发水资源产业。资源资产的储备增长，有利于充实企业核心竞争力；有助于企业防范化解经营风险，实现环境保护、经济发展与社会责任履行的综合效益提升；山泉水产品的开发，有利于提升水产品附加值，在引汉济渭主体工程通水前，让关中人民提早享受优质水源品质，有利于工程通水后尽快提升供水量。有助于实现"小水带动大水"，宣传彰显引汉济渭良好水源水质和企业形象，助力引汉济渭公司高质量集团化发展。

子午水厂利用自然的馈赠因地制宜，合理地开发与利用资源，并助力"绿水青山就是金山银山"的发展理念，从山野入城市，由自然资源变成消费产品。"子午精粹，玉露天成"，源于秦岭深处的山泉，是得天独厚的生态水资源，一座水厂拔地而起，通过精细生产，一瓶瓶山泉水将"一江清水送关中"，让天然、甘爽、清冽、优质的山泉水走进千家万户，为大众带去健康与安全。

2. 面向市场精准销售

为了更好地服务于广大消费者，满足不同客户体验需求，子午水厂采用定制水销售模式，"子午玉露"系列产品定制水主要供应大型政企客户和团体客户，根据不同客户需求实现精准销售。子午水厂也一直致力于新品的开发与研究，可为市场提供330毫升、500毫升、4升、11.3升、18.9升五种规格的产品，按产品可分为瓶装水和桶装水两种；按销售渠道可分为：流通产品用水（330毫升、500毫升、4升），家庭及办公用水（11.3升、18.9升）。因此销售计划将从这两个销售渠道进行规划，即销售分为流通和家庭办公用水两种销售模式同时进行推进。"子午玉露"瓶装水主要针对大众消费群体，根据市场细分，主要在重点（A类）、次重（B类）、中等（C类）卖场和连锁店进行产品销售，同时开辟特殊通道主要在KTV、加油站等进行产品销售。4升和18.9升主要针对社区、办公场所进行产品销售。子午水厂始终以客户为导向，以优质服务客户为宗旨，后续会逐步推出中、低、高端等多种产品，也会根据市场反馈，加速新品的研发与推广。

图5-13　子午玉露产品展示图

3. 努力打造著名商标

子午水厂通过几年的发展与积累，现已走在了安康市包装饮用水行业的前列，成为业界学习的典范。2018 年，宁陕开发公司子午水厂通过省国资委文明单位验收。2019 年 4 月 28 日，子午水厂荣获"陕西省工人先锋号"荣誉称号。2020 年 4 月 26 日，子午水厂在宁陕县 20 多家企业中脱颖而出，荣获"安康市食品安全示范企业"。为"子午玉露"包装饮用水产品进一步拓宽销售渠道，提升产品销量以及产品知名度奠定了坚实的基础。现产品销售正在向全国市场迈进，子午玉露产品已成为陕西省水利系统、国资委系统专供产品，并在中央办公厅驻宁陕扶贫组及宁陕县政府、县经贸局的引荐推介下，产品还销售到中央办公机构等单位。同时公司在产品广告的投入也在不断加大，广告投放于西安交通广播、西安地铁 3 号线语音报站、渭南体育场、丝路旅游博览会、杨凌马拉松赛场及西安各小区等。这些举措提升了子午玉露产品知名度，提高了市场竞争力，为成为陕西省著名企业而奠定了坚实基础。

子午水厂与时俱进，坚持"互联网+"销售模式。2020 年 4 月，"子午玉露"上线国家"扶贫 832"网络销售平台，同时与中华供销总社惠农服务（集团）公司建立合作关系。同年 7 月，入驻"省工会消费扶贫采购平台"。9 月 25 日，入选第六批全国扶贫产品目录。12 月 21 日，成功注册"宁陕山珍"电商销售平台。通过线上线下推广销售，"子午玉露"系列产品已在国资系统及水利系统建立了良好口碑和知名度，产品营销渠道日趋健全，市场基础建设逐步完善。

七、其他工程资源的创新应用

1. 精准策划加油站项目

三河口加油站项目毗邻引汉济渭三河口水利枢纽工程及西汉高速大河坝收费站，属于引汉济渭工程配套项目。按照大型水利工程建设要求，在工程周边配套建立加油站，以保障工程建设和运行所需。引汉济渭工程施工机械设备与车辆的柴油汽油用量需求非常大，且工程封闭施工管理，为保证油品供应和油品质量，需建立自有配套加油站。同时，该地区方圆 8 千米内未建有加油站，当地社会车辆加油十分不便。因此，本着为引汉济渭工程建设提供便利、为当地解决实际困难、同时提供就业岗位、带动区域经济发展的目的，由宁陕引汉济渭开发有限公司投资建设了三河口加油站项目，油品均由延长石油公司提供。该项目的建成，不仅保障了引汉济渭工程所需用油供给和油品质量，同时面向社会自主经营，促进经营企业资本增值，实现企业稳步发展。

加油站项目位于陕西省安康市宁陕县梅子镇，该加油站设在宁陕县西汉高速引线的南侧。西汉高速引线是人际往来和经济流通的主动脉。该项目东面为民宅、西面为汽修厂、北面为西汉高速引线、南侧为汶水河，地理位置优越。自西汉高速开通以来，车流量增长迅速。预计该加油站附近主要车流量为大型车35%，中型车35%，小型车30%，车流还会逐年随着城市经济发展递增。该项目的位置处于交通要道上，有助于加油网点建设，项目计划投资200万元，改善安康市宁陕县良好的投资环境。该加油站的建立给过往的司机带来了便利，又能增加就业岗位，带动周围许多行业的发展，营造一个良好的生态环境。优越的地理位置是加油站建设的必要而充分条件，发达的石油网络是加油站建设的必备条件，雄厚的经济实力是加油站建设的经济支柱。因此，该项目的建设是非常及时也是非常必要的。项目实施后，将进一步扩大成品油销量，提高经济效益。该加油站建设等级为三级加油站，主要包含直埋地下卧式汽油罐1个，容积为30立方米；柴油罐2个，容积为50立方米，总储量为80立方米。罐区设在站区东南部，加油站区设在站区中部，设双枪税控加油机3台。

2. 精准策划接待中心项目

项目位于佛坪县大河坝镇承山梁，原为引汉济渭公司分公司宿舍所在地。该地段山形南北狭长，北面临河，自然环境优美，邻近京昆高速大河坝收费站出口处，交通便利，地理位置优越。根据《水利部关于进一步做好水利风景区工作的若干意见》（水综合〔2013〕455号），以及《陕西省人民政府办公厅关于加快推进水利风景区建设的意见》（陕政办发〔2016〕70号），"加快以生态修复为主的景区建设。结合引汉济渭、东庄水库等骨干水源工程，加快水利风景区建设"。"水利风景区建设将与工程同规划、同设计、同建设、同运行"等文件精神，本着建一处水利工程，多一处水利风景区的发展理念，由佛坪引汉济渭开发有限公司投资建设。项目建成后，一方面完善了水利风景区的基础配套，另一方面为当地提供了稳定的就业岗位，促进了当地贫困群众稳定增收，提升了地方区域经济发展的活力。

接待中心项目所在地为汉中市佛坪县及安康市宁陕县交界处，连接汉中、安康两线优质旅游资源，每逢夏季游客络绎不绝，尤其是每年 8~10 月游客酒店经常性地爆满，当地接待承载力不足以支撑优质旅游资源带来的大量留宿游客。2017 年，陕西省旅游行业把融合发展作为根本路径，创建全国休闲农业和乡村旅游示范县（区）10 个，31 个文化旅游名镇建设完成投资 41.23 亿元。乡村旅游接待游客 2.02 亿人次，旅游收入 275.6 亿元，同比分别增长 17.95% 和 31.1%。据公司相关人员调查，佛坪县有各类中小型规模酒店、招待所 18 所，宁陕县有 15 所，可提供简易住宿环境的农家乐不计其数。其中，最高档次酒店评级不足三星，接待硬件远远落后于省内同等次县市。两地优质旅游资源开发日新月异，且粗具规模，佛坪高铁站已于 2017 年启用通车，交通便利度日益提升。佛坪县熊猫谷、宁陕筒车湾漂流、上坝河森林公园等优质旅游项目的建设并未配套较强接待能力、较高接待档次的住宿场所。随着国民消费水平的提升，广大人民群众对美好生活的追求日益迫切，消费能力同步增长，故而建设一所具有一定档次的、具有较强接待能力、兼具多项综合功能的接待中心，对两线旅游资源的链接带动、对往来游客的服务提升、对陕南优质旅游产业的形象塑造迫在眉睫。

引汉济渭佛坪开发公司拟开发项目为引汉济渭大河坝接待中心项目，规划用地面积约 94008 平方米；总建筑面积为 16321 平方米。其中，一号楼建筑面积为 10627 平方米，二号楼建筑面积为 5697 平方米，建筑结构均为

图 5-14　子午汉风酒店鸟瞰图

框架结构，地面三层、地下一层。其中 1 号楼由服务大堂、大型宴会厅、大型多功能会议室、客房等功能组成；与之相对的接待中心 2 号楼全部为客房。客房共计 120 余间，可同时满足 300 余人的日常接待。

接待中心的建筑设计巧妙地融合了当地巴蜀民居特色及建筑文化。建筑主体呈三段式，采用坡屋顶的建筑造型，通过对当地传统民居悬山屋顶的提炼及现代化处理，使建筑更好地融入当地环境，体现当地特色；在坡屋面挑檐的设计中，沿用了巴蜀民居中坡屋檐下面的支撑木构架，并且对木构架的造型进行优化设计，增加了垂花的造型。将屋檐下的架构与木柱子相结合设计，在造型样式上还原古代巴蜀民居屋檐下穿斗式的木构；在建筑的一些细节处理上，运用中式符号元素，体现接待中心的中式风格与中式文化。

3. 精准策划子午谷红酒文化庄园

引汉济渭工程秦岭输水隧洞全长 98.26 千米，共计有 14 条施工支洞。支洞的用途是为主洞施工通风、出渣，主洞施工完成投入运行之后，一部分支洞作为施工检修洞，另一部分将废弃封堵。为有效利用引汉济渭工程废弃施工支洞，打造引汉济渭水利风景区特色文化旅游项目，宁陕引汉济渭开发有限公司策划了子午谷酒文化体验中心项目，将废弃的施工支洞改建成酒类存储场所。洞内常年恒温，湿度适宜，空气中微生物种类丰富，是藏酒品酒、开发特色文化旅游的绝佳场所。该项目投资少，不占地，不影响生态环境，同时还将为引汉济渭移民脱贫致富提供就业岗位。

子午谷酒文化体验中心项目为引汉济渭子午文化特色旅游项目，位于自然条件优越、风景雄壮秀丽的秦岭腹地，紧邻大河坝水利风景区。距离西汉高速宁陕出口 2 千米，具有良好的区位和交通优势。项目依山而建，在建筑上以极具浪漫主义色彩的欧洲中世纪哥特式风格打造，法式花园广场、雕花廊柱、尖形拱门、文化走廊、酿酒体验、法式私人储藏场所、酒器收藏陈列馆、品酒鉴赏吧等游览景点，将建筑点缀在自然中，讲求心灵的自然回归，给人一种扑面而来的浓郁气息。

酒文化体验中心将酿酒、品酒、酒历史文化等融入旅游和科普开发中，打造"果园采摘＋工业观光＋酿造窖藏＋博物馆"之旅。目前，各种农产品的采摘活动在旅游形式中很受游客青睐，针对客户的这种需求，酒文化体验中心在水果成熟的季节，可邀请游客参与水果采摘并亲身经历水果酒酿造整个流程，在旅途结束时，带着自酿的有个性化酒标的水果酒，给亲朋好友带

图5-15　子午谷酒文化体验中心

来一份意外的惊喜。进入酒文化体验中心，游客实地参与水果的采摘，工作人员亲自指导游客采摘水果，讲解水果品种和酿酒的方法技巧。然后进入生产车间，观看水果酒现代工业生产流程。游客在讲解员带领下进入生产车间，实地参观酒文化体验中心工业生产设备，如罐装设备、储藏设备、运输设备等，让游客真正了解到水果酒从水果压榨到罐装成车的全部流程。生产流程参观之后，讲解员可以带领游客参观储酒场所，通过讲解帮助游客了解水果酒储存的方法和技巧，让旅游者亲身体会到优质水果酒是如何酿成的，到底什么样的条件可以储存如此优质的水果酒。同时，进行各种品牌、不同年代水果酒样品的展览与品尝等。在体验区，鼓励游客亲手灌酒、压塞、烤胶帽、设计酒标酿造属于自己的水果酒。游客独立完成全套酿酒工艺，在酿造过程中鼓励游客对酿造方法和技术进行大胆创新，最大限度地提高游客的参与度。同时酒文化体验中心可以为游客免费提供水果酒旅游护照，方便游客到各酒小镇、酒厂、酒庄参观。鼓励游客参观更多的景点，最终不同景点通关打卡的次数累计积分可用来兑换酒文化体验中心提供的各种与酒旅游相关的小礼品，同时对游客的下次光顾给予一定折扣的优惠。最后，参观酒文化博物馆，了解酒文化历史，了解世界知名酒品种，购买自己中意的各类酒。

利用输水隧洞支洞开发洞藏储酒场所，利用山区独特的地理优势、天然的环境温度建成洞藏基地。洞藏基地依靠山区绝无仅有、得天独厚的自然优势，其独特的岩石材质，更利于微生物的生存与繁殖，造就酒香味协调、酒体醇厚、绵甜柔顺、回味悠长的特点。

第七节
参建企业管理方式创新

公司坚持按照"水利工程补短板、水利行业强监管"的水利改革发展总基调，高度重视参建单位管理工作，坚持管理与服务并行，以关键环节与重要节点为抓手，多措并举，紧紧围绕精准管理，强化质量意识，全力推进各项建设管理工作。

1. 创新现场管理方式

（1）加强诚信管理。做好设计、监理、施工单位信用信息评价，对在工程建设中存在失信行为的单位建立内部台账，在公司内网予以曝光，将信用评价结果充分运用在招投标、评优评先工作中；对存在较重失信行为单位上报行业主管部门在水利监管平台予以通报。

（2）推行表格化管理。公司部门、分（子）公司全面推行工作表格化管理模式，将各项工作做到周量化、日量化，并责任到人，有效推动各项工作的认真落实。

2. 完善科技创新体系

依托引汉济渭院士专家工作站和博士后创新基地，不断完善创新体系，利用互联网、大数据和信息化手段，加快"智慧引汉济渭"建设，为工程建设和公司发展提供科技支撑和保障；聘请王浩院士、张建民院士，进一步增强创新基地的"融智平台"作用；成功应用无人碾压、微震监测等技术，将互联网、大数据等信息技术广泛应用到工程建设中，实现了施工过程可追溯、工程安全质量平稳可控，科技应用走在了全国水利行业前列。

（1）利用高清人脸识别系统。通过加密工区高清人脸识别系统信息采集点，在隧洞内、支洞口及坝面必经道路设置人脸识别系统，对参建单位、分公司及公司在施工现场的人员进行信息采集、统计分析，实现对建设管理人员深入施工现场的精准管控。

（2）充分发挥科技作用。在工程相关检测环节力争实现仪器设备直接获取数据并上传至服务器，尽可能减少人工记录、抄录数据，保证数据的真实性、准确性和及时性。

（3）加强信息化系统应用。参建各方高度重视、积极配合，加强对现有信息化系统的应用。加快开展黄金峡施工信息管控平台建设；整合三河口信息化"1＋10"建设管理平台、大坝安全监测系统等信息化资源；充分利用秦岭输水隧洞施工管理平台，做到数据及时更新。

（4）加大超前地质预报等新技术应用。持续加大超前地质预报等新技术在秦岭输水隧洞中的应用，保证工程安全，加快施工进度。

（5）加快成果转化。高度重视科技创新，加快成果转化，充分发挥科技引领作用，实现完成一个项目，出一批成果，培养一批人才。

3. 创新移民和环水保工作

公司按照"建设一处水利工程，打造一方水利风景，改善一方生态环境，带动一方经济发展"的建设理念，制定环水保管理制度办法，实现重要敏感区智能传感与无人机巡查全覆盖监测，加强现场飞检巡查力度。对发现问题实行清单管理、限时整改、跟踪销号，对于不按时整改、拒改的单位加大处罚力度，确保整改到位。参建各方齐心协力共同打造生态文明示范工程，筑牢秦岭生态安全屏障。同时，投入大量资金助力脱贫攻坚战，脱贫工作成效显著。

第六章

科技先行，技术创新破难题

引汉济渭工程难度极大，牵涉面广，影响因素多，带来诸多科学技术难题，改写了多项世界工程记录，工程建设面临极大考验。公司自成立以来就坚持科技创新驱动，开展科研联合攻关，积极推进新科技新技术应用，破解了多个世界级难题。本章在分析工程面临多种技术难题基础上，讨论了科技创新整体架构，总结科技创新重要成果，讨论两个科技创新典型案例，并展望科技创新未来规划。

第一节
工程面临技术难题

1. 工程综合难度世界罕见

（1）工程综合难度大。

输水隧洞全长 98.3 千米，为世界第二，隧洞最大埋深达 2012 米，为世界第二，加上施工过程中遇到的一系列难题（如岩爆、涌水等）综合难度为世界罕见。

（2）安全风险空前。

引汉济渭工程存在"三高两强一长"的隧洞特性和安全风险压力。"两强"，即强涌水、强岩爆，突水频繁发生，可喷射十几米；"一长"，即长距离独头掘进施工，超长距离通风、出渣面临技术难题。"三高"即高围岩强度、高石英含量、高温湿。

（3）地质结构复杂。

穿越秦岭主脊的施工段全长约 34 千米，由于受地质地形等条件影响，无法采取传统钻爆法施工，工程引进了两台国际最先进的全断面隧道掘进机（TBM），其中全长 18.3 千米的岭南 TBM 标段更是制约引汉济渭全线贯通的"卡脖子"工程，地质情况是世界上最复杂、最困难的地质之一，岭南部分标段最大的特点就是"硬"，岩石以石英岩和花岗岩为主，强度极大。岭北隧洞开挖的最大困难在于"软"。围岩主要由变砂岩、破碎岩、断层泥砾构成，松散不成结构，塌方成为难题，围岩偏软破碎超越涌水灾害。形成了高围岩强度、高石英含量、高地应力"三高"。

2. 生态环境保护任务重

引汉济渭工程地处中国国家中央公园——秦岭，工程所在区域为南水北调工程重要水源地，同时"十四五"水利改革发展的总体要求提出要加快推进水生态文明建设，而引汉济渭工程体量大，出渣量巨大，隧道出水量最高达 20000 立方米/天，水中含有杂质、油脂油污较多，废水治理时间要求短、水质要求高；滑坡地、水土流失治理生态环境保护任务重，环水保技术难题急需解决。

3. 技术创新平台（基地）欠缺

引汉济渭公司仅靠自身力量很难完成技术攻关，需要汇聚多方力量共同完成，这就要求建立技术创新平台（基地），通过培养、引进一批高水平、高层的技术团队，联合多方技术力量，借助科研项目联合攻关。

4. 行业整体信息化管理水平滞后

水利工程建设普遍存在建设环境偏远、工程周期长、工作环境恶劣、跨地域、流域等特性，使水利行业整体信息化水平相比交通、银行等行业发展滞后，大型水利工程建设中的人员、安全、质量、进度等管理面临严峻挑战，急需技术攻关，建设完整的全流程信息化管理系统。

5. 科技攻关人才急需培养

引汉济渭工程面临的技术难题许多均为国内水利工程建设中首次出现，急需大量科研技术人才联合攻关，才能破解难题。而公司本身科研攻关人才缺乏，需要借助研究院所、高校、企业等机构相关技术力量和技术人才。

科技创新整体架构

一、科技创新总体目标

依托"院士专家工作站"和"博士后创新基地（科研工作站）"等平台，联合相关高校和顶尖科研机构，以创新突破施工关键技术与运行管理模式为核心，开展多项科技攻关，确保工程顺利推进，在项目建成后，能使水量合理调配和资源高效利用。建立健全多元化的科技创新体制机制，加强科研服务体系建设，注重重大科技成果落地生根，不断提升科技创新能力。

到"十四五"末期，面向工程建设需求和行业科技前沿，力争产出一批标志性重大科技成果，跻身同行业领先水平。

二、科技创新组织机构

1. 公司组织机构演化过程

引汉济渭公司科技创新组织机构随着工程项目建设的推进，为充分发挥科技创新引领支撑作用，经历了由"科技创新领导小组—科学技术研究中心—科学技术研究院（科学技术部）—学术委员会"的演进过程，形成了统一领导、联合攻关的科技创新管理体制。

2015年，为了加强科技攻关，在引汉济渭工程建设中更好地运用科技创新成果，成立了"陕西省引汉济渭工程科技创新工作领导小组"，主要负责指导引汉济渭工程建设过程中有关科技创新的工作，包括审定公司科技创新工作规划、年度计划，召开科技创新工作大会、科技工作会议，研究确定重大科技项目以及新技术、新设备的推广和应用，审定公司科技成果报奖，审定引汉济渭工程相关优秀科技论文的评选，督促、检查关于科技创新工作的有关事项等事宜。

2017年，根据工程建设管理需要，加大科技研发力度，实现科技兴企，成立了科学技术研究中心，主要负责制定并实施科技工作的中长期规划，创新科技管理模式，建立健全科技创新体系；储备项目评优、科技创新报奖、专利申请等成果，组织申报相关奖项和专利；统筹管理科技攻关、研发、成果管理及转化工作，促进工程建设顺利推进；组织实施水利技术标准（行业或企业）创建及修订工作；探索和创新科技项目管理模式，省级、国家级联合基金和国家级专项研发计划项目的创建及管理工作，提升项目的整体研究水平，提高引汉济渭在科研领域的影响力；引进和吸收国内外先进技术和成果，广泛开展科技交流与合作。

2018年，为适应新时期新形势下的治水理念，同时为公司多元化、集团化的发展战略提供强大智力支撑，切实提高科技对公司发展的引领和推动作用，成立了"科学技术研究院"，主要负责科技工作制度及科技规划制定、科技研发、科技项目管理、对外科技合作、科技资料整理等工作。

2019年，根据公司发展需要，为加强对引汉济渭工程科技创新工作的指导，为公司科技创新工作提供决策支持，成立"陕西省引汉济渭工程建设有限公司学术委员会"。学术委员会是公司对引汉济渭工程科学技术研究问题进行评议、决策的机构，主要负责引汉济渭工程科技创新工作规划的审定、科研项目立项评审、优秀论文评选和推荐、优秀科研成果评选和推荐报奖等相关工作，以及公司博士后学术成果的审定。

2. 引汉济渭公司产学研科研运行模式

科学技术研究院（科学技术部）坚持"科学管理、服务并重、高效推进，开拓发展"的工作理念，遵循公司统一部署，围绕工程建设和公司发展对科研工作的要求，完善创新体系，健全科研平台，争取科研资金，狠抓项目管理，推进成果转化，强化人才培养，增进社会各界对公司科技兴企的认同。

引汉济渭工程，建立了涵盖引汉济渭公司、高校、参建方企业、研究院所四位一体的产学研运行模式。并依托成立的院士专家工作站、博士后创新基地（现为博士后科研工作站，简称科研工作站或工作站）、科普教育基地、教育实践基地开展科研项目研发，具体如图6-1所示。

三、科技人才培养体系

引汉济渭工程技术难题多，为了开展科研攻关、保证工程进度和质量，引汉济渭公司通过"借智、引智、培智"，建立了以"创新、创造"为目标的科研人才体系，充分发挥创新人才在科技发展中的核心作用。

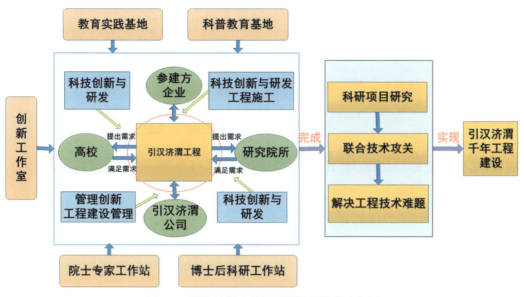

图 6-1　引汉济渭产学研科研运行模式示意图

建立了集科学技术研究院（科学技术部）、院士专家工作站、博士后科研工作站（原博士后创新基地）、创新工作室、高校、参建方企业、教学实习基地、科普教育基地于一体的科研人才培养和支撑体系。

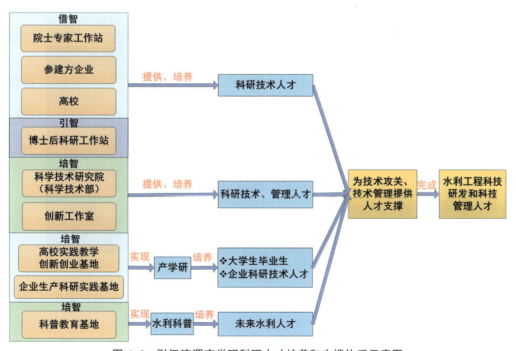

图 6-2　引汉济渭产学研科研人才培养和支撑体系示意图

1. 成立院士专家工作站，攻关工程技术难题

为了推动产学研合作，发挥院士专家的技术引领作用，协助公司解决引汉济渭工程在建设及运营管理工作中存在的技术难题，加快重大科技成果转化，为公司科技创新提供技术支撑，2016年公司获批设立"引汉济渭院士专家工作站"，依托以院士为核心的创新团队，开展引汉济渭工程建设和运营管理的全链条技术研发。2016年7月，中国工程院院士王浩成为工作站首位入站院士；2018年10月，公司与中国科学院陈祖煜院士正式签约，成功邀请陈祖煜院士进入引汉济渭院士专家工作站开展工作；2019年2月，公司继续加大对"引汉济渭院士专家工作站"的投入，与中国工程院张建民院士达成合作协议，成功邀请张建民院士入驻"引汉济渭院士专家工作站"。

"引汉济渭院士专家工作站"坚持公司为主体、需求为导向、项目为载体的建设思路，积极与院士及其领衔的创新团队开展合作研究，为工程的顺利实施提供了强有力的技术指导与智力支撑。院士专家工作站作为公司开展基础研究、培养优秀科技人才、开展高水平学术交流的重要科技创新基地，通过建立公司与院士团队人才培养互动机制，实现了公司科技人员与院士团队成员双向交流，为公司培养企业创新人才、优化人才队伍提供了良好保障。

图6-3　中国科学院陈祖煜院士入驻引汉济渭院士工作站签约仪式现场图

2. 设立博士后创新基地（科研工作站），培养高层次科研人才

引汉济渭公司秉持大国工匠精神，敢为人先，创新理念，以精细化管理为抓手，坚持依托科技支撑，实施"人才第一"理念，稳步推进工程建设和公司发展。2016年8月，经陕人社函〔2016〕623号文批准，公司设立"博士后创新基地"，为深入实施人才强企战略，积极推进产学研结合，加快完善公司科技创新体系平台建设，吸引、培养和造就高水平的科技创新人才，创建一流水利工程领域科研开发和高新技术产业化基地，为推动公司持续快速发展构筑了人才新高地。

为了培养造就高层次科研和管理人才，提高公司科技创新能力，促进科技成果转化，2017年公司相继与清华大学、中国水利水电科学研究院签订了联合招收和培养博士后研究人员的合作协议，借助合作单位雄厚的技术力量和宝贵的教育资源，有针对性地开展科学研究工作，破解工程建设及运行管理中的技术难题，推动引汉济渭工程顺利建设。2020年4月，公司与中国水利水电科学研究院联合招收引进的首位博士后研究人员通过博士后出站考核，顺利出站，为公司设立博士后科研工作站奠定了坚实的基础。2021年1月，经人力资源和社会保障部、全国博士后管理委员会批准，公司成功获批设立国家级博士后科研工作站，为公司进一步加强人才培养和科技创新提供强劲助力。

图6-4 博士后创新基地揭牌仪式现场图

3. 建立创新工作室，发挥先进人物引领示范作用

为进一步弘扬劳模精神、劳动精神、工匠精神，充分发挥先进人物在创新实践中的示范引领和骨干带头作用，加快培养高技能专业人才，高素质

创新人才，助力引汉济渭工程建设关键技术创新，公司成立"李元来劳模创新工作室"和"孟晨创新工作室"。

（1）李元来劳模创新工作室。

目标：李元来劳模创新工作室于2019年7月开始筹办，2020年1月9日正式挂牌成立（见图6-5），工作室由"全国劳动模范"、引汉济渭公司黄金峡分公司副经理李元来领衔创建，并担任工作室主任，挂靠于黄金峡分公司。工作室围绕引汉济渭工程建设中面临的关键技术和难题设立创新项目，开展技术攻关、技术研究、技术推广，弘扬劳动精神，培育劳动创造精神，营造劳动光荣、奉献光荣的良好氛围。

图6-5　李元来劳模创新工作室挂牌成立

获得成果：工作室始终发挥劳模自身优势，树好劳模先进品牌，带领团队开展水利工程相关技术创新、课题攻关。依托引汉济渭工程建设，申报的1项实用新型专利"一种棒磨机及碾压砂制备系统"已获国家专利局授权，申报的1项发明专利"一种棒磨机、碾压砂制备系统及方法"国家专利局正在实质审查。

机制：工作室建立"传帮带"制度。结对师徒共同制定季度及年度培养目标和培养计划，持续开展"工地课堂"，将教学活动深入到工地一线，通过"面对面指导""手把手教学"，让理论和实践"零距离"。师徒共同动脑筋、想办法，带着问题学习和探讨，攻坚克难，共同成长，从而不断提高工作室成员创新能力，加快青年员工的成长和培养速度，以满足工程现场建设管理需要。

（2）孟晨创新工作室。

目标："孟晨创新工作室"致力于学习国际顶尖高科技技术，并将其灵活应用到工程建设。一方面开展无人机在引汉济渭工区的巡查、测绘、救援和直播等应用研究；另一方面开展 VR、AR 等视觉技术研究，将引汉济渭工程更加新颖、生动、直观、全面地展现出来。

获得成果：工作室自成立以来，一举拿下陕西省五"首"：拍摄制作陕西省首部 VR 全景工程介绍片；实现陕西省首次 4G 实时 VR 全景直播；实现陕西省首次 4G 实时无人机航拍直播；实现陕西省内首次无人机防汛救援演练；拍摄制作陕西省首部 VR 航拍纪实片。此外，工作室自主研发的"一种自动升降的话筒支架及控制话筒支架自动升降的方法"，可根据使用者身高自动调整话筒支架高度，整个升降过程自动完成，无须管理人员手动操作，在确保秩序的同时使用更加方便，被授予"金翅奖·中国科技创新优秀发明成果"殊荣。2017 年，引汉济渭孟晨创新工作室荣获"陕西省示范性职工（劳模）创新工作室"称号（见图 6-6）。

图 6-6　荣获"陕西省示范性职工（劳模）创新工作室"称号

4. 建设校政企教学实习基地，支撑水利工程后备人才培养

引汉济渭工程是陕西有史以来最大的调水工程，综合难度世界罕见，

不仅是一项伟大的水利工程，更是一本鲜活的"水利工程教科书"，同时也是水利教育实践的重要载体。引汉济渭公司自成立以来，高度重视水情教育工作，先后与多所高校联合开展了形式新颖的水利科普活动，引起了社会各界的强烈反响，为校外实践教学基地落户引汉济渭奠定了坚实基础。

先后与长江水利委员会长江科学院和水利部岩土力学与工程重点实验室、中国水利水电科学研究院、西北农林科技大学、西安理工大学、中铁十七局、清华大学 7 家单位成立了 6 个创新创业实践教育基地，实现产学研有机结合，为工程技术创新和高校人才培养提供助力。

（1）深埋软岩大变形综合科研基地。

2016 年，长江水利委员会长江科学院水利部岩土力学与工程重点实验室在引汉济渭工程秦岭超长深埋隧洞出口段建立的"深埋软岩大变形综合科研基地"，依托国家自然科学基金重点项目"调水工程深埋输水隧洞围岩时效大变形孕灾机理及安全控制"和陕西省科研专项"引汉济渭工程秦岭超长深埋隧洞高地应力软岩变形及防治技术研究"，围绕深埋长隧洞高应力软岩大变形机理及控制技术等相关科学问题，分别针对 TBM 施工和钻爆施工方法，系统性地开展现场围岩变形与支护结构监测、室内试验、地应力分析、物探检测、本构模型研究、数值模拟及支护论证等综合研究，为工程顺利施工和安全运行提供了技术保障，同时也为国家重点研发计划项目"长距离调水工程建设与安全运行集成研究及应用"课题二——"大埋深隧洞围岩大变形及岩爆预测与防控技术"研究的顺利开展和成果应用提供了工程示范。

图 6-7　工程生产实践基地

（2）中国水利水电科学研究院研究生校外实践教学基地。

2017 年 12 月，中国水利水电科学研究院研究生校外实践教学基地在引汉济渭公司揭牌成立。中国水科院研究生引汉济渭校外实践教学基地是水利教育的第二课堂，对双方合作交流创造了更为便利的条件，对水利人才培养产生了积极的影响，为引汉济渭早日建成通水、运营管理和长距离跨流域水资源优化调度提供了科技支撑和智力保障。

图 6-8　研究生校外实践教学基地揭牌仪式现场图

（3）西北农林科技大学-陕西省引汉济渭工程建设有限公司实践教学基地。

2017 年 12 月，西北农林科技大学实践教学基地在引汉济渭公司金池分公司揭牌成立。西北农林科技大学"陕西省引汉济渭工程建设有限公司实践教学基地"的建成，为工程与课堂理论之间搭起一个教学科研、实践育人的平台，进一步深化了产学研有机结合，加深双方在科技创新、人才开发、实践教学及水利学生就业等领域的合作，促进西农与引汉济渭公司校企之间的融合发展，实现互利共赢。

（4）钻爆法超长距离独头掘进示范性隧洞工程生产实践基地。

2018 年 4 月，"中铁十七局钻爆法超长距离独头掘进示范性隧洞工程生产实践基地"在省引汉济渭公司金池分公司揭牌成立。依托引汉济渭工程建立钻爆法超长距离独头掘进示范性隧洞工程生产实践基地，对持续深入推进

图 6-9　实践教学基地签约仪式现场图

超长隧洞标准化作业，攻克超长大隧洞的特殊地质、困难条件下施工等世界性难题起到技术支撑和科学保障作用。依托生产实践基地建设，在工程实践与理论知识之间架起一个教学科研、实践育人的平台，进一步深化产学研有机结合，加深双方在科技创新、人才开发、实践教学等领域的合作交流，实现互利共赢。

图 6-10　工程生产实践基地揭牌仪式

（5）西安理工大学–陕西省引汉济渭工程建设有限公司创新创业实践教育基地。

2018年6月，公司与西安理工大学联合申报的《西安理工大学–陕西省引汉济渭工程建设有限公司创新创业实践教育基地》获批陕西省大学生校外创新创业教育实践基地建设项目。该项目旨在通过校外创新创业实践教育基地建设，推进高校与政府、社会、行业企业协同育人，促进产学研用紧密结合，探索形成特色的创新创业实践教育人才培养体系。校外创新创业教育实践基地建设项目的获批将有效推进创新创业教育，向社会各界宣传引汉济渭。同时，达到产、学、研有机结合，通过共同打造水利创新型创业平台，为陕西水利教育实践做出贡献。

图6–11　水电站人才培训签约仪式

（6）清华大学水利水电工程系引汉济渭生产实习基地建设。

2021年7月7日，清华大学水利水电工程系生产实习基地签约仪式在陕西省引汉济渭工程建设有限公司举行。双方以校企合作共建水利工程专业生产实习基地为基础，高度重视校企科技创新和人才培育合作，实习基地建设为今后双方在科研创新、人才培养等广泛领域密切合作打下了坚实基础。双方希望通过进一步推动产学研平台建设和加强水文化交流等，实现优势互补、资源共享、共同发展的目的。

图 6-12　清华大学水利水电工程系引汉济渭生产实习基地签约暨揭牌仪式

科技创新成绩显著

　　截至 2020 年 10 月底，公司先后承担或参与各类科研项目共计 90 余项，累计获批立项各类科技计划项目 51 项，其中参与国家重点研发计划子课题 6 项，水利部公益性行业专项 1 项，陕西省科技统筹创新工程项目 1 项，分 3 个子课题，省级水利科技项目 18 项。依托引汉济渭工程申请受理专利 98 项，已授权 64 项公司作为专利权人，申请 27 项，已授权 8 项，登记软件著作权 13 项，其中，在"十三五"期间，申请受理专利 29 项，其中已授权 10 项，取得软件著作权 5 项。出版专著 2 部，颁布工法 13 项，主持编写陕西省地方标准 2 项，参与水利行业规范编制 1 项。依托引汉济渭工程累计发表论文 500 余篇。

一、科研管理实现全流程精细化

　　1. 项目立项管理助推高水平科研项目立项

　　根据工程建设进展及遇到的技术难题，及时联合相关高校、科研院所一是申请水利部、科技部、陕西省科技厅、陕西省水利厅等各类科技计划项目。二是委托相关设计院、科研院所开展企业自立课题研究。三是联合陕西省科技厅，设立"陕西省自然科学基金–引汉济渭联合基金"，每年投入总额 1000 万元。联合基金的实施有效促进了基础研究、应用研究与产业化对接融通，对公司科研引智聚力，完善创新体系，推进成果转化，构筑科技创新人才高地，增强企业自主创新能力。四是为进一步培养、锻炼公司职工，解决实际生产和管理中的问题，每年出资 200 万元，设立"引汉济渭创新基金项目"。

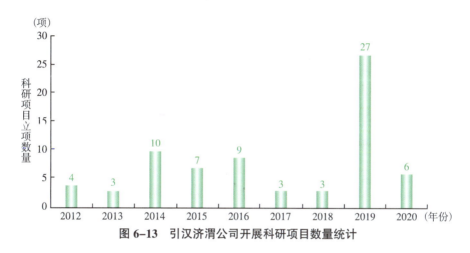

图 6-13　引汉济渭公司开展科研项目数量统计

表 6-1　部分获批项目

序号	项目名称	立项时间	批准单位	承担单位
1	大埋深隧洞岩体工程特性测试技术与综合评价方法	2016 年	国家重点研发计划项目——长距离调水工程建设与安全运行集成研究及应用	水利部水利水电规划设计总院、引汉济渭公司等
2	大埋深隧洞围岩大变形及岩爆预测与防控技术			长江水利委员会长江科学院、引汉济渭公司等
3	大埋深隧洞围岩–支护体系协同承载机理与全寿命设计理论及方法			长江勘测规划设计研究有限责任公司、引汉济渭公司等
4	高压水害等不良地质条件下深埋长隧洞施工灾害处置和成套技术研究			水利部水利水电规划设计总院、引汉济渭公司等
5	大埋深长距离隧洞建设智能仿真与建设信息集成技术			天津大学、引汉济渭公司等
6	长距离调水工程闸泵阀系统关键设备与安全运行集成研究及应用			中国水利水电科学研究院、引汉济渭公司等
7	引汉济渭跨流域调水水库群联合调度研究	2015 年	水利部公益性行业专项	西安理工大学、引汉济渭公司、珠江水利科学研究院

续表

序号	项目名称	立项时间	批准单位	承担单位
8	引汉济渭工程安全生产关键技术研究子课题——秦岭超长隧洞涌水、岩爆预测与防治技术研究	2013 年	陕西省科技统筹创新工程计划项目	引汉济渭公司
9	引汉济渭工程安全生产关键技术研究子课题——秦岭超长隧洞施工通风技术研究	2013 年	陕西省科技统筹创新工程计划项目	引汉济渭公司
10	引汉济渭工程安全生产关键技术研究子课题——环境影响与生态安全关键技术研究与示范	2013 年	陕西省科技统筹创新工程计划项目	引汉济渭公司
11	重大引调水工程科普教育与工业旅游融合发展对策研究	2019 年	陕西省科学技术协会、陕西省科学技术厅	引汉济渭公司
12	陕西省引汉济渭工程水资源合理利用和调配的关键问题研究	2012 年	陕西省水利科技项目	引汉济渭公司
13	引汉济渭水资源监控手段及信息化应用模式研究	2012 年	陕西省水利科技项目	引汉济渭公司
14	引汉济渭工程深埋引水隧洞衬砌结构外水压力确定研究	2012 年	陕西省水利科技项目	引汉济渭公司
15	引汉济渭工程碾压混凝土大坝温控防裂与施工质量控制系统研究	2012 年	陕西省水利科技项目	引汉济渭公司
16	引汉济渭工程施工期洪水预警预报	2013 年	陕西省水利科技项目	引汉济渭公司
17	引汉济渭工程运行调度关键技术	2013 年	陕西省水利科技项目	引汉济渭公司
18	陕西省引汉济渭工程建设管理体制及运行机制研究	2013 年	陕西省水利科技项目	引汉济渭公司、西安理工大学
19	引汉济渭工程施工区生态环境监测技术体系研究	2014 年	陕西省水利科技计划项目	引汉济渭公司
20	三河口水利枢纽工程拱坝建基面优化研究	2015 年	陕西省水利科技计划项目	引汉济渭公司
21	引汉济渭水资源监控手段及信息化应用模式研究	2017 年	陕西省水利科技计划项目	引汉济渭公司
22	无人驾驶碾压混凝土筑坝技术研究	2018 年	陕西省水利科技计划项目	引汉济渭公司、清华大学、中国水电四局

2. 项目全过程管理

建立科研项目全过程管理机制，形成了项目规划、立项、执行、验收和成果管理应用等全链条管理模式，始终为工程建设和公司发展服务。编制并印发了《科技项目管理办法》《科研经费管理办法》《引汉济渭公司科技创新基金管理办法》等，从制度层面确定了项目全过程管理机制，具体落实中，实施定期的项目执行情况检查，现场处理执行中存在的问题，检查结果以通报的形式告知承担单位，明确存在问题，整改措施，时间节点等，为项目顺利开展保驾护航。

3. 成果管理及奖励制度完备

印发了《引汉济渭公司关于引汉济渭工程相关知识产权管理的通知》，要求所有参建单位、参研单位严格落实知识产权共享的要求，保障公司权力；参加公司对参建单位的考核，将科技创新纳入参建单位考核，进一步提升工程整体创新意识和能力；编制印发《科技成果奖励管理办法》，树立科研激励导向，激发全员参与创新热情，提升公司科技创新能力和科技成果水平，加快创新型企业建设。相关规制如表 6-2 所示。

表 6-2　引汉济渭公司科研管理规制统计

序号	规制名称	制定时间	规制制定部门	主要内容
1	《科技项目管理办法》	2017 年 11 月（2020年 12 月（修订））	科学技术研究院（科学技术部）	本办法是在遵守公司各项相关制度的原则和总体要求的前提下，对公司科技项目的立项、管理和验收等专项事宜作出具体规定
2	《科研经费管理办法》	2017 年 11 月（2020年 12 月（修订））	科学技术研究院（科学技术部）	本办法是为了规范陕西省引汉济渭工程建设有限公司科研经费的使用和管理，明确相关部门责任，确保科研资金的合规、合理使用
3	《陕西省自然科学基础研究计划企业联合基金项目管理办法（试行)》	2018 年 6 月	陕西省科技厅	本办法明确了设立与管理、项目申请与评审、经费管理、组织实施等内容
4	《陕西省引汉济渭工程建设有限公司博士后创新基地管理办法（试行)》	2018 年 8 月（2021 年 1 月获批博士后科研工作站，正在编制管理办法）	科学技术研究院（科学技术部）	本办法明确了设立博士后创新基地的目的、组织机构与职责、博士后人员的合作方式、博士后人员的进站管理、博士后人员的在站管理、博士后人员的出站管理、博士后人员的经费管理、博士后人员的待遇内容
5	《陕西省引汉济渭工程建设有限公司院士专家工作站管理办法（试行)》	2018 年 8 月	科学技术研究院（科学技术部）	本办法明确了院士专家工作站的组织机构与职责、管理规定、考核、经费管理和研究成果归属及保密规定等内容
6	《科技成果奖励管理办法》	2019 年 12 月	科学技术研究院（科学技术部）	本办法为了提升公司科技创新能力和科技成果水平，加快创新型企业建设。明确了组织机构和管理职能、奖励申报、奖励奖金等具体内容
7	《陕西省引汉济渭工程有限公司关于引汉济渭工程相关知识产权管理的通知》	2020 年 6 月	科学技术研究院（科学技术部）	本通知对知识产权范围即包括（不限于）依托引汉济渭工程所产生的科技论文、专著、专利、软件著作权、工法、规范（标准）等进行了明确规定，并给出了知识产权再申请要求

续表

序号	规制名称	制定时间	规制制定部门	主要内容
8	《引汉济渭公司科技创新基金管理办法》	2020年8月	科学技术研究院（科学技术部）	本办法明确了科技创新基金主要用于支持结合公司战略发展规划和目标、围绕工程建设和公司发展遇到的问题开展的自然科学和社会科学等领域的研究项目；注重支持科技创新与实际应用并重、针对制约性关键技术开展研究的项目。给出了申请与评审、实施与管理、经费管理、结题管理等方面内容

二、实用发明专利申报取得突破

依托引汉济渭工程，自2014年以来，引汉济渭公司、各参建方、研究院所及高校累计申报获批专利78项，其中实用新型专利71项，发明专利7项。目前正在申报专利2项，如图6-14所示。

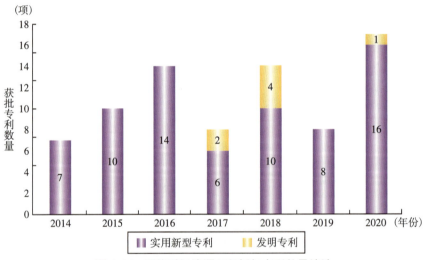

图6-14　围绕引汉济渭工程授权专利数量统计

引汉济渭公司独立、参与申请获批专利13项。2018年，以公司为第一专利权人获得实用新型专利授权3项，实现了公司专利授权的零突破；2019年与吉盛、宏利2家专利代理机构合作，获得实用新型专利授权1项，实现了公司自主撰写申请专利的零突破，2020年以公司为第一专利权人获得实用新型专利8项，发明专利1项，如图6-15所示。专利的详细信息如表6-3所示。

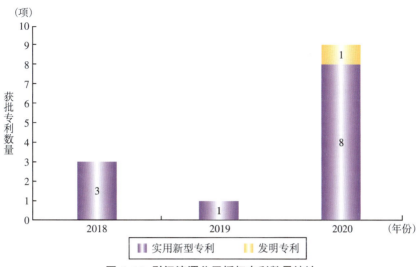

图 6-15　引汉济渭公司授权专利数量统计

表 6-3　授权专利情况

序号	专利名称	获批时间	获批单位	专利类型
1	一种隧道侧壁悬挂全站仪强制对中装置	2018 年 5 月	引汉济渭公司、中铁第一勘察设计院集团有限公司	实用新型
2	一种紧邻隧洞掌子面钢支撑结构的应力监测系统	2018 年 6 月	引汉济渭公司、中铁第一勘察设计院集团有限公司、西安建筑科技大学	实用新型
3	一种观测墩强制对中标志结构	2018 年 9 月	引汉济渭公司、中铁第一勘察设计院集团有限公司	实用新型
4	一种紧邻隧洞开挖掌子面围岩收敛变形监测锚桩	2019 年 7 月	引汉济渭公司、中铁第一勘察设计院集团有限公司、西安建筑科技大学	实用新型
5	一种能避免流体失速的离心泵叶片	2020 年 1 月	引汉济渭公司、浙江富春江水电设备有限公司	实用新型
6	一种基于锚杆用于安装微震监测传感器的装置	2020 年 6 月	引汉济渭公司	实用新型
7	一种水下机器人的固定辅具	2020 年 7 月	引汉济渭公司	实用新型
8	一种自动升降的话筒支架	2020 年 7 月	引汉济渭公司	实用新型
9	一种棒磨机及碾压砂制备系统	2020 年 9 月	引汉济渭公司	实用新型
10	一种桌面话筒	2020 年 11 月	引汉济渭公司	实用新型
11	一种碾压混凝土坝无人驾驶碾压系统	2020 年 11 月	引汉济渭公司	实用新型
12	构网形式隧道平面联系测量的方法	2020 年 11 月	引汉济渭公司、中铁第一勘测设计院集团有限公司	发明
13	一种基于锚杆的锚索张拉安装装置	2020 年 12 月	引汉济渭公司	实用新型

三、高水平学术论文发表持续增加

自 2014 年以来，公司员工发表论文数量呈现逐年上升趋势，从 2014 年的 5 篇增加到 2020 年的 72 篇。

表 6–4　发表论文数量

序号	发表论文数量（篇）	年份
1	5	2014
2	8	2015
3	10	2016
4	37	2017
5	47	2018
6	45	2019
7	72	2020

四、多项科技成果获高层次奖励

引汉济渭公司在科研创新方面获得大禹水利科学技术奖二等奖、中国大坝工程学会科技进步二等奖、陕西省自然科学优秀学术论文等多个高层次科学奖励，具体如表 6–5 所示。

表 6–5　获得科研奖励情况

序号	获奖名称	获奖时间	获批单位
1	孟晨创新工作室荣获"陕西省示范性职工（劳模）创新工作室"	2017 年 10 月	陕西省第四届职工科技节组委会
2	"引汉济渭院士专家工作站"获得 2018 年全国模范院士专家工作站	2018 年 11 月	中国科协企业工作办公室
3	陕西省水利厅关于 2018 年度水利优秀科技论文优秀组织奖	2019 年 4 月	陕西省水利厅
4	《黄金峡水利枢纽三维协同设计与应用》获第二届中国水利水电勘测设计 BIM 应用大赛水利工程 BIM 综合应用类二等奖	2019 年 10 月	国水利水电勘测设计协会
5	《引汉济渭工程调水区水库群调水模式研究》（杜小洲）荣获陕西省自然科学优秀学术论文奖	2020 年 5 月	陕西省人民政府
6	《强震区高拱坝工程微震监测与数值仿真方法》荣获中国大坝工程学会科技进步二等奖	2020 年 12 月	中国大坝工程学会
7	《大型复杂跨流域调水工程预报调配关键技术研究》荣获大禹水利科学技术奖科技进步二等奖	2020 年 12 月	大禹水利科学技术奖奖励工作办公室

五、积极主办承办多个学术会议

引汉济渭公司先后承办、协办中国水利学会 2017 学术年会、全国水利工程建设信息化创新示范活动 2 次，主办第一届"引汉济渭科技节"1 次。

1. 承办中国水利学会 2017 学术年会

2017 年 10 月 19 日，承办主题为"创新驱动，助力水治理体系和能力现代化"的中国水利学会 2017 学术年会。公司党委书记、执行董事杜小洲以"柔性治水硬支撑之引汉济渭工程"为题，从"应用先进技术，打造智能工程""创新安全措施，建立安全体系""注重环保水保，建设生态工程""结合地域文化，同步景观设计"四个方面，向与会专家学者分享了引汉济渭工程精准化管理经验。

图 6-16 中国水利学会 2017 学术年会

2. 主办首届"引汉济渭科技节"

2018 年 11 月，主办首届"引汉济渭科技节"，会议举办了三场高规格的学术报告会、三次技术座谈和四项科普活动。三场高规格学术报告分别为：《精益智能制造》针对企业转型升级讲解了精益管理新理念与数字化互联化等新技术的深度融合；《引汉济渭跨流域复杂水库群联合调度研究》和《秦岭输水隧洞设计重难点及关键技术研究》分别从调度配置、工程建设角度详述了引汉济渭工程面临的难题及所取得的关键成果。还通过科技工作展、优秀论文展、VR展示、无人机直播、科技宣传片展播等系列展览，多视角多维度展现了引汉济渭科技创新的新成果。通过开展此次活动，提升了公司全员科学素养和创新意识，拓宽了知识视野，使科技创新理念深入人心，增强了员工对科技创新成果的获得感，大力助推了工程建设和公司发展。

图6-17　首届"引汉济渭科技节"

3. 承办"第三届全国隧道掘进机工程技术研讨会"

2019年11月30日，承办以"面向重大工程的隧道掘进机挑战与创新"为主题的第三届全国隧道掘进机工程技术研讨会，旨在推动隧道掘进机工程技术的持续创新和快速发展。公司围绕秦岭输水隧洞，分享隧洞掘进施工与防灾减灾的新理念、新技术、新方法，为促进隧道掘进机产业与技术发展贡献了引汉济渭力量。依托本次活动，引汉济渭工程入选"中国水利记忆·TOP10评选"2019有影响力十大水利工程之一。

4. 承办"全国水利工程建设信息化创新示范会"

2019年12月12日，"全国水利工程建设信息化创新示范会"在引汉济渭工程建设现场召开，水利部副部长蒋旭光高度评价："引汉济渭工程是信息化技术应用方面的优秀代表，为水利建设管理领域信息化建设提供了成功的、可借鉴的经验。"中国工程院张建民院士对引汉济渭工程给予了高度肯定："引汉济渭站位高、理念新、创新多、落地实，从设计到施工实现智能化全过程覆盖，在信息化、智能化方面均具有行业示范支撑引领作用。"

图 6-18　第三届全国隧道掘进机工程技术研讨会

图 6-19　全国水利工程建设信息化创新示范会议现场（上）与展示活动现场（下）

5. 承办水利信息化技术（产品）推介会

2020 年 12 月 24 日，承办水利部科技推广中心主办的水利信息化技术（产品）推介会，杜小洲董事长作了题为"坚持需求导向和问题导向打造面向未来的智慧引汉济渭工程"的主题报告和推介交流，重点从超前规划、聚集资源、搭建平台以及创新管理机制等方面详细介绍了公司实施信息化战略引领水利工程建设管理精细化情况。来自全国不同省份水利行业、参加水利信息化技术（产品）推荐会的与会代表走进引汉济渭，现场考察引汉济渭工程水利信息化建设成果及应用。

图 6-20　水利信息化技术（产品）推介会会议现场与展示现场

图 6-20　水利信息化技术（产品）推介会会议现场与展示现场（续）

表 6-6　主办、承办学术议会

序号	会议名称	举办时间	主办、承办单位
1	中国水利学会 2017 学术年会	2017 年 10 月 19 日	引汉济渭公司承办
2	第一届"引汉济渭科技节"	2018 年 11 月 11 日	引汉济渭公司主办
3	第三届全国隧道掘进机工程技术研讨会	2019 年 11 月 30 日	中国岩石力学与工程学会隧道掘进机工程应用分会、地下工程分会主办，山东大学、引汉济渭公司承办
4	全国水利工程建设信息化创新示范活动	2019 年 12 月 12 日	水利部水利工程建设司主办，水利部水利水电规划设计总院和引汉济渭公司承办
5	水利信息化技术（产品）推介会	2020 年 12 月 24 日	水利部科技推广中心主办、引汉济渭公司承办

六、科技创新平台建设日趋完备

引汉济渭公司先后获批院士工作站、博士后创新基地、博士后科技工作站、教育实践基地、科普教育基地 5 类平台（基地）。依托这些平台（基地），完成了多项科研项目，开展了多个科普、实践活动，实现了产学研有效结合，具体如表 6-7 所示。

表 6-7　获批创新平台（基地）情况

序号	平台（基地）名称	平台（基地）类别	获批时间	获批单位
1	引汉济渭院士工作站	院士工作站	2016 年	陕西省技术科学协会
2	陕西省博士后创新基地	省级博士后科研工作站	2017 年	陕西省人力资源和社会保障厅
3	陕西省引汉济渭教育实践基地	高校创新创业与实践教学基地	2017~2021 年	引汉济渭公司、西安理工大学、西北农林科技大学、中国水利水电科学研究院、清华大学
4	陕西省引汉济渭工程科学技术研究院	陕西省科普教育基地	2018 年	陕西省技术科学协会、陕西省科技厅
5	国家级博士后科研工作站	国家级博士后科研工作站	2021 年	国家人力资源和社会保障部、全国博士后管理委员会

七、主持参编技术标准连续获批

参编中国首部《岩石掘进机法水工隧洞工程技术规范》。同时，陕西省市场监督管理局下达了 2019 年第一批陕西省地方标准制修订计划项目，引汉济渭公司申请制订的两项地方标准《长距离水工隧洞控制测量技术规范》和《水工长隧洞施工期通风技术标准》均获批立项，两项标准可填补水工长隧洞在控制测量和施工期通风方面的地方标准空白，具体如表 6-8 所示。

表 6-8　主持、参编标准情况

序号	标准名称	标准级别	获批时间	获批单位
1	《预应力钢筒混凝土管无损检测（电磁法）技术要求》	国家标准（参编）	2017 年	国家标准化管理委员会
2	《预应力钢筒混凝土管光纤在线监测技术要求》	国家标准（参编）	2017 年	国家标准化管理委员会
3	《全断面岩石掘进机法水工隧洞工程技术规范》	行业标准（参编）	2018 年	中华人民共和国水利部
4	《长距离水工隧洞控制测量技术规范》	地方标准（主持）	2019 年	陕西省市场监督管理局
5	《水工长隧洞施工期通风技术标准》	地方标准（主持）	2019 年	陕西省市场监督管理局
6	《供水企业安全生产标准化评审规程》	团体标准	2020 年	中国水利企业协会

第四节

科技创新典型案例

一、完成《无人驾驶碾压混凝土智能筑坝技术研究》

1. 研究背景

引汉济渭调水部分包括黄金峡、三河口两个水利枢纽工程，其中三河口碾压混凝土双曲拱坝是同类型中第二高坝。两个水利枢纽工程都采用相同的碾压混凝土筑坝技术。这种筑坝技术的特点是机械化程度高、施工快速简单、适应性强、工期短、投资省、绿色环保，备受世界坝工界的青睐。

自从碾压混凝土筑坝技术在 20 世纪 80 年代引进中国以来，至今碾压混凝土重力坝与拱坝已修建近两百座，中国坝工界积累了丰富的实践经验，并形成了碾压混凝土设计与施工规范。但在碾压混凝土筑坝实践过程中，也发现普遍存在着碾压遍数不够、搭接漏压、行驶超速、激振力低等现象。这些问题将直接影响碾压混凝土坝的施工质量。另外，在施工机械与质量检测之间也存在着干扰问题，在一定程度上影响了碾压混凝土的施工进度与质量。

为了解决目前碾压混凝土筑坝技术中共性问题，水利信息化是必由之路，是水利工程建设科学化、精细化、规范化的具体体现。目前，利用信息化技术的无人驾驶碾压机施工技术已经在碾压土石坝施工中获得了极大的成功。鉴于碾压混凝土与碾压土石的工艺相似性，探索碾压混凝土筑坝过程中引入无人驾驶碾压技术，并开展相应的工艺优化、质量在线检测等研究工作，对于保证碾压混凝土施工质量，提高大坝的整体性能十分必要。

2. 研究内容

该研究主要包括无人驾驶碾压机通信网建设与调试、碾压机改造与调试、碾压混凝土施工过程模拟与试验。

（1）无人驾驶碾压机通信网络是无人驾驶碾压系统的"生命线"，根据拱坝施工现场条件，设计微波无线通信网络；研究适合碾压机行驶的天线形式与最优波段，设计接收天线最大接收范围，保证覆盖整个施工区域；设计无人驾驶碾压机系统通信协议，开发客户端、服务器端网络应用程序，以及现场调试。

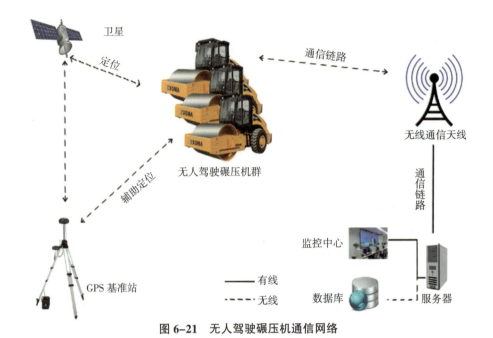

图 6-21 无人驾驶碾压机通信网络

（2）碾压机智能化改造是无人驾驶碾压混凝土的基础，机械碾压设备通过添加伺服电机、GPS、机载计算机等，形成碾压机机—电—液—信一体化智能系统，使碾压机能够感知作业环境，而且能够与作业环境动态协调；开发碾压机无人驾驶作业操作系统，开发碾压机发动机、变量泵等控制子系

图 6-22 智能化无人驾驶碾压机

统的驱动程序，开发碾压机无人驾驶安全保障系统。

（3）碾压混凝土施工过程模拟程序化是无人驾驶碾压作业的关键。现场试验与调试是开发计算机软件程序模拟人工碾压作业参数的过程，应用计算机软件模仿施工机械作业过程、模拟驾驶员操作过程，实现碾压机自动完成指定的碾压任务。提取碾压混凝土施工各环节，设计相应程序模块，形成无人驾驶碾压混凝土施工工法。

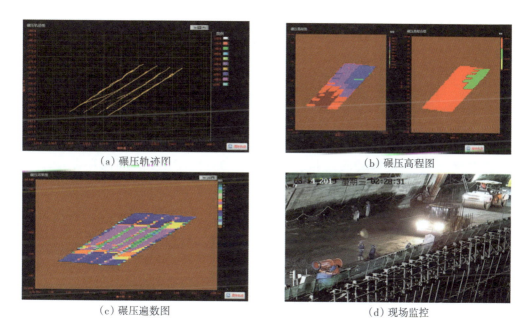

（a）碾压轨迹图　　　　　　　　　　　（b）碾压高程图

（c）碾压遍数图　　　　　　　　　　　（d）现场监控

图 6-23　无人驾驶碾压监控系统

3. 研究创新性

（1）完成了碾压混凝土拱坝曲线碾压路径规划。

由于碾压混凝土拱坝体型、坝轴线的曲线特性，无论模板，还是预埋冷却水管都是曲线布置。因此，碾压混凝土摊铺与碾压自然也需要按平行坝轴曲线方式作业。这要求碾压机在碾压区域规划与路径设计时充分考虑到其曲线复杂性。碾压机按预定曲线路径巡航对碾压机控制软件无论控制精度还是稳定性都提出高要求。而无人驾驶碾压筑坝技术还未在混凝土重力坝与拱坝中得到试验与应用。

（2）设计了碾压仓面预埋件规避方法。

碾压混凝土拱坝不但体型复杂，而且还埋有大量监测仪器预埋件及施工临时设施，这对于碾压混凝土大仓面连续施工不利。对于可以事先设计好

图 6-24　无人驾驶碾压机按照规划路径开展作业场景

预埋件位置，在无人驾驶碾压过程中增加了避障功能。但还存在大量施工过程中临时增加的障碍物，这使无人驾驶碾压作业面临艰巨困难。如何让碾压机能够探测或感知这些障碍物，且能够采取有效措施是需要解决的关键问题。该研究通过设计碾压仓面预埋件规避方法，有效地解决了这一难题。

图 6-25　无人驾驶碾压机工作环境实景

4. 研究成果

一是成功改装 5 台不同厂家、不同型号无人驾驶碾压机。无人驾驶碾压机具备远程唤醒、休眠碾压机；具有 RTK-GPS 高精度定位；能自动检测施工质量；可设定行驶速度，不超速；在指定区域内自主规划碾压作业，不漏压；能按施工规范要求进行不同作业模式变换；具有巡航碾压路径大范围稳定性；具有 7 项安全防范措施。

二是成功将无人驾驶碾压机应用于三河口碾压混凝土拱坝工程。

三是开发碾压机操作系统、调度系统、信息化显示系统 3 套无人驾驶智能碾压软件系统。

四是实现施工质量效验电子报表、回放查询系统。

5. 技术经济效益分析

（1）保证三河口水利枢纽大坝建设质量与进度。

三河口碾压混凝土拱坝采用无人驾驶碾压智能筑坝技术能够严格实现碾压混凝土拱坝碾压施工组织设计方案，严格按照碾压作业参数实施混凝土碾压，避免碾压施工环节出现漏压、超速、激振力低的问题，能够有效地确保三河口水利枢纽大坝建设质量与进度，潜在的经济效益巨大。

（2）提供国内外第一次使用无人驾驶碾压筑坝技术工程样板。

该研究是国内外第一次在碾压混凝土拱坝上使用无人驾驶碾压筑坝技术，这不但能够形成一套碾压混凝土大坝无人驾驶碾压施工方法（工法），而且也能为行业与企业学习与掌握这种新技术提供实际工程示例，尤其是使驾驶员避免了强震、高噪声等恶劣工作环境，具有明显的社会效益。

（3）推广应用前景广阔。

无人驾驶碾压混凝土智能筑坝技术仅改变通常碾压混凝土施工流程的碾压环节：将驾驶员驾驶的碾压机替换为无人驾驶的碾压机，具有使用简单，操作容易，非常适合碾压混凝土重力坝、拱坝的碾压施工作业。该项目研究成果已应用到三河口碾压混凝土拱坝等建设之中，将来还可进一步推广到国内外其他碾压混凝土坝建设中。

另外，公司还与清华大学合作开展了无人驾驶摊铺技术的研究和应用。

无人驾驶碾压与摊铺系统都是基于高精度 GPS 实现车辆在施工场地的定位与导航，利用微波通信方式建立起覆盖整个现场的施工控制网络，同时还在车辆上加装一系列的传感器来实现车辆对周围环境和自身状态的感知。

无人驾驶智能筑坝技术使水利工程建设由以往劳动密集型行业，转化为知识型的高技术行业，不但有利于提高混凝土碾压质量，而且明显提高了碾压混凝土筑坝效率。

二、主持省级技术标准《水工隧洞施工通风技术规范》

1. 标准起草背景

水工隧洞施工通风作为隧洞规划、施工阶段一个重要的因素，备受关注。长大隧洞的施工通风方案将直接影响工程的前期规划和实施中的工作环境质量。因此，制定隧洞施工通风的统一标准极为重要。

引汉济渭秦岭隧洞（岭脊段）的各工区受控因素多，施工通风距离长。钻爆法施工段独头通风最长距离分别为：无轨斜井工区 7.5 千米，无轨主洞工区 6493 米。TBM 施工段已完成独头通风最长 15.3 千米，计划独头通风最长 16.6 千米。无论是钻爆法，还是 TBM 法，上述通风距离均远超现有的工程实践，另外，隧洞施工中针对 TBM 法的瓦斯处理等亦鲜有工程实例可借鉴。依托引汉济渭工程开展了《秦岭超长隧洞施工通风技术研究》，解决了隧洞施工通风问题，形成了一套施工通风技术体系。

为便于隧洞工程特别是特长隧洞工程的前期规划，保障隧洞施工期的洞内环境，规范陕西省境内水工隧洞的施工通风作业。在总结已建隧洞（道）工程施工通风经验的基础上，借鉴引汉济渭工程秦岭超长隧洞施工通风技术研究，特制定《水工隧洞施工通风技术规范》。

2. 标准依托科研项目实施情况

该标准科研支撑项目为 2013 陕西省科技统筹创新工程计划项目《引汉济渭工程安全生产关键技术研究》（陕西省引汉济渭工程建设有限公司为总牵头单位）子课题（二）——《秦岭超长隧洞施工通风技术研究》（2013KTZB 03-01-02）。

（1）研究成果。

1）通过现场测试，探明了长距离施工隧洞的洞内环境特征。

通过测试，得出对于 TBM 施工隧洞，掌子面附近温度较高；掌子面附近相对湿度超过 82%，空气含湿量增大；施作喷射混凝土时，隧洞内的粉尘浓度较高，主要集中在掌子面至施作仰拱、二衬断面处；一氧化碳浓度最高的时段为出渣阶段，一氧化碳的分布范围较广。

2）获得了初始风量、风管形态等对风管漏风率的影响规律，建立了长距离隧洞施工的风管漏风率计算方法，制定了长距离隧洞施工通风方案，一是探明了初始风量、风管弯曲角度对风管漏风率的影响规律。得出室内原型

图 6-26　初始风量、风管弯角度对风管漏风率影响测试

不同风道设置类型	
风道类型	风道设置方案
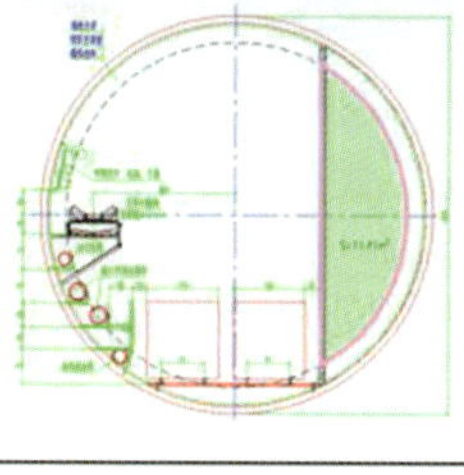	普通砖砌体建设风道
	石膏板隔墙
	现浇钢筋混凝土隔墙
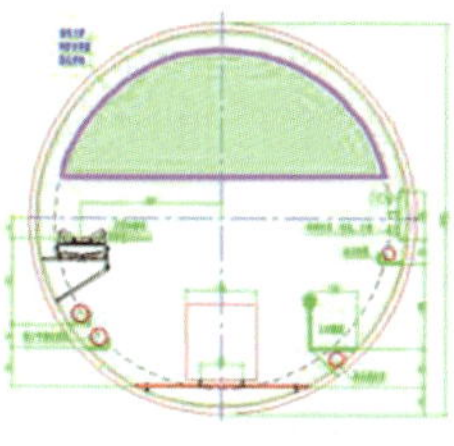	型钢＋钢板吊顶
	采用型钢＋钢龙骨＋板材＋PVC板吊顶

图 6-27　不同风道设置方案对比

试验测试表明，初始风量越大漏风率越小。二是对风道、风管类型进行了比选。

3）得到了不同通风方式的基本参数、存在问题及适用条件。

一是首次对长距离隧洞施工通风的接力式风仓进行了详细的理论研究。接力式风仓起到"中间接力"的作用，以弥补由于沿程阻力和局部阻力产生的压力损失；通过增加供风量，以弥补由于风管漏风导致的供风量损失，起到"积蓄风流"的效果；对于斜井与主洞交界处，利用压入式风机的正压和接力风机的负压作用，使风流顺利转向，以减少急剧转弯产生较大的涡流。进而导致较大的压力损失和风量损失；接力式风仓有利于在较小风量损失和压力损失的情况下，由一个方向向多个方向分流。

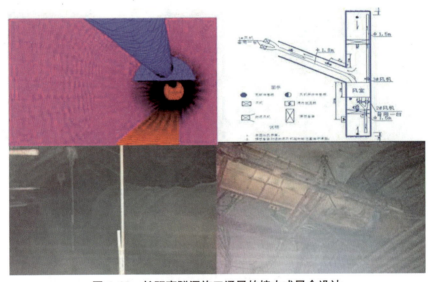

图 6-28　长距离隧洞施工通风的接力式风仓设计

二是提出了混合式通风方案。得出压入、吸出风机间隔越远，影响越小，风机间风速也越小，此时污风回流最少；当风机间隔大于 200 米后，已基本无回流情况。

4）解决了秦岭隧洞施工长距离通风方案、施工通风及环境监测方法等工程技术难题，使各工作面施工环境满足要求。

设计了隧洞温度预测方法和隧洞内粉尘粒径分布计算方法，制定了相关的降温除尘措施。定制岗位空调，以降低分散作业点处的温度，

在 TBM 检修时，采用冰制冷，以便于隧洞内施工人员的检修作业。掌

子面采用喷水掘进，传送带在 TBM 段设置除尘罩，设置除尘风机。

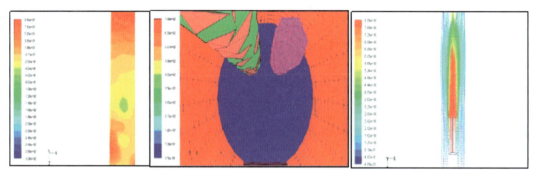

图 6-29　混合式通风方案工作数据分析

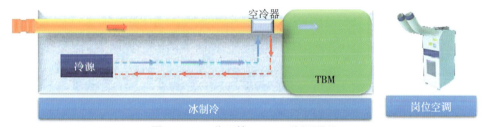

图 6-30　工作环境、TBM 降温原理

图 6-31　工作环境除尘实景

（2）成果主要创新点。

一是在理论推导与工程实践相结合的基础上，提出了水工隧洞施工长距离通风方式和 TBM 法、钻爆法施工环境的控制标准，还提出了隧洞降温、除尘的主要方案、相关计算、测试方法和施工设备。

二是提出了长距离隧洞通风接力式风仓的尺寸设计方法。

三是通过大量资料调研、数值模拟、现场测试等研究方法，对隧洞内的温度分布规律进行了研究，并提出了人工制冷措施及制冷设备。

四是确定了施工期隧洞内的粉尘满足双 R 分布函数分布规律。

五是推导了仅采用加大通风量降温隧洞长度适用公式。

六是对隧洞施工通风的环境测试、风管性能测试、通风效果测试、隔板风道测试等现场测试内容作出了明确的规定。

七是解决了长管路漏风率和风压损失等技术难题。

3. 标准起草组织

该规范由陕西省引汉济渭工程建设有限公司、中铁第一勘察设计院集团有限公司和西南交通大学组成规范编制组。编制组在广泛调查研究、认真总结引汉济渭工程秦岭超长输水隧洞施工通风技术的基础上，参考有关标准，并广泛征求意见的基础上，编写了陕西省地方标准《水工隧洞施工通风

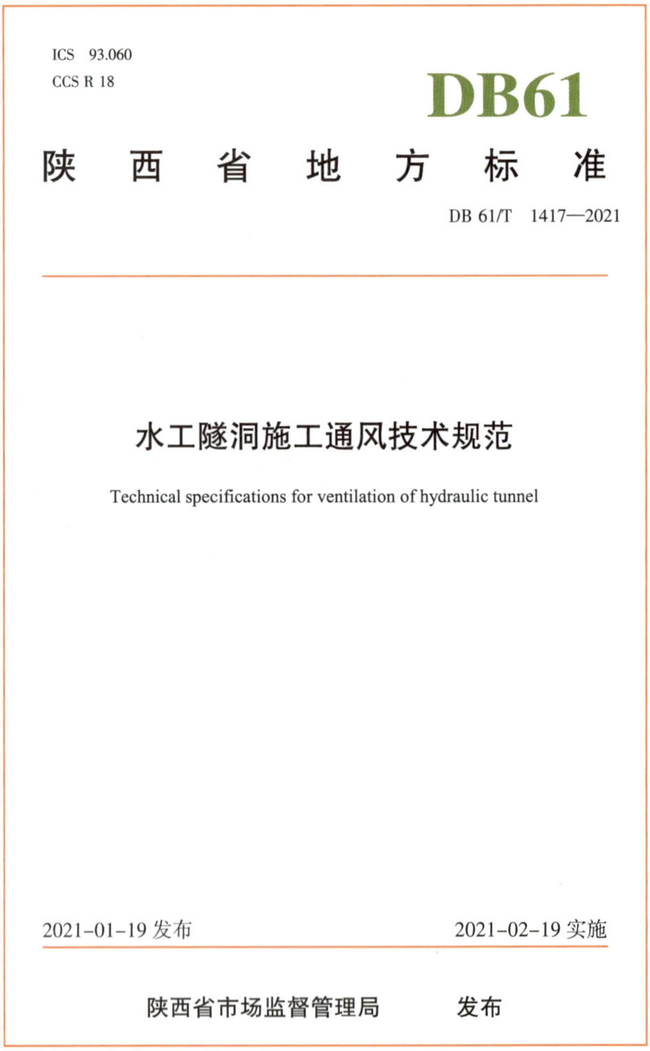

ICS 93.060
CCS R 18

DB61

陕 西 省 地 方 标 准

DB 61/T 1417—2021

水工隧洞施工通风技术规范

Technical specifications for ventilation of hydraulic tunnel

2021-01-19 发布　　　　　　　　　　2021-02-19 实施

陕西省市场监督管理局　　　发布

图 6-32　水工隧洞施工通风技术规范

技术规范》。

4. 标准主要内容

该规范是在《水工建筑物地下开挖工程施工规范》（SL 378—2007）、《水利水电地下工程施工组织设计规范》（SL 642—2013）、《公路隧道施工技术规范》（JTG/T 3660—2020）、《铁路隧道运营通风设计规范》（TB 10068—2010）和《铁路隧道设计规范》（TB 10003—2016）等标准的基础上，结合中国长距离水工隧洞的特点和隧洞施工技术的发展，坚持原始创新、集成创新和引进消化吸收，强化重大科研、试验对规范关键技术的理论支撑与验证，推广基于引汉济渭秦岭隧洞（越岭段）工程建设形成的"长距离水工隧洞施工通风关键技术"，形成的适用于长距离（大坡度无轨运输钻爆法施工独头通风 7.5 千米，TBM 独头通风长度 16.6 千米）水工隧洞的施工通风技术标准。

（1）确定了长距离隧洞施工通风影响因素及施工通风标准。通过对国内外长距离施工通风的调研，得到了长距离施工影响因素。通过调研，综合给出了长距离隧洞采用 TBM 施工的通风控制标准。

（2）建立了长距离隧洞施工通风的需风量计算方法。确定了通风及风机的功率的主要影响因素为：风管材质、风管直径和风管漏风率以及风管长度、风机功率等参数。探明了风量作用规律及需风量计算标准。

（3）给出了风管漏风率建议值，建立了风管漏风率计算方法。采用风管"漏风孔假设"，得出秦岭引汉济渭引水隧洞直径 2.2 米的软风管在不同风压与需风量下的百米漏风率计算公式。对于常用的软风管，建议采用日本青函隧洞计算公式计算风管漏风率，认为长度与风管漏风率呈指数关系。在实际通风设计中，给出了确定风阻曲线下，确定风机工作性能点的方法。根据风管漏风率计算公式，得到了串联和并联下风机联合工作的性能曲线。

（4）探明了多斜井下的自然风对施工通风的影响规律。

（5）明确了考虑回风风阻所需功率的独头施工通风设计方法。建立了相应的通风模型，确定了"复合截面"回风风阻的计算方法。

5. 标准的社会影响和价值

（1）为特长大隧道工程的辅助坑道选取提供了有力的技术支撑。

通过施工通风技术关键指标的应用，极大地减少辅助坑道的规模，通过系统科学研究，为秦岭隧洞辅助坑道的布置提供了重要依据，减少了辅助坑道设置数量，节省了工程投资，并达到了洞内钻爆法施工的供风要求。通过软质风管、吊顶风道、洞内环境等多项实测工作，取得了大量的测试数据，为中国特长大隧道工程的辅助坑道选取提供了有力的技术支撑。成果应用于引汉济渭工程秦岭隧洞辅助坑道的方案确定及施工，解决了设计与施工中的难题，保证了安全施工，节省了工程投资约人民币 1.05 亿元。另外，在西成铁路、敦格铁路、西银铁路的特长隧道辅助坑道方案选择时，均采用、借鉴了该技术成果。

（2）长距离供风及长距离斜井施工的洞内环境研判提供第一手基础资料。

目前，国内已进行过隧道内钻爆法施工的洞内环境参数实测，但多局限于供风距离较短的独头供风施工，而对于长距离独头供风的洞内污染物浓度的研究尚属空白。通过该项目洞内环境参数的现场实测，为长距离供风及长距离斜井施工的洞内环境研判提供了第一手基础资料。

（3）助推隧道修建技术的发展。

该标准的应用，推动了水工、交通等长大隧洞修建中的辅助坑道选取及施工组织安排，并助推隧道修建技术的发展。

（4）与国内、国外同类标准水平的对比。

目前，中国已有《水工建筑物地下开挖工程施工规范》（SL 378—2007）、《水利水电地下工程施工组织设计规范》（SL 642—2013）、《公路隧道施工技术规范》（JTG/T 3660—2020）、《铁路隧道运营通风设计规范》（TB 10068—2010）和《铁路隧道设计规范》（TB 10003—2016）等相关标准，但目前水工隧洞施工通风系统的设计、实施、管理没有统一的标准可依。在充分吸收采纳现有标准的基础上，本标准结合《秦岭超长隧洞施工通风技术研究》的现场实测资料及数值模拟分析，同时参考其他类似项目的实测资料，提出了基于现场实际的相关参数，在标准的采用上更科学、更切合实际。

第五节
科技创新未来规划

一、总体目标

依托引汉济渭"院士专家工作站"和"博士后创新基地（科研工作站）"等平台，联合相关高校和顶尖科研机构，以创新突破施工关键技术、运行管理模式为核心，开展多项科技攻关，确保工程顺利推进和建成后水量合理调配及资源高效利用。建立并健全多元化的科技创新体制机制，加强科研服务体系建设，注重重大科技成果落地生根，不断提升科技创新能力。到"十四五"末期，面向工程建设需求和行业科技前沿，力争产出一批标志性重大科技成果，跻身同行业领先水平。

二、具体目标

"十四五"期间，公司将进一步加强创新人才队伍建设，从管科研到做科研，带头引领科技创新。在科研成果管理和转化、科研平台建设、科技创新和人才培养等方面做出重点突破。具体而言，引汉济渭科学技术研究院将继续稳步推进科研项目管理和科研平台运行管理等常规性工作：一是做好在研科技项目的跟踪、推动工作；二是做好"引汉济渭联合基金"项目立项、管理和结题验收；三是每年申报各类科技计划项目2项，力争结题验收2~3项；四是做好"引汉济渭科技创新基金"项目的征集、评审、立项、管理和结题验收；五是做好"博士后创新基地（科研工作站）"和"引汉济渭院士专家工作站"的运行管理，发挥引汉济渭"智囊"作用。依托高端科技资源平台，每年招聘1~2名博士后研究人员，组织开展科技创新或学术交流活动2~3项。

三、保障措施

一是加强组织领导，推进规划落实。从战略高度重视科技创新工作，工作任务层层细化分解、落实责任，形成党政一把手亲自抓、分管领导负责抓、科学技术研究院具体抓的工作局面，上下联动、统筹规划、有条不紊地推动重点任务的落实。

二是完善平台建设，整合优势资源。加快科研基地和创新平台管理体制和运行机制创新，构建管理科学、运行高效、支撑有力的科技创新平台体系。依托"院士专家工作站"和"博士后创新基地（工作站）"等平台，联合顶尖科研机构，整合优势资源，广泛开展交流合作，提升科技创新能力。

三是拓展多元渠道，保障研发投入。积极争取国家、省（部）级、厅（局）级各类科技计划项目的立项支持，以及省国资委对科技基础设施建设、关键与共性技术研发、重大科技成果产业化等科技创新活动的支持，建立多元化、多渠道的科研投入体系。加强科研投入预算管理，确保前瞻性技术研发和战略性技术储备的投入随着工程进展和公司发展不断加大。

四是加强项目管理，推动成果转化。落实科研项目"全过程"管理机制，形成项目规划、立项、执行、验收和成果管理等全链条管理模式，及时、准确、全面地掌握科技成果产出情况，注重知识产权的积累和保护，探索成熟技术的推广和应用，让科技成果发挥效益。

系统建设，智慧规划立潮头

　　信息化系统作为先进的企业管理平台，为水利工程企业项目目标实现提供了精细化的管理手段。本章围绕引汉济渭信息化系统建设，从公司信息化基础与设想、公司信息化组织与实施、公司信息化功效与成果、公司信息化典型案例和企业智慧化规划与展望方面分别展开论述。

公司信息化基础与设想

　　本节在解析信息化相关概念的基础上，分析水利工程信息化发展情况，归总水利管理部门出台的各种信息化、智慧化指导性文件，论及引汉济渭公司智慧化总体设想。

一、信息化相关概念内涵解析

1. 信息化相关概念内涵

（1）信息化内涵。

信息化概念最早产生于日本。1963年，日本学者梅倬忠夫在《信息产业论》一书中描绘了"信息革命"和"信息化社会"的前景，预见到信息技术的发展和应用将会引起一场全面的社会变革，并将人类社会推入"信息化社会"。1967年，日本政府的一个科学、技术、经济研究小组在研究经济发展问题时，依照"工业化"概念，正式提出了"信息化"概念，并从经济学角度为此下了一个定义："信息化是向信息产业高度发达且在产业结构中占优势地位的社会——信息社会前进的动态过程，它反映了由可触摸的物质产品起主导作用向难以捉摸的信息产品起主导作用的根本性转变。"

在国内，信息化一词的广泛使用是在实行改革开放后发生的。1997 年召开的首届全国信息化工作会议，将信息化定义为："信息化是指培育、发展以智能化工具为代表的新的生产力并使之造福于社会的历史过程。"在中共中央办公厅、国务院办公厅印发的《2006~2020 年国家信息化发展战略》中，把信息化定义为："信息化是充分利用信息技术，开发利用信息资源，促进信息交流和知识共享，提高经济增长质量，推动经济社会发展转型的历史进程。"

（2）数字化内涵。

1948 年，信息论之父香农在贝尔实验室工作期间发表了一篇开创性论文《通信的数学理论》，文中他引入了比特的概念。比特是度量信息的基本单位，是信息时代的基石。香农证明数字代码可以代表任何类型的信息，所以，所有的信息都可以数字化，数字化的信息经压缩后再传输，还可以极大地减少传输的时间和成本。他展示了数字代码（二进制）可以把数字化的信息毫无差错地从 A 地传到 B 地。

对于数字化的具体定义，不同的学者各有看法，刘卫国认为，数字化的解释一是可计算性：将许多复杂多变的信息转变为可以度量的数字、数据，再以这些数字、数据建立起适当的数字化模型，并转变为一系列二进制代码，成为可计算的对象。二是可量化性：可将任何连续变化的输入转化为一串分离的单元，在计算机中用数字 0 和 1 表示。数字化是计算机、多媒体技术、软件技术、智能技术的基础，也是信息化的技术基础。可以说，没有数字化技术，就没有今天的计算机、互联网，也没有今天的信息化[110]。

国内学者林军认为，数字化是指利用计算机信息处理技术把声、光、电和磁等信号转换成数字信号，或把语音、文字和图像等信息转变为数字编码，用于传输与处理的过程[111]。

（3）智能化内涵。

国内学者石锡铭于 1998 年提出智能化概念，并解释道"智是智慧，能是能力，化是过程，即使机器更加智能的过程"。

刘卫国认为，"智能化"是指由现代通信与信息技术、计算机网络技术、行业技术、智能控制技术汇集而成的针对某一个方面的应用。从感觉到记忆再到思维这一过程称为"智慧"，智慧的结果产生了行为和语言，将行为和语言的表达过程称为"能力"，两者合称"智能"。智能一般具有这样一些特点：一是具有感知能力，即具有能够感知外部世界、获取外部信息的能力，这是产生智能活动的前提条件和必要条件；二是具有记忆和思维能力，即能够存储感知到的外部信息及由思维产生的知识，同时能够利用已有的知识对信息进行分析、计算、比较、判断、联想、决策；三是具有学习能力和自适应能力，即通过与环境的相互作用，不断地学习积累知识，使自己能够适应环境变化；四是具有行为决策能力，即对外界的刺激做出反应，形成决策并传达相应的信息。具有上述特点的系统则为智能系统或智能化系统[110]。

林军则认为，"智能化"应当具有两个方面的含义：

1）采用"人工智能"的理论、方法和技术处理信息问题。

2）具有"拟人智能"的特性或功能，例如自适应、自学习、自校正、自协调、自组织、自诊断及自修复等[111]。

（4）智慧化内涵。

智慧化是智能化的升级版，是在智能化基础上集成多元信息进一步实现自主决策[112]。关于智能和智慧的区别及智能（化）与智慧（化）的关系问题，钱学森和刘治彦曾解答过。钱学森提出，"智慧是人脑更高层次的活动，聪明、机灵，以及所谓智力、智能都是在低层次，低一个或几个层次"[113]。刘治彦在谈及智慧城市时指出，"在网络传输的基础上实现局部智能反应与调控，即智能化阶段，智慧化阶段则是万物互联阶段，城市功能在人类智慧的驱使下优化运行，且智慧化应以智能化为基础"[114]。

2. 信息化相关概念关系

信息化是当今现代化的主要特征，人们的工作和生活已对信息产生了依赖性，这种依赖性将随着信息化的发展越来越强。数字化是信息化的技术基础，也是智能化的技术基础，数字化技术的出现，极大地促进了信息技术的发展，成为现代信息技术的主流，并随着信息技术的不断发展，信息化将越来越多地呈现出数字化特征。智能化是信息化发展的必然趋势。智慧化是智能化的升级[111]。

智能化就是在自动化的基础上，注入了数字化能力，让机器设备不再只会"傻"干活，机器也可以依靠信息做出合理判断，并可进化到不断帮助系统优化模型和算法，让机器设备更准确高效地做出判断。智能化的一个突出特点就是"数字驱动"。

　　智慧化主要表现为系统的建议能力。就是在智能化的基础上，通过深度学习和知识管理，系统可以为企业提出建议和意见，帮助管理人员做出更合理的判断。这种建议能力就是智慧化的一种表现[115]。

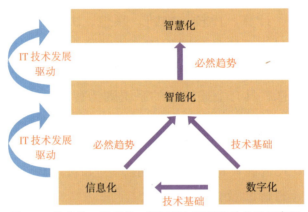

图 7-1　信息化、数字化、智能化与智慧化的关系示意图

二、水利工程信息化发展演变

　　2018 年水利部印发《加快推进新时代水利现代化的指导意见》，初步提出从现在到 2020 年、从 2020 年到 2035 年、从 2035 年到 21 世纪中叶新时代水利现代化的阶段目标，其中主要举措中提出要"提升水利管理现代化水平。运用现代管理理念和技术，借鉴先进经验，全面提升水利管理精准化、高效化、智能化水平，加快推进水利管理现代化。推行水利工程标准化、物业化管理。优化水利工程运行调度，加强大坝安全监测、水情测报、通信预警和远程控制系统建设，提高水利工程管理信息化、自动化水平"。"全方位推进智慧水利建设。把智慧水利建设作为推进水利现代化的着力点和突破口，加快推进智慧水利建设，大幅提升水利信息化水平。建设全要素动态感知的水利监测体系，充分利用物联网、卫星遥感、无人机、视频监控等手段，构建天地一体化水利监测体系，实现对水资源、河湖水域岸线、各类水利工程、水生态环境等涉水信息动态监测和全面感知。建设高速泛在的水利信息网络，利用互联网、云计算、大数据等先进技术，充分整合利用各类水

利信息管理平台，实现水利所有感知对象以及各级水行政主管部门、有关水利企事业单位的网络覆盖和互联互通。进一步加强计算和存储能力建设，建成国家、流域、省三级水利基础设施云。建设高度集成的水利大数据中心，集中存储管理各要素信息、各层级数据，及时进行汇集、处理和分析，实现共享共用，提高水利智能化管理和决策能力、水平和效率。加强信息安全管理和信息灾备系统建设，保障网络信息安全。加快推进智慧水利实施，在重点领域、流域和区域率先突破，辐射带动智慧水利全面发展。依托现有水利信息化建设项目，优先推进防汛抗旱、水资源管理、农村水利、水土保持、大坝安全监测、河湖管理等智慧建设。新建水利工程要把智慧水利建设内容纳入设计方案和投资概算，同步实施，同步发挥效益。已建水利工程要加快智慧化升级改造，大幅提升水利智慧化管理和服务水平。"

2019 年，水利部先后印发了《水利业务需求分析报告》《加快推进智慧水利指导意见》《智慧水利总体方案》和《水利网信水平提升三年行动方案（2019—2021 年）》，推进智慧水务建设，各省市政府也积极响应。

中国智慧水务发展可分为三个阶段。水务自动化（1.0）阶段，以自动化控制为核心，着眼于工艺优化以及生产效率的提升；水务信息化（2.0）阶段，以企业信息化为核心，更多地在企业资源管理、移动应用、算法应用方面进行突破；水务智慧化（3.0）阶段，则是大数据、人工智能、区块链的综合应用。目前，中国正从信息化阶段迈向智慧化阶段。

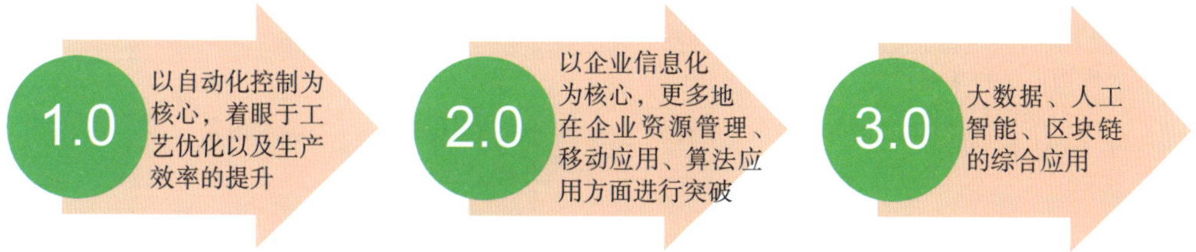

图 7-2　中国智慧水务行业发展演变阶段图

表 7-1　国家水利智慧化实施规制汇总

序号	规制名称	制定时间	规制制定部门	主要内容
1	《水利信息化资源整合共享顶层设计》（水信息〔2015〕169 号）	2015 年 5 月	水利部信息中心	逐步推动信息资源整合共享工作。将国家防汛抗旱指挥等重要业务系统和水利电子政务等重大工程生成的分散数据，整合形成包括地理空间数据、业务数据、元数据等一体化的信息资源

续表

序号	规制名称	制定时间	规制制定部门	主要内容
2	《水利部信息化建设与管理办法》（水信息〔2016〕196号）	2016年5月	水利部信息中心	加强水利部信息化建设与管理，强化水利信息化资源整合共享和网络安全，保障水利信息化协调有序发展
3	《水利信息化"十三五"发展规划》	2016年5月	水利部办公厅	围绕水利中心工作，整合水利信息化资源，优化水利信息化配置，深化水利信息资源开发利用与共享，强化信息技术与水利业务深度融合，在全国范围内建成协同智能的水利业务应用体系、有序共享的水利信息资源体系、集约完善的水利信息化基础设施体系、安全可控的水利网络安全体系及优化健全的水利信息化保障体系，全面提升水利信息化水平，推动"数字水利"向"智慧水利"转变，推进水治理体系和水治理能力现代化
4	《关于进一步加强水利信息化建设与管理的指导意见》	2016年12月	水利部办公厅	紧紧围绕十三五水利改革发展目标，以创新为动力，以需求为导向，以整合为手段，以应用为核心，以安全为保障，加强水利信息化建设与管理，强化水利业务与信息技术深度融合，深化水利信息资源开发利用与共享，坚持公共服务与业务应用协同发展，促进互联互通、信息共享与业务协同，以水利信息化驱动水利现代化
5	《水利网络安全顶层设计》	2017年5月	水利部网信办	遵循"积极利用、科学发展、依法管理、确保安全"的国家网络安全与信息化总体方针，以创新为动力，以需求为导向，以落实网络安全等级保护制度为抓手，以保护水利关键信息基础设施为重点，以可控为核心，坚持网络安全和信息化发展并重、管理机制和技术手段并举，确保水利关键信息基础设施安全可控，建立和完善水利网络安全保障体系，保障水利信息化健康发展
6	《水利信息化标准体系》		水利部信息中心	每年都修订
7	《加快推进水利基础设施补短板的指导意见》（水规计〔2019〕129号）	2019年4月	水利部	将信息化补短板作为重要内容
8	《智慧水利总体方案》	2019年6月	水利部信息中心	提出设计的总体框架和业务、应用、水利云、网络、安全等架构完整、合理，规划的建设任务和重点工程
9	《加快推进智慧水利的指导意见》（水信息〔2019〕220号）	2019年7月	水利部信息中心	启动智慧水利先行先试工作，计划用2年时间，在长江水利委员会、黄河水利委员会、太湖流域管理局3个流域管理机构，浙江省、福建省、广东省、贵州省、宁夏回族自治区5个省级水利部门，深圳市、宁波市、苏州市3个市级水利部门，开展实施36项先行先试任务。强化新一代信息技术与水利业务的深度融合，推进智慧水利率先突破，示范引领全国智慧水利又好又快发展，驱动和支撑水利治理体系和治理能力现代化

续表

序号	规制名称	制定时间	规制制定部门	主要内容
10	《关于开展智慧水利先行先试工作的通知》（水信息〔2020〕46号）	2020年3月	水利部信息中心	选择11家基础较好，有流域和区域代表性的单位，开展实施36项先行先试任务。在水利部的统一组织下，近段时间各先行先试单位围绕贯彻落实水利改革发展总基调，以解决水灾害、水资源、水工程、水监督、水政务等业务领域的重点、难点、痛点问题为突破点，大力探索物联网、视频、遥感、大数据、人工智能、5G、区块链等技术在水利行业的创新应用，已取得阶段成果

三、公司信息化建设总体思路

以往水利工程大多将信息化建设放在运行管理阶段，在工程施工期信息化应用较少。引汉济渭工程跨长江、黄河两大流域，施工地点涉及六个地级市，点多线长面广。特别是总长98.3千米的秦岭输水隧洞，是人类首次从底部横穿世界十大山脉秦岭屏障，多位院士评价其综合难度世界罕见。面对这样一个由多个大型水利工程组合起来的超级系统工程，传统管理手段已无法满足工程建设管理的真正需要。

为此，引汉济渭公司自成立以来，就形成创新管理理念，以建设过程管理精准、实时、高效为目标，在引汉济渭调水工程初步设计阶段，就按照"一次设计、分步实施、统一标准、留足空间"的思路，从工程建设与后期运营需求出发，让信息化建设与工程建设同步进行，实现了工程安全质量可控，施工全过程可追溯，全工区覆盖无死角，走在了行业前列。

图7-3　引汉济渭信息化建设整体思路图

公司信息化组织与实施

一、信息化实施机构

引汉济渭公司信息化建设组织机构随着工程项目建设的推进，经历了由工程技术部（2013年）负责到信息化管理项目小组（2016年，办公室设在工程管理部）负责，再由数据网络中心（2017年）负责的演进过程，2020年成立的陕西智禹信息科技有限公司将配合数据网络中心完成引汉济渭公司信息化系统的运维和优化。

数据网络中心成立于2017年7月11日，现有员工18人，设主任1人、副主任2人、总工1人。主要职责为负责公司信息化"信息系统前期论证—信息系统开发实施—信息系统运维管理"全流程。具体职能有：负责公司信息自动化系统工程建设、运行维护及相关协调工作；负责对信息自动化系统项目参建单位的管理，审查合同费用结算工作；负责工区所有信息化项目及数据管理工作；负责信息自动化系统相关网络安全和保密工作；负责计算机维护、软件管理、网络信息技术支持工作；负责信息自动化系统培训工作等。负责智慧引汉济渭的整体规划与推进。

陕西智禹信息科技有限公司成立于2020年11月4日，由上市国企太极计算机股份有限公司、江苏亨通海洋光网系统有限公司、引汉济渭公司三家共同推动央企进陕、优势资源整合，合资组建混合所有制的公司。公司核心业务是"一云一池两平台"即基于云架构的数据资源池、智慧调水平台、智慧运维平台，以调度任务智慧化、运维体系标准化、工作流程规范化、诊断分析智能化、维护操作自动化、进度状态可视化、质量评估数字化、生产运行连续化、运筹决策科学化为目标，致力成为中国水利工程智慧调水整体解决方案和智慧运维服务的领跑者。

同时依托公司成立的科学技术研究院（科技部）、"创新工作室"与陕西智禹信息科技有限公司协作完成信息化系统规划、研发、实施和运行管理。同时，面向全社会招聘高层次人才，形成信息化、智慧化建设人才队伍，建立研究、推广信息化的建设管理人才团队和工作体系。

图7-4 引汉济渭公司信息化建设组织机构

二、信息化规制形成

2013年至今，公司为了有效实施信息化建设，保证信息系统建设进度和质量，制定了大量信息化建设和实施规制，涉及信息系统论证、信息系统建设实施和信息系统运行管理三个阶段，具体如表7-2所示。

表7-2 引汉济渭公司信息化系统建设和实施规制汇总

序号	规制名称	制定时间	规制适用阶段	规制制定部门	主要内容
1	《引汉济渭工程水利工程基础信息代码编制》	2019年8月	系统论证与建设实施阶段	数据网络中心	规定引汉济渭工程信息化基础对象编码方式，确保基础对象代码的统一化、规范化，并确立基础对象与代码之间的一一对应关系
2	《引汉济渭工程应用系统基础编码》	2019年8月		数据网络中心	本标准介绍应用系统信息编码的分类原则，定义编码的依据和方法、给出基础编码样例等
3	《YHJW101信息化标准规范体系》	2019年8月		数据网络中心	本体系规定引汉济渭工程信息化规划设计、建设开发、安全防护、运行维护及质量管理的标准规范体系建设体系结构，规定标准规范编制内容及范围
4	《陕西省引汉济渭工程信息化项目建设管理办法（试行）》	2020年3月		数据网络中心	本办法规定了信息化管理职责、信息化规划、信息化项目立项、建设、验收、变更管理等内容
5	《陕西省引汉济渭公司数据网络中心项目配置管理办法（试行）》	2020年3月		数据网络中心	本办法规定了配置管理的角色和相关职责、配置资源库管理工具及范围、项目技术文档命名规范、配置库安全及使用规范等内容

续表

序号	规制名称	制定时间	规制适用阶段	规制制定部门	主要内容
6	《视频会商系统运行管理办法》	2017 年 3 月	系统运行管理阶段	数据网络中心	本办法规定了视频会商系统的管理部门及其职责，规范了系统维护方法
7	《纪录片拍摄服务项目管理办法》	2017 年 7 月		数据网络中心	本办法规定了纪录片拍摄的协调、计量、审查、相关资料档案管理和移交以及拍摄单位的监管工作等内容
8	《岭北 TBM 视频直播系统运行管理办法》	2017 年 9 月		数据网络中心	本办法规定了视频直播设备的管理部门及职责，系统的维护方法及注意事项等内容
9	《三河口视频监控系统运行管理办法》	2017 年 9 月		数据网络中心	本办法规定了监控设备管理的职责范围、监控系统的管理维护、监控查询准则等内容
10	《计算机机房管理办法》	2018 年 6 月		数据网络中心	本办法规定了机房管理人员及其机房管理准则
11	《陕西省引汉济渭工程建设有限公司建设期隧洞视频监控系统管理办法》	2018 年 8 月		数据网络中心	本办法规定了视频监控系统管理单位及其职责、故障处理方法以及注意事项
12	《陕西省引汉济渭工程建设有限公司防汛应急通讯设备管理办法》	2018 年 8 月		数据网络中心	针对公司或各分（子）公司购置、配发的用于防汛应急时使用的通讯设备，规定其权责范围、设备检查要求及注意事项
13	《三河口水利枢纽施工期监控管理智能化项目专项考核管理办法》	2018 年 10 月		数据网络中心	本办法针对三河口智能化项目参建单位，规定了专项考核的组织机构、程序及内容、考核奖罚以及考核通报等内容
14	《环水保监测系统管理办法（试行）》	2018 年 11 月		数据网络中心	本办法规定了环水保监测系统的职责分工、运行管理、监控站点变更、备品管理及权限开通以及考核与监督等内容
15	《引汉济渭无人机直播流程规范》	2019 年 3 月		熹点文化公司	规范无人机直播流程，同时也是直播培训的重要参考
16	《引汉济渭无人机环水保飞检流程规范》	2020 年 1 月		熹点文化公司	针对无人机环水保飞检数据采集的统一规范
17	《陕西省引汉济渭公司信息化系统运维管理办法(试行)》	2020 年 3 月		数据网络中心	本办法包含《陕西省引汉济渭工程建设有限公司防汛应急通讯设备运行维护管理办法》《陕西省引汉济渭工程建设有限公司视频监控运行维护管理办法》《陕西省引汉济渭工程建设有限公司机房运行维护管理办法》《陕西省引汉济渭工程建设有限公司运维安全管理办法》

三、信息化阶段划分

引汉济渭公司信息化建设（从 2013 年公司成立至今）可分为三个阶段：

第一阶段（2013 年 6 月至 2016 年 5 月）：公司成立初期，主要完成办公室基础信息系统建设。

第二阶段（2016 年 6 月至 2019 年 5 月）：信息化建设一期工程整体规划实施，全过程数字引汉济渭略具雏形。

2016 年委托中国水利水电科学研究院编制《引汉济渭工程管理调度自动化系统总体框架设计》，建立了以调水工程为核心，以数据采集、数据传输、数据存储和管理为基础，设计建立包括综合服务，智能调水、监测预警、视频会商及应急、工程管理、水库综合管理系统六大应用板块的引汉济渭工程信息化系统。先期建成调水工程骨干通信光缆，逐步完成各个终端，使信息化从工程建设阶段就充分发挥作用。

图 7-5　引汉济渭工程管理调度自动化系统总体框架设计文件

第三阶段（2019 年 6 月至今）：信息化二期工程建设启动，补齐前期信息化建设短板，构建"一云一池两平台"，实现"智慧水利"规划目标，打造智慧水利工程新样板。

2020 年 11 月与太极计算机股份有限公司、江苏亨通海洋光网系统有限公司三方合资成立陕西智禹信息科技有限公司，负责今后公司信息化项目建设实施，将以全生命周期服务智慧引汉济渭和推动水利水务智慧化为使命，致力成为中国水利工程智慧调水整体解决方案和智慧运维服务的领跑者。实现调度任务智慧化、运维体系标准化、进度状态可视化、工作流程规范化、诊断分析智能化、维护操作自动化、生产运行连续化、质量评估数字化、统筹决策科学化的公司既定目标。

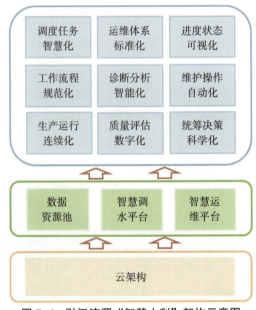

图 7-6　引汉济渭"智慧水利"架构示意图

第三节

公司信息化功效与成果

引汉济渭公司信息化系统建设以省公司牵头建设为主，结合各参建方自身已有的和新开发的信息系统，建立了涵盖人员管理、安全监督、生产调度、工程实时监控、生态保护等六大方面的全流程管理信息化系统。融合应用先进信息技术，全过程数字引汉济渭略具雏形。结合引汉济渭工程建设和公司管理实际，运用多种信息技术和手段，推进工程管理公司管理全天候、全方位、全要素、全过程管控，取得了显著成效。

"陕西引汉济渭工程开展信息化创新示范活动"入选"激浪杯"2019 有影响力十大水利工程。引汉济渭工程已实现信息化全覆盖、智能化应用于生产、智慧化进入设计阶段。中华人民共和国水利部副部长蒋旭光评价指出，引汉济渭工程是信息化技术应用方面的优秀代表，为水利建设管理领域信息化建设提供了成功的、可借鉴的经验。

一、BIM 技术广泛应用，实现全生命周期管理

1. 三河口碾压混凝土双曲拱坝施工打造水利工程智能建造范例

三河口碾压混凝土双曲拱坝在国内已建、在建同类工程中排名第二，最大坝高 141.5 米，混凝土浇筑方量 110.7 万立方米，工程规模大，建设工期长，施工过程受自然环境、结构形式、工艺要求、组织方式以及浇筑机械与建筑材料等诸多因素的影响，使施工计划安排、进度控制和资源优化配置十分复杂，又地处高山峡谷区，地形、地质条件复杂，水推力大，工程整体防裂要求高、控制难度大，且年温差大，温控条件较为恶劣，防裂极其困难。面对这一系列工程建设难题，2017 年 11 月，公司开始在三河口水利枢纽施工中建立三河口施工期监控管理智能化系统，打造了水利工程智能建造范例。该平台集成"1+10"的系统模块，将 BIM 技术引入三河口水利枢纽工程的建设中，包括大坝建设智能温控、综合质量、车辆跟踪、进度仿真等功能，运用自动化监测技术、数值仿真技术等实现大坝智能温控、灌浆质量、碾压质量等信息实时采集、自动分析、出现问题及时可自动预警，有效避免人为因素，实现了施工过程可追溯，为大坝的全生命周期管理奠定基础。联合清华大学张建民院士团队研发的"无人驾驶碾压混凝土智能筑坝技术"，成功应用于三河口碾压混凝土双曲拱坝施工。该技术通过预先设置碾

图 7-7　三河口施工期监管智能化系统

压速度、碾压轨迹、碾压遍数等施工参数，通过机载传感器可采集作业数据，实现混凝土碾压过程智能控制，有效克服人工驾驶碾压机作业碾压质量不稳定等缺点，使得质量的标准化、程序化不受人为因素的影响，提高了碾压混凝土大坝施工质量。

2. 黄金峡水利枢纽三维协同设计引领水利枢纽全生命周期 BIM 应用的新征程

联合长江勘测规划设计研究有限责任公司将三维 BIM 和 GIS 技术融合应用到黄金峡工程建设过程中，实现了各专业、全过程的设计协同管理，在施工组织设计、专业间构筑物相互碰撞检查等方面取得了较好的效果。后期将标准化的 BIM 模型有效地导入建设管理平台和运行管理平台，为引汉济渭数字孪生工程提供基础保障。黄金峡水利枢纽三维协同设计与应用荣获2019 年第二届中国水利水电勘测设计 BIM 应用大赛二等奖。

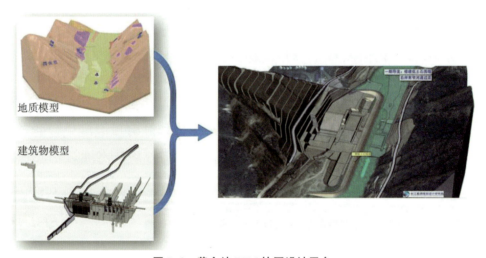

图 7-8　黄金峡 BIM 协同设计平台

清华大学研发的"无人驾驶摊铺系统"，在黄金峡碾压混凝土重力坝施工中成功地被应用，目前，混凝土坝的无人驾驶摊铺和无人驾驶碾压技术首次在黄金峡水利枢纽上实现了联合作业。

3. 联合中铁第一设计院将智能管理系统应用于秦岭输水隧洞施工

该系统通过对秦岭隧洞施工中的风险、质量、进度、TBM 监测四方面重点进行仿真、模拟、监控，从而实现秦岭隧洞的高效施工。如通过 BIM 模型建立隧洞风险实时管控系统，基于 BIM 模型，能够直观地看到断裂、

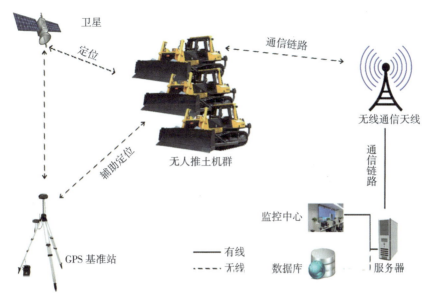

图 7-9 无人驾驶碾压系统工作现场图

岩爆、变形等不同类型风险点在隧洞中的分布情况，还原了隧洞的地质情况，做到对前方围岩重点监测，提前做好处理预案，从而有效控制施工质量。通过高频次采集 TBM 传感器数据，对 TBM 工作状态、轴力、扭矩、掘进速度等参数进行实时监控，为实现 TBM 施工辅助巡航奠定基础。

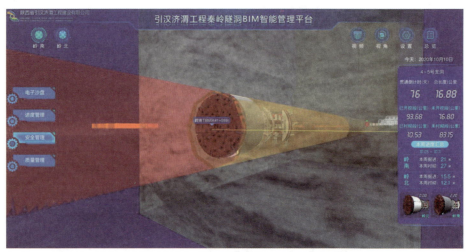

图 7-10　基于 BIM 智能秦岭隧洞 TBM 智能管理平台

4. 引汉济渭办公大楼 BIM 系统成功应用

　　基于 BIM 系统信息化全面应用的引汉济渭办公大楼项目建设，对工程结构、场地布置、施工组织、机电安装等工程进行仿真模拟测算，及时解决各专业间的时间碰撞问题，优化各专业工序衔接，有效地提高了工作效率，降低了额外的成本支出，实现了项目管理精细化。

图 7-11　引汉济渭办公大楼 BIM 系统

5. 管理调度自动化系统为工程智能化运行奠定基础

　　2017 年，公司启动管理调度自动化系统招标工作，并于 2018 年启动建设。引汉济渭工程调水工程的工程管理调度自动化系统是基于引汉济渭工程调水工程的建设现状和向受水区供水的实际需求，以服务提供为核心，以提高调水工程综合监测、调度、控制、管理和决策水平为最终目标，充分利用先进的通信与计算机网络技术、信息采集技术、监视监控技术、数据汇集管理技术和信息应用技术，并结合新型云计算、大数据、移动互联网等，初步建立云计算中心，搭建局域和广域网络，建立安全防护体系，实现引汉济渭工程调水工程的信息采集、数据支撑、应用支撑、视频安防、计算机监控、业务应用、应用交互等，系统建设区域范围包括整个引汉济渭工程范围以及相应的各级机构，工程管理和调度会商决策支撑等，从而保障调水工程安全、可靠、长期、稳定的经济运行，实现安全调水，为合理调配区域内水资源，充分发挥调水工程的经济和社会效益起到技术支撑作用。

6. 建引汉济渭工程信息化标准规范体系

为了确保公司信息化有序健康推进，在一期工程信息化建设过程中，编制完成《YHJW-IT 引汉济渭工程信息化标准规范》分为总体与基础类、规划与设计类、建设与开发类、安全与防护类、运行与维护类、质量与管理类六类，共计 108 项，其中引用标准 62 个，结合工程具体业务自编标准 46 个，提升了信息化建设运维规范化水平。

2019 年 7 月，公司委托水利部水利水电规划设计总院，按照统一标准、统一平台、共享共用的原则，结合引汉济渭工程实际，完成引汉济渭工程信息模型标准规划及初步设计阶段应用标准编制，信息模型标准的建立，为实现智慧引汉济渭打下数字模型基础。

二、建设各类预报系统，实现超前预警尽早应对

1. 洪水预警预报系统发挥作用

引汉济渭三河口和黄金峡水利枢纽工地，施工人员及设备极易受暴雨洪水的威胁。公司联合省水文局研发了基于 GIS 平台的水文预报、洪水调度拓扑结构图示自由构建技术，解决了复杂流域水文预报系统的智能化、可视化建模难题。建立了水文观测资料缺乏的中小河流施工期洪水预报模型选用及模型参数确定方法，研发了施工期洪水预警预报系统。2016 年成功预报了"7·16"子午河洪水，预报洪峰流量 800 立方米/秒，实际坝前最大流量 697 立方米/秒，预见期大于 5 小时，为坝址施工人员及时撤离提供了准确预报。

图 7-12 洪水预警预报系统

2. 隧洞综合超前地质预报成效显著

公司联合山东大学，应用信息化技术手段对掌子面前方地质情况进行综合分析，采用聚焦测深型电阻率法，实现了掌子面前方 30~40 米范围的断层、溶洞等含水致灾构造的三维成像；采用三维地震波法，实现了掌子面前方 80~100 米范围的断层、破碎带的超前探测；采用多元地球物理探测解释方法，在物探数据的处理与解释层面实现突破性创新。在秦岭输水隧洞施工应用中，超前地质预报与开挖验证结果吻合度高，有效地保障了隧洞安全高效掘进。2016 年 5 月 31 日，岭北 TBM 掘进至 K51+597.6 处遭遇卡机，通过采用信息化手段进行超前地质预报，准确探明了掌子面前方软弱破碎带的空间位置、形态和规模，有效地指导了脱困方案的设计和实施，使 TBM 提前 21 天脱困。

聚焦测深型电阻率三维成像图　　三维地震波法成像立体图　　视电阻率等值线断面图

图 7-13 隧洞综合超前地质预报平台

3. 岩爆预报技术达到世界领先水平

联合大连理工大学，成功在秦岭输水隧洞施工应用微震监测技术。该技术可 24 小时监测发生的微震次数、累积能量等监测结果以数据分析报告的形式发送参建单位，并给出监测区域即将发生岩爆风险的预警信息，提示施工单位提前做好防范措施。目前岩爆频发区的微震监测预报准确率超过80%，有效解决了施工人员的心理恐慌问题，为现场作业提供决策依据。2019 年 8 月 4 日上午预测到 4 号洞有岩爆，施工单位已于早 7 点收到岩爆预警，提前采取了防护措施，中午 12 点左右发生了中等—强烈岩爆，有效地避免了岩爆造成的损失。

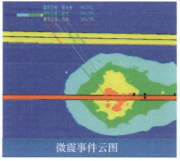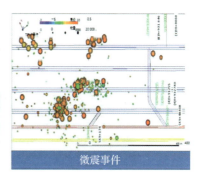

| 数据采集仪 | 微震事件云图 | 微震事件 |

图 7-14　岩爆预报系统

三、"天眼"网络全覆盖，实现全天候无死角工区监控

1. 建成 320 路高清摄像头视频系统

该系统实现了全工区 24 小时无死角实时远程监控，并安排专人对黄金峡、三河口大坝施工、隧洞施工排水口、砂石骨料场、环水保处理站、第三方检测实验室等 120 多路监控数据进行定期和长期储存，实现了信息追溯功能。同时实现了手机 APP 同步操控，使管理人员可随时随地查看工地情况。

2. 建立秦岭长深埋隧洞施工期信息实时传输系统

在秦岭输水隧洞施工中，公司从德国、美国引进两台硬岩掘进机（TBM）从南北双向对打。目前从岭北的 5 号支洞口到掌子面检查一次需要 4 小时，随着隧洞越来越深，需要的时间会更长。为此，公司在埋深一千多米、空间狭窄、高温、高湿的隧洞里，克服了电压不稳、电子设备漏电、交叉作业等因素干扰，通过多种通信手段反复试验后，最终选定在隧洞中每隔 3 千米安装中继器，利用无线接力+专线+电信公网传输的方式，成功解决了

14 千米长的隧洞视频和音频传导问题。可随时随地通过手机查看洞内施工情况，大大提高了工作效率，降低施工风险。

环水保监控画面 ↑

黄金峡鱼类增殖站 ↑

黄金峡右岸坝肩框格梁植被恢复 ➡

图 7-15　"天眼"网络系统

图 7-16　秦岭长埋深隧洞施工期信息实时传输系统

3. 成立"朱鹮无人机中队"

中队现有不同规格无人机 13 架，可对施工现场进行空中巡察，监测施工排水情况和料场、渣场、水保情况。能快速跟踪突发水体污染事件，捕捉污染源并及时取证快速检测。在防汛抢险与应急救援方面，无人机可投放救生艇、救生衣及食物等，挂载高音喇叭迅速指挥人员撤离。无人机拍摄网络直播技术可将现场画面实时传输至指挥部，为决策提供依据，成为"飞行天眼"。

现自主研发了 4 款无人机，它们分别是：

（1）猛禽一号（垂直起降固定翼无人机）。

图 7-17　垂直起降固定翼无人机

它采用固定翼结合四旋翼的复合翼总体布局，以简单可靠的方式解决了固定翼无人机垂直起降的难题，兼具固定翼无人机航时长、速度高、距离远的特点和旋翼无人机垂直起降的功能，该无人机平台能在山区、丘陵、丛林等复杂地形和建筑物密集的区域顺利作业，主要应用于大范围工程巡查、工区巡检、大范围测绘。

（2）猛禽 EV（太阳能增程尾座式垂起飞翼）。

图 7-18　太阳能增程尾座式垂起飞翼

它将飞行效率极高的飞翼结构和太阳能增程方式相结合获得超长的滞空时间，再利用尾座式垂直起降结构的突破起降条件的束缚，从而获得在无人机信号中继、无人机空地自主网、大范围多维数据采集，以及航测巡检等方面高效作业。

（3）猛禽三号（系留式无人机）。

它是引汉济渭创新工作室自主研发的无人机系留式方案，将大载重多旋翼无人机利用线缆连接地面电源和地面控制端，获得超长的滞空时间和稳定抗干扰的信号传输链路。目前猛禽三号可实现超过 10 小时的持续作业滞空时间。可运用于应急通信、应急救援、临时监控、大型活动安防等多种使用场景。

图 7-19　系留式无人机

（4）鹰巢一号（多旋翼无人值守机库）。

它是引汉济渭创新工作室自主研发的全天候无人值守机库，具备全天候待命，自动充放电，远程任务下达，远程控制无人机，作业数据实时回传处理等特点，是真正意义上的无人机值守自动化作业的解决方案。

图 7-20　多旋翼无人值守机库

图 7-21　无人机实施监控内容示意图

图 7-22　无人机水质检测

　　利用信息化技术对试验室设备前端数据进行提取、监控，将施工单位工地试验室纳入试验检测管理系统，实现了质量检验检测一个标准控制，有效实现试验数据采集真实可靠、试验检测全过程监控。实现了信息流的高效运转和有力管控。

四、建成安全管理系统，实现多层次全方位安全保障

1. 研发引汉济渭工程安全生产管理系统

　　该系统根据工程建设特点，通过安全生产费、隐患排查、风险管控等六个管理子模块，对安全管理、危险源管控、隐患排查及整改形成完整闭环管理，加强了风险管控，为安全管理科学决策提供依据。

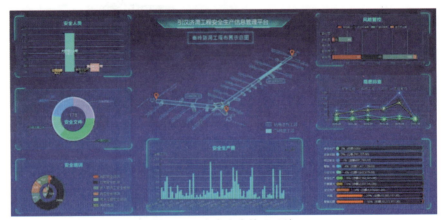

图 7-23　安全生产管理系统

2. 建立了隧洞内人员定位系统

在施工人员安全帽内安装了识别芯片，通过隧洞入口的人员信息识别装置，即时掌握隧洞内施工人员数量、分布位置，确保紧急情况发生时能够及时、准确地实施救援工作。

图 7-24 隧洞内人员定位系统

3. 建立了施工现场人脸识别系统

现场发生紧急情况时，首先最难确定的是有多少人在现场、谁在现场。公司在三河口、黄金峡及两台 TBM 施工的 4 号和 5 号隧洞进口，均安装了人脸识别系统，不仅能随时准确掌握施工现场的人员用于安全管理，而且可以准确统计分析施工现场的人力资源配置情况。

图 7-25 施工现场人脸识别系统

4. 建立六道应急通信系统和工区应急撤离警示系统

通过固定电话、手机、对讲机、无线短波电台、铱星卫星电话、短信系统六道应急通信系统，确保在恶劣天气情况下指挥系统畅通。在三河口和黄金峡水利枢纽施工现场，建立手机短信预警系统，发生紧急情况时工地周边150米范围内的手机都能收到包含撤离方向和路线的提醒短信。

图7-26　应急通信系统和工区应急撤离警示系统示意图

五、引入 VR、AR 技术，实现工程虚拟化现场体验

1. 引入 VR 技术应用工程建设管理

公司建立创新工作室并为其配置了 VR 摄像机和后期制作设备，工作室先后制作了三河口救援 VR 展示片、隧洞 TBM 施工 VR 介绍片和三河口水利枢纽库区 VR 漫游片。还用无人机挂载 VR 摄像机实时直播。实现了与工程本身的实时交互、协同管理，有效地提升水利工程建设管理理念。

图7-27　VR 技术应用工程建设管理

图 7-27　VR 技术应用工程建设管理（续）

2. 首次将 AR 技术成功应用于黄金峡大坝水利枢纽

公司联合太极公司将 AR 技术首次成功应用于黄金峡大坝水利枢纽工程建设管理过程中，利用 AR 实景识别定位技术，将虚拟仿真大坝模型与现实场景叠加，在手机等终端上展现黄金峡水利枢纽建成后壮观景象。

图 7-28　AR 技术成功应用于黄金峡大坝水利枢纽

3. 实现远程会诊应用

通过 VR、AR 移动在线直播等技术，与专家远程连线进行工程管理远程会诊，专家能以第一视角观察现场情况，了解问题所在，指导相关人员紧急处置现场问题，这样不仅缩短了问题处置时间，减少了信息传达误差，避免出错，而且能够大幅提升处理问题的效率。在岭北 TBM 遭遇有害气体时，利用该技术解决了这个问题，及时查明原因，采取有效措施，为复杂地质下引汉济渭秦岭输水隧洞工程建设提供了技术保障。

图 7-29　实现远程会诊应用

六、推进管理信息化，实现资源优化配置效率提升

利用信息化手段集成和整合企业的信息流、资金流、工作流，实现了资源的优化配置。目前已建成了涵盖人员考勤、在线办公、视频会商、计量支付、财务共享等多个方面信息化管理板块。

1. 加强信息流管控

建立了引汉济渭施工期建设和公司数字化管理的基础大数据系统，实现了参建单位各方信息联通交互，促进了公司与分公司之间的管理扁平化。实现了以数据采集、数据传输、数据存储和管理为基础，以基础支撑、应用组件、公共服务、应用交互为平台，采集工程监控、工程安全、水质监测及水情监测等基本数据以及政务办公信息，经各个应用系统提供的成果数据分析处理，为综合调度决策会商和网上政务办公提供信息服务。在 98 千米的秦岭输水隧洞中，设计一条陆地上最长通讯海缆，提高运行管理期水源和配水系统通信的可靠性。目前已完成海缆敷设试验和采购程序。

图 7-30 信息化整合企业的信息流、资金流、工作流示意图

图 7-31 信息流管控应用

2. 加强资金流管控

计量支付审批系统和财务共享系统同步并行、无缝衔接，实现了施工结算、付款、发票三者的信息联动，让合同、资金管理更加简洁高效。计量支付审批系统通过计量支付模块和统计台账模块运用，实现了工程建设合同计量、审批、支付等工作网络化管理，解决了引汉济渭工程参建单位多、资金结算周期长的问题。财务共享系统以财务云为核心，前端建设电子影像系统、商旅平台、预算系统、移动办公 APP，同时与 OA 系统、计量支付系统、合同系统、资产管理系统等协同管理，实现了业务前端数据一次性抓取、全过程自动流转、流程风险自动控制、管理标准自动校验。未来，引汉

济渭财务共享系统不仅仅是一个报账平台、影像系统、税务云服务等，而是要以创新为最大动力，突破业务、财务、税务的职能界限，真正实现"财税共享"。同时，在对财务共享数据深层次认知的基础上，深度挖掘数据、解读数据，利用大数据驱动公司经营创新，进一步优化组织、再造流程、创新管理模式，确保公司在激烈的市场竞争中赢得主动。

3. 加强工作流管控

建立了办公自动化 OA 管理系统，实现了统一用户登录、流程集合、数据整合等功能，增强部门间协作和资源共享，打破传统管理模式下的孤岛效应，各部门间业务往来通过线上的标准化、规范化流程进行协作，促使办公不受时间、地点限制，手机 APP 可实现随时随地高效办公，大幅提高了工作效率和质量，节约了运行成本。

办公自动化系统　　　　　　　　　　　　　　手机 APP

图 7-32　办公自动化 OA 管理系统

建立参建单位面部识别考勤系统，对施工单位的主要管理人员实行面部识别考勤，对缺勤人员实施处罚措施，有效遏制了参建单位主要管理人员脱岗的现象，解决了现场管理人员与投标约定人员不一致的全国性难题，维护了合同的严肃性。建立引汉济渭参建单位诚信管理平台，将参建单位的履约行为录入诚信管理平台，进行准确、及时、客观的公示管理，为公司后期招、投标，评奖、评优等提供重要依据，规范工程建设秩序。

图 7-33　参建单位面部识别考勤系统

公司信息化典型案例

一、黄金峡 BIM 协同设计平台建设

1. BIM 简介

建筑信息模型（Building Information Modeling，BIM），通过创建信息化模型，对项目的策划、设计、施工、运营实现全生命周期的管理。BIM 技术是一种数据化工具，通过信息化模型将项目的相关信息整合在一起，可以在项目的全生命周期中发挥重要作用，模型信息可以在各参与方之间实现共享和传递。施工技术人员通过分析模型信息做出最准确有效的施工方案。还可以通过集成化施工资源各要素，实现对施工资源的有效管理，在减少资源浪费，提高管理效率，降低成本等方面发挥着重要作用。

根据美国国家 BIM 标准定义，BIM 是一个工程项目信息化的表达，是可以实现资源的共享，工程项目的信息都会被各参与方使用，为工程项目从设计到运营提供全生命周期的决策依据；在工程项目不同运维时期，各参与方可以在信息化 BIM 模型中实现对模型的信息浏览、修改等操作，支持多方参与者同时实现对信息模型的管理维护。

BIM 模型是以建筑物全生命周期的各个阶段的相关数据、信息为依据而建立起来的。BIM 技术将工程项目各阶段的信息进行数字化的仿真，模拟建筑物在真实工况下的运行情况。所以 BIM 技术一般具备可视化、协调性、模拟性、优化性、可出图性五个特点，具体解释如表 7-3 所示。

表 7-3　BIM 技术五大特点

序号	特点	解释
1	可视化	为达到"所见即所得"目的，利用计算机图形学和图像处理等技术以完成信息沟通、交流与交互的方式。BIM 是将以往利用手工制图或计算机制图时线条式构件改变为一种包含整个项目完整信息的更直观的三维立体模型展示出来
2	协调性	为完成工作任务，达到预先设立的目标，通过组织与之相关的各项工作、设备与人员，使他们相互依赖、进度一致并互为依托、紧密衔接
3	模拟性	通过计算机技术对新事物的产生与成长过程的虚拟，BIM 的模拟性不仅仅局限于 3D 建模的模拟，还可以对建筑物做预先模拟或完成现实中无法达到的目的
4	优化性	使目标更加合理有效，BIM 的全过程就是优化的全过程
5	可出图性	BIM 可从三维立体的任意角度更加直观地展示建筑施工图、结构施工图、详图大样图，也可结合可视化做模拟与优化

（1）BIM 和可视化。

BIM 是一个建筑工程项目的物理和功能特性的最有效的数字化表达，BIM 模型中包含了整个项目完整信息，可直接通过三维信息模型提取项目所需要的物理几何、材料特性等信息。BIM 的可视化即数据的可视化，近些年来，可视化已不仅仅局限于图纸、视频，随着 VR、AR、MR 及全息投影技术的发展，为 BIM 技术的可视化提供了更为广阔的舞台。

（2）BIM 和协调性。

建筑业的各个参与方，都在做着相互协调、环相配合的工作。以房建的设计单位为例，整个设计工作包括建筑设计、结构设计、给排水设计、电气设计以及消防设计等多个专业，且不同专业往往由不同的设计部门来完成，在目前传统的设计工作中，无论是同专业还是不同专业间的沟通，往往通过图纸、口头描述或者协调会议来完成，沟通效率低下。项目不同参与方如业主、设计单位、施工单位等的沟通协调更为复杂。交流沟通的障碍也使得建设成本增加。通过 BIM 技术可以建立一个不同专业或不同参与方的数据共享平台，这样可以保证工程项目的所有数据来源统一，使其专业内部与外部能够实时交流、协同设计。

（3）BIM 和模拟性。

BIM 的模拟性不只是模拟 3D 建筑模型，其意义更是在于完成预先模拟和模拟现实中无法操作的事物，比如施工进度模拟、造价控制模拟等。在设计阶段，还可以做环境影响模拟，绿色建筑节能分析模拟，以及针对特殊建筑的模拟，比如歌剧院、电影院等的声场模拟。在运营阶段，还可做应急模拟，如地铁站、火车站等的火灾、地震模拟等。

（4）BIM 和优化性。

随着经济社会的发展，新造城运动的兴起，城市的地标性建筑物越来越多，人们不仅满足于现代建筑物的功能，对建筑物的样式也提出新要求，出现大量的异形建筑，这些建筑物的复杂程度仅仅依靠传统的平面图纸，很难掌握其全部信息，也难以满足优化的根本目的。而 BIM 技术则为其提供了很好的解决方案，使这些复杂项目在策划、设计阶段就能进行很好的优化。当然，BIM 技术和优化也没有不可分割的必然联系，但是，可以以 BIM 为基础更好地去做优化。

（5）BIM 和可出图性。

随着人们对建筑样式与功能的需求不断提高，建筑复杂程度大大增加，导致设计图纸数量越来越多，对于传统的平面制图方式来说，不仅是工作量加大，而且很多复杂建筑结构样式平面图纸也无法有效地表达。BIM 技术的出现则可以解决这一难题，除了常见的绘图方式，还可以结合可视化、协调性、模拟性和优化性，做一些专门图纸、优化图纸。同时，通过 BIM 模型，可以实现图纸的实时变更与实时出图，提高出图效率。

2. 系统开发背景说明

近五年来，BIM 技术得到了越来越多的关注，BIM 的应用范围和应用领域也在不断地扩展，BIM 的出现给建筑工程行业带来了新的改革和发展，BIM 技术的运用贯穿项目的全寿命周期的各个阶段，使整个工程项目在设计、施工和运维等阶段都能够有效地建立资源技术、控制资金风险、节省能源、减少开支、降低污染和提高效率，BIM 技术的运用可以改变传统的项目管理理念，提高建筑产业信息化和发展建筑产业智能化。BIM 集成了全寿命周期的所有信息，BIM 在工程项目的各个阶段都开展了相关应用，辅助工程项目的管理，美国的 building SMART 对 BIM 在全寿命周期的应用现状进行了归纳，BIM 在各个阶段应用价值如图 7-34 所示。

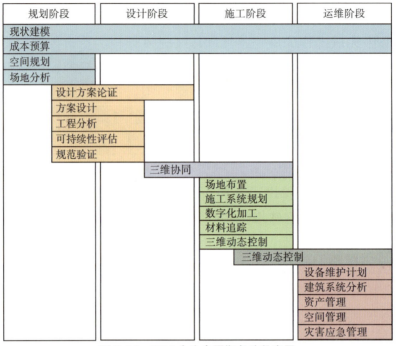

图 7-34　BIM 全生命周期各阶段应用

（1）规划阶段 BIM 的应用价值。

规划阶段的 BIM 应用主要是为了帮助业主做出经济、社会和环境利益最大化的决策方案，BIM 的应用主要包括现场状况建模、成本估算、空间规划、场地分析等。BIM 技术可以利用三维可视化模型，可以对空间规划方案和场地布置方案进行比选和评估，选择出最佳的方案。在项目规划阶段，规划阶段的 BIM 模型可以生成工程量，根据工程量可以进行工程概算，提供成本信息给业主，辅助其进行决策和经费的预算。通过 BIM 信息模型可以方便业主模拟项目的开发拿地、营销、规划、设计、招标、采购、施工和运维的各个过程，辅助业主对开发成本估算、投资经济测算、计划进度安排等进行决策和管控。

（2）设计阶段 BIM 的应用价值。

设计阶段一般可分为方案设计、初步设计和施工图设计三个阶段，设计阶段的 BIM 应用可以将设计成果通过三维可视化的形式展示出来，方便各参与方领会设计意图和设计成果，设计阶段的 BIM 应用，改变了传统的设计流程，使各专业协同设计，减少设计中的错误，提高设计效率，另外，通过 BIM 软件可以实现建筑物的性能分析，结构分析，工程量算，模型的碰撞检查和三维渲染出图等，极大地提高了设计质量和设计效率，实现了设计成果信息化和智能化。

（3）施工阶段 BIM 的应用价值。

传统的施工阶段的项目管理，信息化管理程度比较低，各参与方之间很容易由于信息不流畅而出现"信息孤岛"的现象，影响项目进度，并且由于各参与方的利益目标不一致，再加上设计、施工和运营管理的分离，很容易忽略项目全寿命周期的整体利益。而 BIM 的信息化模型集成了各阶段的信息，方便各参与方的信息查询和实施监控，有力地加强了参与方之间的信息沟通，提高了项目的信息化管理程度。BIM 技术在施工项目中的管理应用体现在招投标阶段、深化设计阶段、建造准备阶段、建造阶段和竣工支付等阶段。通过 BIM 进行信息化的施工管理可以有效地保证工程质量，提高施工效率，可以最大限度地节约成本，避免资源浪费，实现建筑物的可持续发展。

（4）运维阶段 BIM 的应用价值。

运维阶段是项目全寿命周期中时间最长的一个阶段，人们希望通过对建筑进行合理的运营，充分提高建筑的使用率，降低其经营成本，延长建筑的使用周期。BIM 在运维阶段的应用，通常是 BIM 与运营维护系统的有机结合，对建筑的空间、资产、维护、公共安全和能耗等进行科学管理，BIM 包含了整个建筑各个阶段的全部信息，可以实施监控建筑的使用情况和设备的运行情况，BIM 技术通过与 RFID（Radio Frequency Identification）技术，及无线射频识别技术的结合，可以实现建筑物内构件，设备以及安全人员的实施监控，并对建筑物使用过程中的能耗进行有效监测和分析，实现绿色运维管理。

3. 黄金峡 BIM 协同设计平台主要功能和作用

（1）黄金峡水利枢纽基本情况。

黄金峡水利枢纽位于汉江干流上游峡谷段，地处陕西南部汉中盆地以东的洋县境内，为引汉济渭工程主要水源之一，也是汉江上游干流河段规划中的第一个开发梯级。该工程的建设任务是以供水为主，兼顾发电，改善水运条件。

（2）黄金峡水利枢纽 BIM 协同设计平台主要功能。

黄金峡水利枢纽由挡水建筑物、泄水建筑物、泵站电站建筑物、通航建筑物和过鱼建筑物等组成。勘测设计阶段，长江勘测规划设计研究院基于法国达索公司 3D Experience 平台，开展全专业三维 BIM 正向设计工作，主要工作内容包括总体框架创建、工作包分解、设计流程梳理、设计进度计划编排、角色及权限设置、设计文件挂载、三维建模、施工仿真设计、设计成果应用、设计成果表达等内容。黄金峡勘测设计阶段 BIM 应用的开展，解决了传统设计中难以预见的问题，为实现三维 BIM 交付、辅助指导现场施工、提高会商沟通质量提供了坚实的保障。

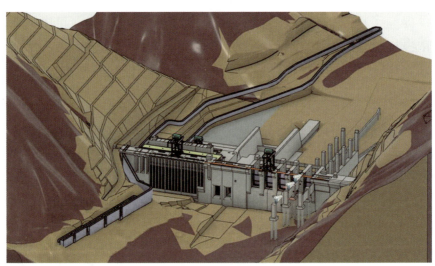

图 7-35　黄金峡枢纽总体模型

4.黄金峡 BIM 协同设计平台应用成效

（1）经济效益明显。

基于网络服务器与达索 ENOVIA 设计管理平台，在工程勘测设计过程中重点加强多专业的 BIM 协同技术应用，包括水工专业内部协同、水工与地质的开挖协同，施工道路与地形地质的协同，机电管路、设备与泵站建筑物碰撞检测协同，机组流道与泵房基坑的边界协同等。协同设计提高了专业间互提资料、协同会商的工作效率；参数化设计方便设计修改，显著提高设计效率；通过碰撞检测发现纠正设计间的干涉问题，通过模型统计工程量快速准确，提高了设计质量。

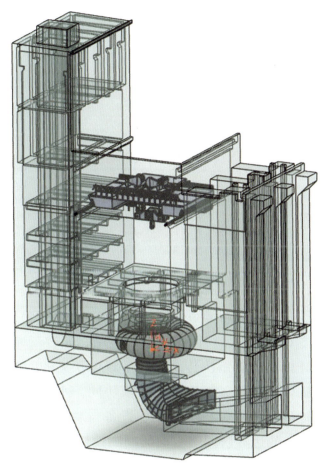

图 7-36　机电与水工协同设计

同时基于工程轻量化数据的三维交互式表达技术在工程现场进行宣贯与示范推广，并结合现场进度将部分三维设计成果交付于业主方，辅助指导现场施工，提升现场示范应用水平。

（2）社会效益明显。

加强面向业主、设计、施工、监理等单位和水利行业设计单位的技术示范推广影响力。基于模型在工程中进行示范应用，三维轴测、线框彩图和基于轻量化数据的三维交互式表达用于三维会商、辅助指导现场施工，提升设计和现场示范应用水平。

（3）技术成熟度进一步提升。

1）专业内、专业间、多专业协同。

基于网络、服务器与 BIM 协同环境，在工程勘测设计过程中开展了专

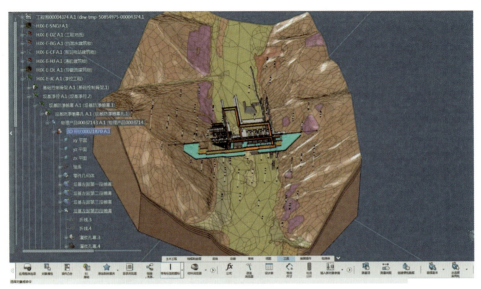

图 7-37   BIM 辅助现场施工

业内、专业间、多专业的三维协同技术示范应用，通过三维协同技术建立工程多专业勘测设计模型能够解决传统设计中难以预见的问题，尤其是主导、辅助解决了如水工内部协同，地形地质建模协同，水工与地质的开挖协同，施工道路与地形地质的协同，机电管路、设备与泵站建筑物碰撞检测协同，机组流道与泵房基坑的边界协同等方面的勘测设计问题，设计技术手段得到有效提升。

2）专业应用。

通过三维协同技术建立工程多专业三维勘测设计模型，基于模型在工程勘测设计的不同阶段可开展"方案比选、计算分析、多专业错漏碰检查、工程量统计、设计优化、出图、交互式表达"等覆盖工程勘测设计不同阶段、全方位的专业性工作，其"所见即所得"的可视化设计特点更加符合工程师的思维习惯，助力工程整体设计质量与效率的提升。

3）三维会商现场应用。

综合利用、采用三维数据交互式表达技术，基于工程轻量化数据的三维交互式表达与场景应用成果（图册、系统等形式），在工程现场进行示范推广，使工程参建各方（业主、监理、施工）能快速理解设计成果，减少现场沟通障碍，避免施工过程中错漏，提高参加各方协作效率与项目现场综合管理水平。

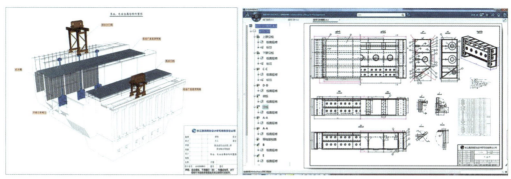

图 7-38 黄金峡三维出图成果

图 7-39 三维会商应用现场图

4）形成了水利工程三维协同设计技术流程与方法。

通过黄金峡水利枢纽工程勘测设计三维协同技术的应用实践研究，有效促进了水利水电工程三维协同设计的技术方法、技术流程与工作模式的优化、改进，基本形成协同设计建模、计算分析和模型出图一体化协同技术和流程，使三维协同技术更加融合于传统勘测设计。

二、秦岭输水隧洞智能管理平台开发

1. 平台开发背景

引水隧洞工程不仅伴随着人员结构复杂，设备物资分散、作业流程琐碎、管理跨度大，运营成本高，缺乏多人协同管理机制，存在事件盲点（不同步、不透明、不及时、不共享）等管理困难的问题，与之相应的安全质量和施工效率问题也很难得到有效的管控；同时地质工况复杂，施工工艺要求高，缺乏对施工参数的有效指导，存在施工风险（由地质引起的施工参数异常，无案例、无经验、无指导）缺少定量化的数据，支撑新项目掘进和预警，亟须研究建立一个先进的数字化协同建造平台来对整个项目进行科学高效的管理。本平台运用 BIM、大数据、微服务、物联网、移动互联网、人工智能等新技术，紧密结合陕西省引汉济渭输配水工程 TBM/盾构施工管理的难点和重点，构建基于 BIM 技术的数字化协同建造平台。

2. 平台主要功能和架构

基于 BIM 技术的数字化协同建造平台实时方案主要包括以下五个模块：BIM 信息管理、TBM 状态管理、施工进度管理、施工质量管理和施工安全管理（见图 7-40）。平台架构包含四个层次（见图 7-41）。

图 7-40　秦岭输水隧洞智能管理平台功能框架

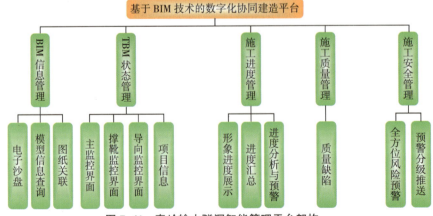

图 7-41　秦岭输水隧洞智能管理平台架构

（1）BIM 信息管理。

对 BIM 模型进行轻量化处理后，导入平台系统，利用 Unity3D 技术实现大体量模型数据的快速加载与展示，可直观地查看现场地形、地貌及地质情况，便于施工单位进行场地布置、施工便道规划与施工准备。根据 BIM 模型，即时查看隧道工程各个构件、BIM 模型及模型上附带的设计参数。方便现场技术人员随时查看和了解设计信息。如图 7-42 所示。

图 7-42　查看模型设计信息

（2）TBM 状态管理。

使用物联网、Unity3D 和边缘计算等技术，实时监控 TBM 掘进的工况数据、掘进位置、地质情况等隧道施工关键信息。对 TBM 设备的主要施工参数进行采集和监控，包括主监控界面、撑靴监控、变速箱监控、刀头及导向监控，如图 7-43 所示。

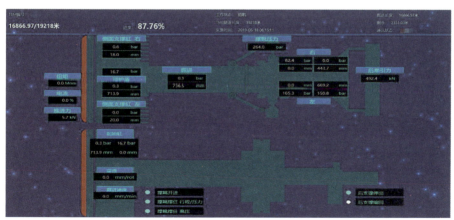

图 7-43　TBM 状态监控

（3）施工进度管理。

基于 BIM 技术，结合 Unity3D 和物联网技术，在三维空间实时展示 TBM 掘进状态、工况参数和施工进度等实时数据。将 BIM 模型与隧洞施工进度数据相关联，可以形象展示出当前实际施工进度及进度计划，如图 7-44 所示。

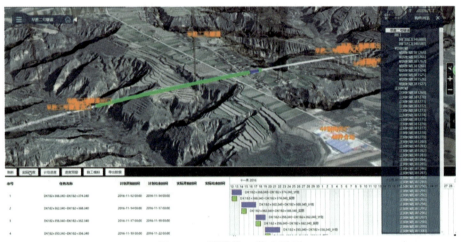

图 7-44　隧道施工进度展示

（4）施工质量管理。

通过手机微信程序系统对现场存在的质量缺陷问题进行拍照、记录与提交。建立并发起现场问题处置流程，在 BIM 模型上对有质量缺陷的位置进行标记，点击标签自动关联至详情，能够查看当前流程处理节点及最终处置结果。同时，对 TBM 施工的轴线偏差情况进行实时动态查看，确保施工线路精度控制，如图 7-45 所示。

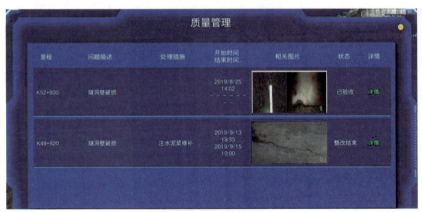

图 7-45　施工质量管理

（5）施工安全管理。

对隧道初始风险、处理预案、超前地质预报情况分别基于模型和表单进行显示，对于临近的风险源提前进行预警。对已通过的风险点记录其实际施工措施，便于对历史事件进行追溯查询。如图 7-46 所示。

图 7-46　施工安全管理

3. 平台对引汉济渭工程实施的支撑作用

本平台在确保施工安全的前提下，大力提高了整个项目的施工和管理效率，通过 BIM 协同管理和大数据分析与建模，实现 TBM 项目可视化、智能化管理和科学决策。本平台解决了 BIM、大数据和系统集成技术，基于自主研发的数字化协同建造平台，实现设计信息向施工信息的无损传递。利用 BIM 的空间拓扑信息、资源信息进行三维表现，支持项目施工进度管理、施工安全管理、施工质量管控，实现设备、风险、进度信息的 3D 全面展示与精细化管理。

第五节
公司智慧化规划与展望

一、智慧引汉济渭建设整体设想

为全面打造智慧引汉济渭，公司在现有引汉济渭信息化系统的基础上，联合科研院所、高等院校、信息化公司等跨行业、跨学科机构组成研发攻关团队，完成了创新实用、技术先进、系统科学的智慧引汉济渭顶层设计，并参照水利部下发的智慧水利总体方案进行修改完善。将建立全面高效的"一云一池两平台"，系统提升和建立全生命周期工程建设和运行管理。引汉济渭公司信息化二期规划中要围绕后期运行管理需求，确立"智慧水利"建设目标，打造全国智慧水利工程新样板，如图 7-47 所示。

图 7-47　智慧引汉济渭建设整体思路

1. 准确把握需求，确立智慧引汉济渭目标

以采集监控为基础、信息资源平台为核心、智能应用为重点、网络安全体系和综合保障体系为支撑，由一张图和数字化模型提升展现和交互的智慧引汉济渭工程，如图 7-48 所示。

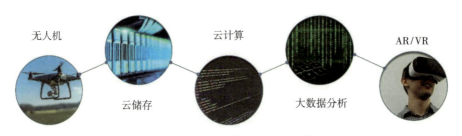

图 7-48　智慧引汉济渭建设技术基础

2. 坚持问题导向，实现工程全生命周期管理

以 BIM+GIS 技术为基础，建立涵盖安全监管、质量管控、进度管控、成本管控和廉洁管理五大业务的工程全生命周期管理平台，如图 7-49 所示。

图 7-49　智慧引汉济渭工程全生命周期管理平台

3. 立足环保需求，搭建多维生态监测网

基于多种微传感器和区块链，建设大秦岭野外水生态基地与实验站、水生态实验室、样本中心和展示互动中心，打造绿色精品工程，如图 7-50 所示。

图 7-50　智慧引汉济渭绿色精品工程建设

4. 聚焦运行需求，深化智慧应用

建设集成实现实时水雨情、工情精准收集、突发事件应急照明与指挥智能调度平台，创建工程智慧应用的空中大脑和水下卫士，如图 7-51 所示。

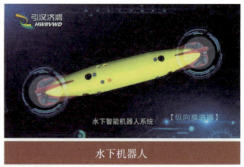

智能调度　水下机器人

图 7-51　智慧应用系统

5. 结合预期需求，铸造智能调度体系

建设易扩展、智能化的可实现展现和交互智能调度体系，打造智能调度和管理平台，如图 7-52 所示。

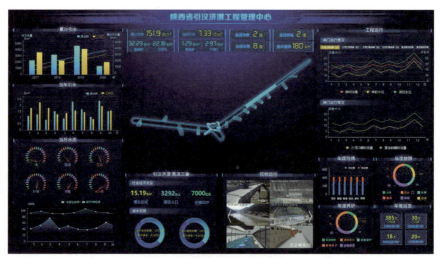

图 7-52　智能调度和管理平台

二、智慧引汉济渭平台框架设计

引汉济渭公司以水利部印发的《关于加快推进智慧水利的指导意见和智慧水利总体方案的通知》《关于印发水利网信水平提升三年行动方案（2019—2021 年）的通知》文件为指导，以创新性、前瞻性和实用性为原则，以智慧化理念为导向，面向引汉济渭各层级业务的智能化，以感知网和信息网为基础，以"一云一池两平台"构建的智慧大脑为核心，以智能应用为重点，以网络安全体系和综合保障体系为保障，形成智慧引汉济渭总体框架，如图

7-53 所示。

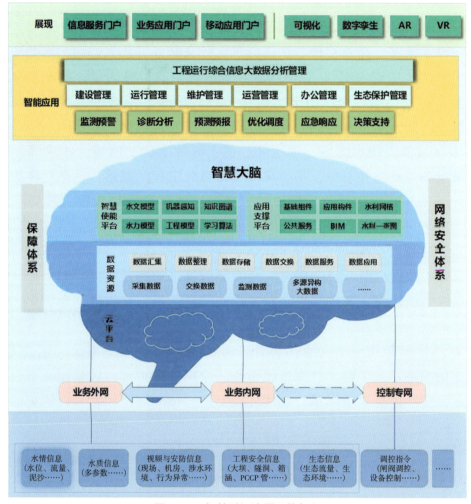

图 7-53　智慧引汉济渭总体框架

透彻感知、全面互联、深度挖掘、智能应用、泛在服务是智慧水利的基本特征。智慧引汉济渭总体框架应具备智慧水利的基本特征。

（1）透彻感知：依托感知网实现，感知网是智慧引汉济渭的"感知系统"，实现智慧大脑对涉水对象及其环境信息的监测、感知，是智慧大脑获得信息输入的渠道。

（2）全面互联：依托信息网实现，信息网是智慧引汉济渭工程的"神经系统"，建立起大脑与"感知系统末梢"的连接。

（3）深度挖掘：依托云平台实现，云平台是智慧大脑的"物质基础"，负责对海量感知数据进行大规模存储和计算，是智慧大脑进行记忆和思考的载体。

（4）智能应用：依托各类智慧化业务应用实现，覆盖智慧施工、安全运行、科学调度、高效管理、快速应急、社会服务等几大方面，这些应用是智慧大脑的"功能表现"，智慧大脑具备的智慧能力将通过这些业务应用来得到发挥，最终实现引汉济渭工程在仿真、诊断、预测、调度、控制、处置、管理、服务等多方面的业务服务能力升华及智慧化。

引汉济渭工程水源区、输水区、受水区的水位、流量、水质等，工程及设施设备等是感知对象，是引汉济渭信息化工程的基础，也是泛在服务的对象；基于新一代信息技术构建的智慧引汉济渭平台是数据（感知结果）、信息（互联的对象）、知识（深度挖掘的成果）和智能（智慧的功能体现）的载体，是智慧引汉济渭的核心。工程的智慧施工、安全运行、科学调度、高效管理、快速应急、社会服务，是智慧引汉济渭的业务内容和目标。通过智慧引汉济渭建设，实现引汉济渭工程的"全监控、全物联、全优化，建设和管理的安全高效"。

在总体框架指导下，总体设计任务包括：信息采集系统、监控系统、综合通信网络、云平台、数据资源中心、应用支撑平台、智慧使能平台、应用业务系统、信息安全体系、实体环境工程、标准规范体系、系统集成。

三、智慧引汉济渭需求框架规划

项目设计任务和智慧引汉济渭总体框架规划，系统建设有六大方面需求：业务需求、信息需求、基础设施需求、采集监控需求、保障体系需求、系统集成需求，如图 7-54 所示。

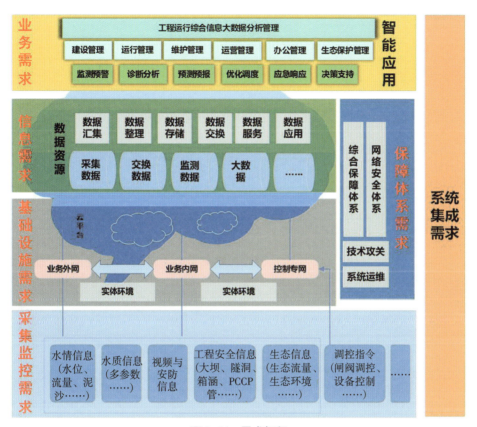

图 7-54　需求框架

第八章

模式创新，精准管理促发展

引汉济渭精准管理模式的形成肯定不会是一日之功，而是贯穿于项目的准备、规划、建设和运营各个阶段。模式的形成过程既受到工程建设过程中各类因素的挑战与影响，也受到公司强烈发展内在动力的推动。它的形成既符合大型水利工程项目的管理原理，又具有引汉济渭公司的鲜明特色。它既是对引汉济渭工程管理实践的总结和理论概括，也是引汉济渭公司管理方面不断进取的理想目标。它既能对引汉济渭公司未来经营发挥重要指向和引领作用，也能对同类水利工程企业的管理提升起到重要指导和借鉴作用。

引汉济渭公司自 2013 年成立以来，经过多年探索与实践，逐步形成了精准管理的思想基础，也积累了扎实的精准管理实践基础，同时，还产生了许多精准管理探索成果。进一步从理论角度总结提炼，最终形成了一套具有引汉济渭公司特色的精准管理模式，并希望用此指导今后所面临的管理难题。

本章将分五节进行详细的分析和总结：①公司精准管理模式形成的思想基础分析；②公司精准管理模式形成的实践基础分析；③引汉济渭精准管理模式理论架构的形成与归纳；④引汉济渭精准管理模式内涵解析；⑤企业思路决定未来出路，精准管理任重道远。

第一节
公司精准管理理念形成溯源

引汉济渭精准管理理念的形成经历了不断积累和深化的过程，也受到了多方面因素的共同影响。经历了公司不同发展阶段的多重锻造，最终通过外部管理专家的理论总结和系统归纳后逐步变得明晰。

一、公司"精准管理"理念形成过程

1. 领导层精准管理理念的形成基础

公司在 2013 年刚成立的时候，处境十分困难，不论是资金、人员、办公地点，还是各项管理制度大多处于缺乏、不足或待定状态。面对各种困难和问题，公司领导层特别是主要领导具有坚定的必胜信念，决心克服一切困难，把企业带入发展的快车道。

公司领导层大都长期从事水利工程建设和水利部门管理工作，是技术和管理方面经验丰富的专业人员。过去长期的水利工程建设经历以及积累的技术和管理经验，对精准管理的形成起到了重要的铺垫作用。

公司领导班子所具有的改革创新精神、锐意进取精神和团结奋斗精神，也是引汉济渭精准管理形成的重要思想基础。对引汉济渭精准管理理念的逐步形成和明晰化起到了助推作用。

2. 引汉济渭精准管理理念的形成过程

可以说引汉济渭精准管理理念形成经历了一些重要的探索阶段。

引汉济渭工程是一项投资巨大的民生工程。在公司刚成立时，作为项目法人管理公司，并不是一般意义上单纯的以获取利润为目标的企业，而是由"陕西省引汉济渭工程协调领导小组办公室"转制而来，主要代表政府出面融资筹资，管理工程建设和后期经营。整个工程资金需求达四五百亿元，国家只能解决其中 1/3，加上陕西省财政投入，尚需大量资金通过其他多渠道进行筹集。因此，如何精准筹资，同时降低筹资成本就成了当时的主要任务之一。公司成立初期，由于工程建设和管理涉及专业领域多，各类人才严重不足，在团队建设方面，如何通过人才招聘、工程招标、院校合作等渠道提升工程建设和管理团队实力，如何通过项目合理计划、组织、协调、监督及科学评价让各类团队实力顺畅转化为实干行为，通过实干加巧干，最终转化为工程实效，这也成了公司用人机制不断完善的推动力。求"实"就成了该阶段发挥人才作用的核心思想。

随着工程逐步进入大规模建设时期，公司发现许多工作制度、工作流程、议事规范、工程标准等不规范或无标准、无规范，严重影响了工程建设和公司管理效率，制度化建设成了管理工作的当务之急。围绕制度、规范、标准、流程等制定过程，如何科学严谨地制定出各类切合实际的规章制度？如何在有章可循基础上，严格执行各类规章制度就需要坚持原则，积极实践。同时对制度执行结果如何监督和反馈也需要有一个严肃的态度。故"严"字成为公司理性管理的核心思想，并需要将其贯彻于整个制度建设、执行和反馈的各个关联阶段。

随着工程建设逐步推进，发现工程项目的难度超出了预先设想，工程被专家认定为"综合难度世界罕见"，再加上移民扶贫工作、征地补偿工作的艰难性，工程建设遇到了前所未有的难度和环境因素的严重制约，工程建设进度和投资显现出了偏离原有工程目标的不利态势。面对各种难题，公司领导层考虑在保证工程安全和质量的前提下，如何面对困难局面控制工期和费用的偏离程度，使工程目标的变化控制在可控和可接受的范围内，这成了工程建设中后期阶段的关键问题。"准"就成为管理者确定目标、控制目标时高度重视的重要问题，不仅要求安全、质量和费用等主要目标要定位准确、执行得当，而且对工期目标的规划也要考虑会受到许多不确定性因素的影响，要切合实际，确定的目标最终要能够准时完成。与此同时，对工程项目基本目标之外的移民扶贫目标、环境保护目标、水土保持目标及企业的其他社会责任目标，均要达到合理要求，有准绳、有底线。故求"准"成了目标导向和目标管理的最基本的追求。

为实现目标"准"的要求，必须在基础管理工作中强调和贯彻精益管理、精细管理和精确管理，三者各有侧重，相辅相成，成为一切管理工作的基础理论和工作思路。求"精"又成了搞好管理工作的理论基础和核心理念。

工程建设中出现的许多新问题，如岩爆、涌水、高温、硬岩、长距离通风等，必须依靠多方面的技术创新和管理创新来解决。"创新""创造""创建"成为工程建设整个过程中突出的主旋律。"三创"意识逐渐深入人心，企业探索利用各种方式开展创新活动，解决了许多工程难题，取得了大量科研成果。

随着企业信息化的推广和应用，引汉济渭公司成了水利行业信息化示范企业。随后，智能化、智慧化和智谋化新理念进入企业创新领域，以"智"取胜成为目前引汉济渭新的共识，公司提出的"智慧引汉济渭"变成了今后企业改革创新的新目标。

虽然，公司在精准管理模式创新方面做了大量和多方面的探索，但精准管理是一个不断进取的目标。如果按精准管理的高标准要求，公司仍然在管理创新方面存在许多不足，还有进一步提升的空间。今后一段时间内，公司仍然需要在精准管理的探索征途上继续进取，不断进步。

3. 大型复杂项目管理水平提升的实践倒逼

引汉济渭精准管理模式创新既是引汉济渭人努力进取的成果，也可以说是引汉济渭工程这类大型复杂项目管理水平提升过程实践倒逼的结果。该项目技术难度之大出乎早期规划阶段的设想，遇到的技术难题多种多样，参与单位众多，协调、管理工作复杂，环境干扰因素层出不穷，严重影响工程建设中的安全、质量工作，最终均可能转变成为工程进度延迟和投资增加的重要影响因素。在此情况下，强调"精""准""严""实""创""智"为基本内涵的精准管理理念成了控制项目目标精准达成的基本思路，也是提升水利类企业管理水平的必然要求。

4. 现场管理人员探索和参建单位管理创新

精准管理创新既体现了引汉济渭公司领导团队精准管理理念上形成的共识，也反映了公司基层管理工作中的许多管理探索和各参建单位管理工作的创新成果。公司倡导的管理新理念需要基层实施落实、创新性执行。比如，为了提升工程安全管理水平，利用人脸识别系统，可实时了解工作现场人员信息，万一出现安全事故，可及时获得现场人员的实时信息。再如，对于施工安全费用投入，提出了先投入后经严格核准后及时补偿的管理手段，保证了各建设单位足额投入施工安全费用，从资金投入上保障了安全措施落实。又如，为保证各参建单位给农民工能按期足额发放工资，不出现工资拖欠问题，公司专门为农民工设立了银行账户并实施严格监督管理，从人力资源方面保证了用人数量，为项目工期"准时"起到了重要保障作用。再如，在隧洞施工过程中，为了预防岩爆发生引发的安全事故，引入岩爆超前预警系统，通过制定应对预案，解决了岩爆对安全生产和进度控制造成不利影响的问题。

5. 公司文化影响精准管理理念形成

企业文化是企业在长期生产经营过程中，逐步形成的、全体员工认同并遵守的、带有本组织特征的使命、愿景、宗旨、精神、价值观和经营理念。

精准管理离不开企业文化的引导和保证。为此，公司在发展过程中特别重视文化建设，做了大量工作，不仅形成了以"敬业、创新、严谨、感恩、包容"为核心的企业文化，而且注重培育与企业精准管理相适应的精准文化。除积极倡导"敬业""创新""严谨""包容"等文化要素之外，还特别倡导以"感恩"为主体的文化，这为企业改革和管理创新中处理好各类关系起到了重要的保证作用。真正形成了用文化规范行为、用文化积汇力量、用文化凝聚人心和用文化打造品牌。在全社会和广大员工中树立起"引汉济渭，造福三秦"的使命形象、"绿色产品，绿色环境"的注重环保形象、"爱岗敬业，奋发进取"的员工队伍形象和"内有亲和力，外有影响力"的卓越企业家形象。

二、研究团队精准管理模式凝练作用

引汉济渭精准管理模式的逐步形成和清晰化、系统化，除引汉济渭人（包括业主和各参建单位）大量管理实践探索的重要作用外，西安理工大学精准管理研究团队也起到了辅助性理论总结和系统化归纳作用。

1. 研究团队深入现场详细调研

研究团队跨越三个年度（2019~2021 年）的大量调查，涉及公司高层、中层到基础管理三个层面；从公司成立时的老员工到入职几年的新员工；从公司总部各个管理部门到工程现场各个分公司，以及不同的子公司。从业主单位到多个参建单位；从参建单位中的设计单位、监理单位到各标段施工单位；从两个水库大坝建设到秦岭输水隧洞以及二期配水线路部分现场，并多次深入隧洞施工现场，亲身感受高温、岩爆的影响；从岭南汉中市洋县境内汉江干流的黄金峡、汉中市佛坪县和安康市宁陕县交界处的汉江支流子午河的三河口到岭北西安市周至县境内黑河右岸支流黄池沟，一路风尘，深入调研，积累了大量一手调研资料，收集整理了丰富的企业二手资料。这些艰辛努力为本研究打下了扎实的调研基础。

图 8-1　研究团队到分公司调研

图 8-2　研究团队进入生产现场调研

2. 研究团队长期管理理论积累

研究团队多位核心成员具有丰富的管理理论研究基础和长期的管理科

学研究经验积累，特别是对企业管理创新、管理模式、管理机制、项目管理和企业信息化等方面有扎实的研究基础。项目研究团队负责人西安理工大学经济与管理学院朱宗乾教授长期从事企业管理创新研究和企业信息化研究，曾承担包括国家自然科学基金项目在内的科研和教学项目40余项，在国内外重要学术期刊发表研究论文70余篇，主编教材1部，获得包括国家级、省部级在内的科学研究和教学成果奖励15项；团队核心成员西安工业大学经济与管理学院党委书记、副院长姬浩教授，西安交通大学管理科学与工程博士，在企业信息化领域和交通仿真建模、物流运输优化等领域有大量研究成果，参与国家自然科学基金、长江学者创新团队计划、国家社科基金项目4项，主持国家社科基金项目1项、教育部人文社科基金项目1项、省部级基金项目4项，厅局级基金项目5项。在国内外重要学术期刊发表论文30余篇，获得省级科学技术奖励三等奖、厅局级科学技术一等奖各1项；团队核心成员西安理工大学经济与管理学院管理科学与工程系主任蒲国利副教授，西安交通大学管理学博士，陕西运筹学学会理事，在供应链管理、可持续运营、质量管理等方面有丰富的研究成果，主持或参与国家级、省部级项目10余项，发表学术论文20余篇，参编专著1部，教材1部，获省级科学技术奖三等奖1项，陕西省高等学校科学技术二等奖2项。团队核心成员西安理工大学经济与管理学院侯琳娜副教授，西安交通大学管理科学与工程博士，在系统分析、管理机制设计等方面有丰富的研究成果，其中合作出版专著1部，发表学术论文20篇，获省部级以上奖励1项。团队成员的管理理论研究积淀，是引汉济渭精准管理总结和理论提升的有利条件和成果形成的研究基础。

3. 研究团队全面深度沟通

在项目意向期和项目立项后整个调研过程中，研究团队与企业管理层大部分成员进行了深入的沟通，在反复沟通基础上对精准管理的内涵、特点、基本特征、管理实践与今后进化路径等达成了多项共识。并通过参加水利信息化、水土保持及水利行业信息技术推广等方面的学术会议，通过聆听引汉济渭公司高层在不同学术会议上的主题发言，获得了大量有关技术和管理等方面的创新信息。在此基础上，经过反复总结、归纳、提炼、提升，提出了引汉济渭精准管理屋理论模型，解析了精准管理的基本内涵。将此作为引汉济渭公司不断追求管理进步的基本方向和目标。

图 8-3   研究团队与企业管理层研讨交流

公司精准管理实践系统总结

引汉济渭管理实践反映了精准管理许多表象特征，除前面第三至第七章所论述的党建工作、项目管理、公司管理、科研创新、信息化开发等不同方面精准管理创新实践之外，还需要对引汉济渭精准管理实践从创新思维和理念层次展开系统性总结，以便从管理实践的不同层面捕捉精准管理模式的构成要素，这是精准管理模式研究的一种有效途径。

一、超前思维，精准布局未来经营

系统思想是管理哲学的核心思想，善于用系统思维，统筹规划企业的战略发展路径是引领企业走向快速发展之路的重要法宝。

引汉济渭工程具有明显的阶段性特征，当工程建设阶段结束后，企业就进入了全面经营阶段。如果不在建设期充分预见和谋划经营期的一些要求和提供充分的经营资源，那么对于水利工程运营的宿命而言，或将历史性地陷入困难期，之前的许多水利工程在运维阶段能维持基本运营都常常十分困难。所以在建设期就要充分考虑未来经营的问题和战略需求，超前做出预测和布局，是将来更好经营的重要保证。引汉济渭公司主要产业布局和超前性的集团化战略安排就是一种具有前瞻性和使命感的主动探索。

1. 公司未来产业谋划布局

（1）做大做强核心主业供水板块。

供水板块属于公司的核心业务，以黄金峡水利枢纽、三河口水利枢纽为水源，其中黄金峡水库总库容 2.21 亿立方米，三河口水库总库容 7.1 亿立方米。采取分时期逐步提升供水量的方案，预计到 2025 年供水 10 亿立方米，预期 2030 年供水达到 15 亿立方米。预期 2025 年供水收入 14 亿元左右，2030 年达到 28 亿元左右。同时，立足引汉济渭输配水干线工程，将产业链向下游延伸，对部分重点受水用户配套建设支线工程和水厂，将供水板块做大做强，进一步通过对陕西水网的智慧调度，可获得更大的经济效益和社会生态效益。

（2）用好用活降本增效的发电板块。

工程充分利用陕南丰沛的水力资源，配套建设了三河口电站和黄金峡电站，两电站分别位于三河口水利枢纽和黄金峡水利枢纽。预计两座电站年发电收入将超过 1.5 亿元。

三河口水利枢纽多年平均调水量 5.46 亿立方米，其电站装机容量为 6.4 万千瓦，预计三河口电站多年平均发电量为 1.325 亿千瓦时。

黄金峡水利枢纽多年平均调水量 9.69 亿立方米，其坝后式电站安装 3 台发电机组，总装机容量 13.5 万千瓦。多年平均发电量 3.87 亿千瓦时。

另外，计划同步在黄金峡库区水面建设光伏发电，以补充泵站抽水用电，进一步降低未来输水运行成本。

（3）合理开发保护生态的水利风景区板块。

根据水利景观设计要求，工程区景观纳入工程预算，与主体工程同步设计，同步施工，建成就可开展工业及生态旅游。结合水源保护区规划，同步推进水利风景区建设。其中，三河口水利枢纽 2021 年建成后可对外开放。依据《水利风景区总体规划纲要》，预计 2030 年年度收益将达到 12.38 亿元。同时，结合水源地保护与扶贫开发，做好与旅游相关联的绿色生态产品开发，增加水利风景区板块收益：①做大"子午谷"茶产业；②开发中药材（天麻）、香料（檀香）；③开发子午商贸生态大米等当地特色农副产品。

（4）倾力打造国内品牌饮用水板块。

依托秦岭水源地汉江优质天然水宝贵资源和引汉济渭品牌优势，通过混合所有制改革，做大做强包装饮用水产业，把"子午玉露"品牌打造成国内知名饮用水品牌。子午玉露取水点为一条名为九关沟的溪流，它位于秦岭南麓的天华山国家级自然保护区内，采用了德国纳滤膜法水处理设备及无菌灌装工艺，最大程度地保留了原有水质的有益物质和山泉口感。2018 年子午水厂取得国家食品生产许可认证（SC）及工业生产许可证书，获得市场准入。2019 年全面通过 ISO22000 质量食品安全管理及 ISO9001 质量管理体系认证。

2. 公司集团化发展创新思路

依托引汉济渭工程建设，经过现场工程管理工作磨砺，公司逐步培育出了一大批工程建设管理、合同计划组织、安全质量控制、移民环保统筹等方面的复合型人才。以此为基础，公司需要超前规划和布局，全面推进集团化发展。在工程建设中，已先后成立了宁陕开发公司、熹点文化科技传播公司、子午建设管理公司、勘测设计研究院有限公司等子公司。同时，公司积极加快推动对外战略合作，引汉济渭公司分别与中铁高新工业、中铁十七局合资注册成立善水水务公司，与太极计算机公司、江苏亨通海洋光网系统公司组建了陕西智禹信息科技公司。引汉济渭公司在集团化发展方面迈出了坚实的步伐，积极展开了针对未来经营的超前布局。

（1）施工力量由内部项目建设延伸为对外工程承包。

大河坝分公司成立于 2013 年，位于汉中市佛坪县大河坝镇，是引汉济渭公司派出的项目管理机构，主要负责三河口水利枢纽、秦岭输水隧洞（岭南段）工程等关键标段的建设和管理工作，是公司内承担监管任务最重、技术难度最大的分公司，尤其是岭南 TBM 施工段的施工难度创出了多项国内第一和世界第一。

黄金峡分公司设立于 2013 年，是引汉济渭公司派出到黄金峡水利枢纽（含秦岭隧洞黄三段隧洞）的项目管理机构，主要负责工程安全、进度、质量、投资控制及合同执行的现场管理及相关参与黄金峡水利枢纽工程前期规划设计等工作。

随着工程进展逐步进入施工中后期，公司必须考虑工程建设期培育出来的、许多拥有现场丰富的技术和管理经验的各类人员未来的出路，以及公司今后的盈利方向，必须超前布局公司这类人力资源未来如何充分发挥作用等问题。

2017 年 7 月引汉济渭公司出资成立了陕西子午建设管理有限公司。公司经营范围为水利水电工程的建设、运营及维护管理；水利水电工程的设计、施工、监理及技术咨询；企业内部员工培训；业务发展需要的其他投资项目等。资质范围为水利水电工程施工总承包三级资质，水利水电工程监理乙级资质。

通过各分、子公司在为引汉济渭工程建设服务的大局下，探索如何逐步转变和深化服务职能，扩展对外业务范围，逐步增强在大市场经济背景下的经营生存能力，为今后完全走向市场竞争打下了扎实的基础。

（2）公司建设资源由内部服务为主逐步向社会服务延伸。

为了更好地发挥公司已有建设资源的重要作用，公司于2014年7月成立了宁陕引汉济渭开发有限公司（全资子公司），负责公司服务职能进一步向社会服务职能转变工作。

子公司经营范围为旅游开发、建设、经营与服务，酒店建设、经营与服务，山泉水系列产品生产、销售，石油、润滑油批发、零售，会议服务，商业贸易经营，工艺品研发、生产销售，等等。

目前，宁陕引汉济渭开发有限公司主要在引汉济渭工程沿线投资建设水利风景区项目及工程配套项目，未来将主要面向社会服务需求开展相应的住宿、会议接待、参观等水利风景区旅游相关服务工作。

其中，宁陕开发公司接待中心和加油站项目已建成并投入运营；山泉水也取得相关认证并进入城市大型超市；子午梅苑项目开发完成并进入试运营。这些项目率先实现了由工程建设向经营期的转型，为公司未来经营积极探索新路径。2020年以来，熹点文化公司业务经营能力得到了大幅提升，"无人机"系列产品在服务引汉济渭主体工程的同时也开展了一系列对外服务工作，并取得了明显的成效。

（3）科研设计力量由解决项目技术问题转向对外技术服务。

公司在工程项目建设期建立了相应的科研、设计部门，形成了强大的科研和设计力量，工程建设完成以后，这些设计人员将向何处去，需要提前布局和安排。

勘测设计研究院有限公司经过不断努力，取得了多项行业工程设计资质。为全面提升设计人员的业务能力和水平，设计院不定期外派员工赴中电建西北院等大型设计单位实习，通过学习其他公司先进经验，强化人员梯队搭建，努力实现人才培养与岗位要求的对接。善水水务、子午建设等子公司不断扩展涉水项目和相关产业的投资开发、经营管理范围，在水利工程施工运营和建设监理技术服务等方面硕果累累。在工程建设中，通过不断锤炼设计和研究人员的能力，提升公司未来发展空间，依据公司集团化发展需要，积极探索对外服务的各种新路径。

（4）信息化建设力量由公司信息化向对外信息化服务延伸。

引汉济渭公司近几年信息化工作突飞猛进，信息化水平在本行业处于领先水平，2019年水利部在引汉济渭组织了水利行业信息化推广学术会议，与会代表参观了公司信息化示范应用。随着公司信息化工作的加速开展，在系统需求调研、系统开发、系统维护及系统运维管理方面培养了一批信息化应用人才。公司决策层考虑到公司信息化、智慧化开发与运维工作需要继续开展，并不断深化，进一步考虑信息化人才所具有的潜能有更大发挥空间。公司决定与太极计算机股份有限公司、江苏亨通海洋光网系统有限公司联合组建混合所有制的陕西智禹信息科技有限公司，通过强强联合，一方面为引汉济渭公司提供优质信息化服务，保障引汉济渭公司信息化系统的运维管理工作，作为引汉济渭信息化系统的技术支撑团队。另一方面通过引汉济渭项目，实行先培育、后输出的发展模式，锻炼人才，逐步扩大服务范围，实施由省内水利企业向水利行业企业，再到全国企业服务的一种扩张型发展战略。

二、目标导向，借智创新迎难而上

面对工程建设中遭遇到的各种技术与管理难题，只有迎难而上，坚持创新，通过创新机制完善、科研成果积极运用和信息化平台建设，才能有效达成企业建设和运营目标。

1. 创新机制主动改善

创新是技术和管理进步的力量源泉。创新机制的完善推动了创新工作的积极开展。

（1）创建院士专家工作站。

为推动产学研合作，发挥院士专家的技术引领作用，协助公司解决引汉济渭工程在建设及运营管理中存在的一些技术难题，加快重大科技成果转化，为公司科技创新提供技术支撑，2016年公司获批设立"引汉济渭院士专家工作站"。中国工程院王浩院士、中国科学院陈祖煜院士、中国工程院张建民院士先后入驻过"引汉济渭院士专家工作站"。

（2）设立博士后创新基地。

引汉济渭公司秉持大国工匠精神，创新理念，敢为人先，以精准管理为抓手，实施"人才第一"理念，稳步推进工程建设和公司发展。2016 年 8 月，经陕人社函〔2016〕623 号文批准，公司设立"博士后创新基地"，为深入实施人才强企战略，积极推进产学研结合，加快完善公司科技创新体系平台建设，吸引、培养和造就高水平的科技创新人才。

（3）建立劳模创新工作室。

劳模创新工作室于 2019 年 7 月筹建，2020 年 1 月 9 日正式挂牌成立，工作室由"全国劳动模范"李元来领衔创建并负责。主要任务是围绕引汉济渭工程建设中面临的一些关键技术和难题设立创新项目，开展技术攻关、技术研究和技术推广。

（4）成立孟晨创新工作室。

为加快培养高技能专业人才，高素质创新人才，助力引汉济渭工程建设关键技术创新，公司成立孟晨创新工作室，该创新工作室致力于学习国际顶尖高科技技术，并结合引汉济渭工程建设需要展开应用研究。一方面开展无人机在引汉济渭工区的巡查、测绘、救援和直播等应用研究。另一方面开展 VR、AR 等视觉技术研究，以新颖、生动、直观方式将引汉济渭工程更加全面地展现出来。

2. 创新成果积极应用

（1）面向工程建设，坚持全方位科技创新。

引汉济渭工程多项施工技术超越现有规范，综合难度极高。公司着眼工程建设需要，开展技术研究和推广应用，有力支撑了工程建设。

1）发挥各类创新工作室作用。

引汉济渭院士专家工作站为工程的顺利实施提供了强有力的技术指导，为公司培养创新人才及优化人才队伍提供了良好保障。通过引智与借智的方式，与院士专家合作攻关破解难题。以"十三五"规划期间为例，公司开展科研工作 20 余项，并将多项研究成果应用于工程之中。五年期间，累计获得财政科研经费 981 万元，公司配套研究资金达 7000 万元。

博士后创新基地的设立，为培养造就高层次科研和管理人才，提高公司科技创新能力、促进科技成果转化起到了重要作用。

李元来劳模创新工作室始终发挥劳模自身优势，树好劳模先进品牌，带领团队开展水利工程相关技术创新、课题攻关。截至 2020 年底已申报实用新型专利 1 项并获国家专利局授权，另申报了发明专利 1 项，正由国家专利局实质审查。

孟晨创新工作室自成立以来，一举拿下陕西省五"首"：拍摄制作陕西省首部 VR 全景工程介绍片；实现陕西省首次 4G 实时 VR 全景直播；实现陕西省首次 4G 实时无人机航拍直播；实现陕西省内首次无人机防汛救援演练；拍摄制作陕西省首部 VR 航拍纪实片。此外，工作室被授予"金翅奖·中国科技创新优秀发明成果"殊荣。2017 年，引汉济渭孟晨创新工作室荣获"陕西省示范性职工（劳模）创新工作室"称号。

2）利用科研成果解决工程难题。

例如，利用《引汉济渭工程施工期洪水预警预报研究》的阶段成果，采用数字高程和现代水文预警预报技术，成功在三河口水利枢纽建立洪水预警预报系统；利用《施工通风方案研究》获得的成果，在隧洞钻爆法无轨运输条件下，独头掘进施工通风距离达 6386 米，创造了国内同类工程施工通风的最新纪录。

3）重视应用新工艺、新设备。

通过应用新工艺、新设备，推动信息技术与工程建设融合发展，实现引汉济渭工程环保设施图像监视和水质检测全覆盖，形成施工现场和公司远程两级监测网络；在钻爆法施工的隧洞，引进多功能快速钻机、多臂钻台车等先进设备；采用先进设备和技术，构建了两级测量控制系统，采用双频 GPS 技术、GAMIT 等软件和交叉导线或双导线测量方法，确保测量控制精度，保证了隧洞的高精度贯通。

（2）面向企业发展，重视全面信息化设计。

结合引汉济渭工程建设和公司管理实际，运用多种信息技术和手段，推进全天候、全方位、全要素、全过程管控，取得了显著成效。

1）研发三河口水利枢纽施工期监控管理智能化系统。

该平台集成"1+10"的系统模块，将 BIM 技术引入三河口水利枢纽工程的建设中，包括大坝建设智能温控、综合质量、车辆跟踪、进度仿真等功能，运用自动化监测技术、数值仿真技术等实现大坝智能温控、灌浆质量、碾压质量等信息实时采集、自动分析、实时预警，有效避免人为因素的干扰，实现了施工过程可追溯，为大坝全生命周期管理奠定了基础。

2）成功应用"无人驾驶碾压混凝土智能筑坝技术"。

该技术通过预先设置碾压速度、碾压轨迹、碾压遍数等施工参数，通过机载传感器可采集作业数据，实现混凝土碾压过程智能控制，有效克服人工驾驶碾压机作业碾压质量不稳定等缺点，使质量的标准化、程序化不受人为因素的影响，提高了碾压混凝土大坝施工质量。其后，又成功应用了"无人驾驶摊铺系统"。

3）融合应用三维 BIM 和 GIS 技术。

在黄金峡水利枢纽工程建设中，将三维 BIM 和 GIS 技术充分融合，将标准化的 BIM 模型有效导入建设管理平台和运行管理平台，实现了各专业、全过程的设计协同管理，在施工组织设计、专业间构筑物相互碰撞检查等方面取得了较好的效果。黄金峡水利枢纽三维协同设计与应用荣获 2019 年第二届中国水利水电勘测设计 BIM 应用大赛二等奖。

4）将智能管理系统应用于秦岭输水隧洞施工。

该系统通过对秦岭隧洞施工中的风险、质量、进度、TBM 监测四方面重点进行仿真、模拟、监控，从而实现秦岭隧洞的高效施工。如通过 BIM 模型建立隧洞风险实时管控系统。基于 BIM 模型，能够直观地看到断裂、岩爆、变形等不同类型风险点在隧洞中的分布情况，还原了隧洞的地质情况，做到对前方围岩重点监测，提前做好处理预案，从而有效控制施工质量。

5）引汉济渭办公大楼项目建设中 BIM 系统全面应用。

通过对工程结构、场地布置、施工组织、机电安装等工程进行仿真模拟测算，提升了项目建设效率，提高了建筑质量，缩短了工期，降低了建造成本。

6）引汉济渭二期工程中 BIM 得到全面推广应用。

初步设计阶段就开始导入 BIM，成为全国首例全数字化设计水利工程，不同设计人员或者设计单位可基于 BIM 模型进行可视化沟通、交流、讨论和决策，为设计方案或重大技术问题解决方案的综合分析、技术论证和协调设计提供了便利的接口。BIM 技术应用将贯穿于整个工程建设期和运行期的各个阶段，助力提升引汉济渭工程数字化、智能化水平，帮助公司贯彻绿色建筑理念，提升工程质量，节约资金成本。

（3）面向公司未来，重视顶层智慧化设计。

引汉济渭公司依据未来发展需求，提出了创建"智慧引汉济渭"的战略目标。为此，公司与太极计算机股份有限公司、江苏亨通海洋光网系统有限公司强强联合，引入混合所有制模式成立了陕西智禹信息科技有限公司。公司以实现水利水务智慧化为使命，基于云架构的数据资源池、智慧调水平台、智慧运维平台，力求将水利工程企业调度任务智慧化、运维体系标准化、工作流程规范化、诊断分析智能化、维护操作自动化、进度状态可视化、质量评估数字化、生产运行连续化、运筹决策科学化作为企业奋斗目标，致力成为中国水利工程智慧调水整体解决方案和智慧运维服务的领跑者，力争使公司成为中国智慧水利服务商的著名品牌。

三、精心筹划，兼顾社会生态效益

1. 建设教学实习基地

引汉济渭工程是陕西有史以来最大的调水工程，综合难度世界罕见，不仅是一项伟大的水利工程，更是一本鲜活的"水利工程教科书"，是水利教育实践的重要载体。公司先后与西安理工大学、西北农林科技大学、中国水利水电科学研究院等单位联合成立了五个创新创业实践教育基地，实现产学研有机结合，为工程技术创新和高校人才培养提供助力。

2. 创建科普教育基地

2018 年，在省引汉济渭公司，"中铁十七局钻爆法超长距离独头掘进示范性隧洞工程生产实践基地"揭牌。依托引汉济渭工程建立钻爆法超长距离独头掘进示范性隧洞工程生产实践基地，对持续深入推进超长隧洞标准化作业，攻克超长大隧洞的特殊地质、困难条件下施工等世界性难题起到技术支撑和科学保障作用。依托生产实践基地建设，在工程实践与理论知识之间架起一个教学科研、实践育人的平台，进一步深化产学研有机结合，加深双方在科技创新、人才开发、实践教学等领域的合作交流，实现互利共赢。

3. 统筹移民安置工作

建设征地和移民安置工作作为水利水电工程建设的重要组成部分和前置性工作，移民能否按时搬迁、妥善安置，直接影响工程建设的总体进程，安置效果的好坏直接关系到工程建设的进展、效益发挥乃至当地社会的稳定，所以安置工作意义重大。

引汉济渭工程自 2007 年 11 月启动以来，严格按照移民条例规定，实行"政府领导、分级负责、县为基础、项目法人参与"的管理体制，按照开发性移民方针，采取前期补偿、补助与后期扶持相结合的办法，使移民生活达到或者超过原有水平，工程建设中始终坚持"以人为本，保障移民的合法权益"的宗旨，坚持"建设一项工程，造福一方百姓"的崇高理念，通过工程建设带动移民群众增收、致富，实现移民群众"搬得出、稳得住、能致富"的总体目标，搬迁安置人口 10375 人。概算征地移民安置总投资373830 万元。根据当地环境容量条件，结合当地政府意见，经过调查论证，在洋县、佛坪县、宁陕县共设置 20 个集中安置点搬迁安置移民，移民工作取得了显著成绩。

4. 探索精准扶贫方式

引汉济渭公司充分发挥国有企业优势，以精准扶贫为抓手，投资 2.19亿元，探索通过水库移民搬迁、吸纳就业扶贫、投入资金专项扶贫、产业扶贫、驻村扶贫、结对帮扶、消费扶贫等一系列扎实有力的举措，真正实现建设一项工程，造福一方百姓。2017 年起公司连续 3 年被评为"陕西省助力脱贫攻坚优秀企业"，2018 年、2019 年先后被安康市委、市政府授予"助力脱贫攻坚优秀企业""社会扶贫先进集体"称号。2019 年 6 月宁陕开发公司下属子午水厂被评为"宁陕扶贫就业基地"，在精准扶贫工作中取得了优异的成绩。

5. 强调生态文明建设

自引汉济渭公司全面承担工程建设任务以来，始终坚持把生态文明建设作为一项重大政治责任，自觉践行习近平总书记生态文明思想和"绿水青山就是金山银山"的绿色发展理念，全面贯彻落实国家、陕西省关于生态文明建设和环境保护的重大决策部署，紧紧围绕国家生态文明工程目标和环评报告批复要求，严格执行工程建设和环境保护"三同时"制度，不断健全管理体系，完善制度机制，强化过程监管，扎实做好各项环境保护工作，受到了环保部门的好评。

子午梅苑就是一个水土保持与生态文明很好的案例。它位于安康市宁陕县梅子镇，占地面积 120 余亩，园区内种植梅花 11 大品种群、140 余个品种，是引汉济渭水土保持示范园一个重要的组成部分，也是集水土保持、知识科普、文化教育、水利风景区旅游、绿色扶贫和保护大秦岭宣传教育为一体的专业园区。

生态文明建设之所以能取得可喜的成绩，是依赖做好下述工作。

（1）健全体系，严控标准。制定了《环境保护管理办法》和《重点部位环境保护实施方案》，把环境保护工作纳入施工单位季度考核，实行"一票否决"，落实了施工及监理单位的环境保护工作责任。建立了分公司每天检查、公司移民环保部每周抽查、综合管理部每月督查通报的环保工作机制，确保了环保水保设施的正常运行。

（2）采取措施，严格执行。施工单位按环境评价报告要求建立了环保设施并采取了生物监测措施。配备了洒水车或自动喷洒设施定期洒水降尘作业。砂石骨料堆存采用围挡措施，弃渣清运采用篷盖措施，避免扬尘污染。生活垃圾集中外运处理。生活污水经过处理后用于周边绿化，确保不外排。

（3）创建设施，严保水源。针对秦岭输水隧洞 6 号、7 号支洞地处西安市水源地黑河水库上游的实际，公司投资 4000 余万元，建设了"高效沉淀池 + 快滤池 + 活性炭吸附"工艺的施工排水处理设施，处理后的排水达到 II 类水质标准。

6. 布局水利风景区建设

以保护涵养水源为初衷，通过水利风景区建设强化保护措施，借助当地经济发展进一步助推生态长效机制的完全建立。水利风景区建设项目是一个优化环境的生态工程，造福后代的利民工程，项目开发对提高村落品质、增强宁陕县、周至县、佛坪县、洋县竞争力具有重要作用，也有良好的经济效益、社会效益和生态效益。

（1）政策层面分析。

党的十八大、十九大将生态文明建设提升到国家战略层面，因此，引汉济渭公司水利风景区建设秉承保护水资源、改善水环境、修复水生态，是生态文明建设中人水和谐、人与自然和谐的典型示范工程。

随着国家推进"一带一路"建设，陕西在国家对外开放大格局中的地位更加凸显。陕南地区是陕西主动融入"一带一路"倡议的重要载体，也是陕西省积极构建区域性文化旅游中心和国际交流的重要平台。

陕西省第十三次党代会提出了"把水蓄起来、让水活起来、使水灵起来"的"水美三秦"愿景。为此陕西省政府办公厅于 2016 年 7 月 29 日出台了《关于加快推进水利风景区建设的意见》，其中就提出要结合引汉济渭、东庄水库等骨干水源工程，加快以生态修复为主的水利风景区建设。

（2）地域优势分析。

引汉济渭工程位于秦岭南麓，依托主体工程与水域，整合区域内及外围业主营地、渣场、河流、峡谷、村庄、山林、文化等资源，在严格遵循水源生态环保的条件下，以都市休闲人群的需求为开发导向，以水利观光、科普教育、亲水游乐、文化休闲、生态避暑为主要功能，打造一系列生态漂流、亲水乐园、科教场馆、休闲商街等产品，为游客塑造环境优美、文化多元、体验丰富的绿色休闲生活方式，塑造秦岭南麓独具特色的山水，打造国家水利风景区。

引汉济渭水利风景区三大主体由于所处位置、资源禀赋不同，未来面对的客源市场有所区别。黄池沟靠近西安城区，且场地空间有限，应以西安及周边科教市场为重点。三河口和黄金峡水库位于汉中，应重点考虑汉中周边城市客源市场，同时黄金峡和三河口水库资源条件不同，在细分客源市场上有所区别。

（3）战略定位与范围。

1）总体定位。

项目依托引汉济渭水利工程，充分利用秦岭山水相依的自然环境特点，形成山水合一的资源基础。以秦岭地区深厚的佛教、道教、传统文化和水文化为底蕴，以周边山林地、村镇、一级水源保护区以外水体为载体。以满足现代人的精神需求为项目核心诉求，将中高端度假作为主要目标，形成集观光游乐、运动养生、乡村休闲、文化为一体的旅游目的地。

2）规划范围。

秦岭以南范围北至汉中市佛坪县，南至汉中市西乡县，西至汉中市洋县，东至安康市宁陕县。秦岭以北范围至西安市周至县黄池沟。规划面积321平方千米，其中黄金峡—三河口片区约320.8平方千米，黄池沟片区约0.2平方千米。

（4）生态旅游资源开发模式。

1）山湖联动。

引汉济渭工程区80%以上区域为一二级水源保护区，水资源体量大，水面面积广，但可用土地资源较少，对景区规模发展限制较大。景区周边山岭相连，植被类型丰富多样，可适当扩展范围，通过山湖联动扩大土地利用面积，营造休闲度假氛围，丰富区域旅游功能。

2）景城联动。

引汉济渭水利风景区处于秦岭腹地沟通西安与汉中、西安与安康的交通节点位置，是周边四县（洋县、宁陕、石泉、佛坪）交通连接的核心区域，通过景区开发与城市间互动，能够在提升水利旅游的基础上，进一步拓展综合服务功能，增强景区的经济效益和社会影响力。

3）跨区联动。

引汉济渭工程重要目的是水资源调配，满足关中地区生产生活用水需求，同时兼顾水生态保护功能。工程区发展旅游首先面对的是游客从哪里来的问题，以西安都市圈为主的关中地区有丰富的游客资源，主要客源地应定位为关中地区。所以，通过跨区联动，有助于实现稳定的客源。

（5）生态产品开发。

引汉济渭水利风景区位于大秦岭深处，秦岭物种资源丰富，拥有多种珍贵的动植物资源，生态保护是秦岭的首要任务，因此生态是水利风景区项目发展的基础、前提与重点，依托区域内优越资源，构建核心吸引力，通过产品设计实现开发目标。景观规划产品主要分布在三河口水利枢纽区、黄金峡水利枢纽区、黄池沟配水枢纽区三大区域。

1）三河口水利枢纽区景观规划。

三河口水利枢纽区旅游景观主要从以下三个功能层面来开发：依托三河口大坝和管理用房，打造科普教育设施，为游客提供大坝工程科普教育、住宿营地等服务；依托已规划的滨水乐园，利用地形地势的滨水条件，优化沿岸的景观环境，增加亲水设施，形成为游客提供休闲、娱乐、观光、避暑的一系列生态滨水游园；利用河道地形资源优势，及两岸的生态资源优势，打造漂流产品，沿岸设休息服务驿站，为游客提供水上娱乐体验。

规划开发的项目有：①三河口大坝景观；②电站厂房景观；③滨水乐园；④枫筒沟科普营；⑤漂流项目；⑥"三河八美"项目；⑦隧道教育长廊；⑧开拓者运动大本营；⑨子午梅园；⑩子午谷红酒文化庄园。

2）黄金峡水利枢纽区景观规划。

黄金峡水利枢纽区包括黄金峡大坝、黄金峡大桥及工程建设中临时配置的渣场、料场和工程营地，以及鱼类增殖站、戴母鸡沟（地名）、杨树林等。

黄金峡大坝下游生态环境优越，气候条件舒适，河道水流稍缓。沿岸是背山面水的台地，适宜依地就势开发生态旅游产品，充分自然融合，让游客体验自然生态的闲逸生活；同时利用周围的山谷、营地种植花卉和果树，提升环境品质，为游客打造采摘、观光、度假的生活方式。

规划开发的项目有：①黄金峡大坝景观；②黄金峡大桥景观；③鱼乐苑科普营地；④飞花谷花海景观；⑤果香湾体验营地；⑥白沙渡景观；⑦金水镇"朱鹮之家"研学营；⑧渭门文化休闲老街；⑨黄金田园花海景观；⑩沙滩运动公园。

3）黄池沟配水枢纽区景观规划。

黄池沟片区距西安市约 80 千米，规划依托其良好的地理区位，布局引汉济渭工程纪念馆、科普教育基地、亲子游乐场、森林科普长廊等项目，将其打造成以水利科教为主的功能组团，打造秦岭国家水利风景道的入口引导区，同时构建引汉济渭水利风景区的智慧化展示窗口。

规划开发的项目有：①引汉济渭工程纪念馆；②水利科普互动体验基地；③科教亲子游乐园；④森林科普长廊；⑤智慧工程管理示范区。

4）规划景观开发状态。

已经建成的景观点有：①子午汉风酒店；②引汉济渭水情教育基地；③子午梅苑。

在建的景观点有：①近坝体验酒店；②子午谷红酒文化体验中心。

拟建的景观点有：①三河口大坝坝顶景观游览；②科普教育展厅（交通洞控制闸）；③三河八美河道整治；④黄池沟配水枢纽。

精准管理模式理论架构创新

一、精准管理模式概念界定

1. 管理模式概念

关于管理模式的概念，国内外说法各异，即使国内专家也是各抒己见。以下是比较有代表性的管理模式概念定义。

（1）管理模式[116] 是在管理人性假设的基础上设计出的一整套具体的

管理理念、管理内容、管理工具、管理程序、管理制度和管理方法论体系，并将其反复运用于企业，使企业在运行过程中自觉加以遵守的管理规范。

（2）管理模式[117]是指建立在相应文明基础上的反映管理理论与实践的知识体系。

（3）管理模式[118]是企业在较长的实践过程中，逐步形成并在一定时期内基本固定下来的一系列管理制度、规章、程序、结构和方法。在不同国家间，同一国家的不同企业间，企业管理模式均因社会背景、企业规模、技术构成、产品特点、生产方式、组织结构、员工构成、领导作风及企业传统的不同而不同。

（4）管理模式[119]是企业为保证其活动的有效开展，重复采取某种特定的管理职能运行方式的结果，并随着企业内外环境因素的变动而不断演化。

（5）管理模式[120]就是企业在特定环境中关于人、财物、技术、信息和知识等要素之间的配置关系。

（6）管理模式[121]就是为实现企业经营目标而建立的企业管理系统的整体结构和运行方式的总和。

（7）管理模式[122]是根据企业管理理论，为一部分性质、规模相近的企业而设计的一套有严密性、可操作性的综合管理体系。

（8）管理模式[123]是一种或一套管理理念、方法、工具反复地应用于企业的日常活动中，使企业在运行过程中能够逐渐自觉加以遵守的管理规则体系。

（9）管理模式[124]就是企业管理的样式或方式，这里的方式不是指具体的管理技巧、管理方法和管理手段，而是指经过抽象后得到的能够反映企业管理特点和内在联系的一种理论化了的样式。

（10）管理模式[125]是企业从管理实践活动中抽象出来的一系列不同内容的管理方式方法的标准、图式和样板的总称。

（11）管理模式[126]是一种实现企业资源向产品和服务转换的系统化指导和控制方法。

（12）管理模式[127]是管理者根据企业价值观，组织、指挥、激励和控制员工的方式。

（13）管理模式[128]是面向实际应用的当代管理理论和方法在一定情境中相对稳定的组合和综合应用范式。

通过对上述各种管理模式概念的分析发现，虽然学者们说法各异，但也可以找到许多共同之处：

（1）管理模式是从管理实践中逐步成形并被抽象出来的应用范式。

（2）管理模式是反映企业管理特点和内在联系的一种理论化样式。

（3）管理模式是实现企业资源向企业目标转换的系统化控制方法。

（4）管理模式是应用于企业日常管理中能自觉遵守的管理规则。

（5）管理模式是实现企业经营目标的整体结构和运行方式的总和。

（6）管理模式会因企业特点不同而异，也会因发展阶段不同而变。

2. 引汉济渭精准管理模式概念

引汉济渭精准管理模式是一种理论与现实结合，基于现实抽象出来的一种符合引汉济渭工程实际的管理规范或范式。是公司历史发展和特定行业中形成的一种有利于达成目标的理想管理方式，是随着新的环境变化而不断更新的管理状态。

（1）精准管理模式概念定义。

所谓精准管理模式（也可简化为精准管理），就是借助精准一词的基本内涵，结合引汉济渭工程建设公司管理实践，紧紧围绕公司战略目标有效实现而建立的，以精准思维为基础，以管理创新为手段，以强化团队为重点，以文化建设为抓手，以制度建设为保证，以信息化建设为平台，以智慧化创建为愿景，以不断改进为基石的进取型的管理范式。

（2）精准管理模式基本内涵。

1）精准管理模式是在吸收"精准"基本内涵的基础上，把精准思维、精准思想引入水利工程项目建设与经营管理之中而形成的一种新的管理概念。它是依据引汉济渭管理实践提出的一种理论成果。

2）精准管理是建立在常规管理基础之上，并将常规管理引向深入的优化过程。

3）精准管理是企业战略目标实现的重要手段和路径。

4）精准管理以精准思维为思想基础，蕴含着多种先进的管理理念。

5）精准管理中渗透一种精准文化，并凭借文化引导和激励，通过实际行动，贯彻公司的意志力。

6）精准管理通过建立企业核心竞争能力及有效能、效率的团队，以应对环境及竞争挑战。

7）精准管理是理性达成企业经济效益、社会效益、环境效益、生态效益的一种进取型管理方式。

（3）精准管理模式演变过程。

引汉济渭精准管理模式的种子在工程项目意向阶段就已播种，随着工程制向公司制转型开始发芽，到智慧化基本形成，并将固化为未来指导公司运行的阶段性管理模式。每个阶段的划分只是表明这个阶段的管理创新重点所在，其实阶段并不是严格意义上的并列和排斥，阶段往往是串行与并行的结合。一个阶段的结束并不意味着这个阶段的原有工作不会在下一阶段延续，而只是表明管理工作的重点已经转移。

1）工程制管理阶段（2004~2013年）。

这一阶段以引汉济渭工程设想提出为起点，以工程前期筹备和项目申请立项为基本内容，以引汉济渭工程建设公司宣布成立为阶段结束标志。

该阶段的特点主要表现为：①具体工作由省政府领导下的相关水利管理部门为主导，有利于整体规划和优化；②主要工作内容涉及征地移民、方案论证、项目规划、申请报批、工程试验等方面；③因涉及南水北调国家战略和陕西省经济长远发展规划，由省政府领导挂帅，陕西省引汉济渭工程协调领导小组办公室具体负责和落实；④管理行为带有政府管理机构特点，紧紧围绕引汉济渭工程实行工程制管理方式；⑤优点是利用政府统管全局、集中力量办大事的制度优势，解决企业无法完成的任务，利于平衡各方利益，从大局出发，从长远战略眼光出发，便于各类资源的协调和方案的规划和优化，使决策过程不会被某些利益集团所绑架。

2）公司制转型阶段（2013~2015年）。

从省政府批准成立引汉济渭工程建设公司为本阶段起点。这是法人治理机构逐步形成与完善阶段，也是公司业务过渡和公司转制阶段，由原来的政府管理的项目制向公司法人治理过渡。这一阶段公司仍然将注意力放在管理工作交接方面和工程建设的技术方面，原有的机构被解散，部分重新回到原工作部门。新公司人员与业务需求不匹配，所需求的技术人才和管理人才需要逐步被招聘和引进来，公司治理机构在逐步形成和完善，围绕各类团队建设和发挥作用制定和完善了一系列基础管理制度和管理流程，通过本阶段努力，用人机制逐步形成，管理向正规化迈进。

3）规范化管理阶段（2015~2017 年）。

本阶段以公司重视企业文化建设为起点，以大规模制度建设为标志，以各种制度汇编为阶段性成果总结。主要工作任务重点表现为制度建设和企业文化设计和培植，企业标志和服装文化设计也体现在其中。通过制度管人和文化激励、文化引导等方式，逐步体现出企业文化对企业发挥的潜在作用。80 条相关制度被制定出来，并且应用到工程建设管理之中和企业管理之中，且发挥了巨大的管理规范化作用。企业文化逐步形成且开始发挥引导作用。企业高层特别重视文化建设，亲自对新入职员工进行企业文化培训，并围绕企业文化中核心要素"感恩"展开一系列感恩月和感恩日活动，以协调各部门管理人员之间的工作关系，为管理改革和创新打下良好的人际关系基础。

4）精细化管理阶段（2017~2019 年）。

本阶段以进入引汉济渭公司信息化规划整体设计为起点，以水利部信息化经验交流会召开为结束标志。在本阶段内，引汉济渭信息化开发和应用进入了高速发展期，许多有利于工程建设和有利于提高管理水平的信息系统被引入，并实现集成化管理。通过本阶段的努力，引汉济渭公司信息化上升到了水利行业较高的水平。2019 年底，水利项目信息化学术会议在引汉济渭公司召开，与会代表参观了引汉济渭信息化管理现场，专家们充分肯定了引汉济渭信息化的水平和良好的应用效果。信息化为引汉济渭精准管理打下了扎实的管理平台基础。

5）智慧化管理阶段（2020 年之后）。

本阶段以信息化会议提出打造智慧引汉济渭为起点，以智慧工地、智慧调度、智能预报（岩爆预报、洪水预报）、智能预测（用户需求预测、水源水量预测）为重要标志，引汉济渭精准管理进入了新的阶段，即智慧引汉济渭战略目标实施阶段。通过该阶段的努力，引汉济渭智慧管理将上升到一个较高的层次。

二、精准管理模式六大转变

1. 从容忍发挥式管理到严格规范化管理

精准管理以严格管理为支柱，以规范化管理为标志，这在一定程度克服了部分自由发挥式管理现象。在没有系统的制度化建设之前，规范化管理

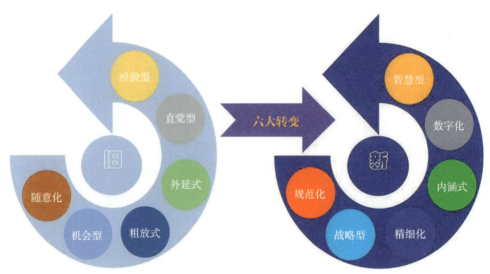

图 8-4　管理模式六大转变示意图

无从谈起。传统上带有因人而异的自由发挥式管理虽然不被完全认可，但无奈因制度缺乏或不完善，无法避免，往往被一定程度地容忍。但随着制度体系的完善，有章可循使管理更加规范化，使严格执行制度有了科学性的制度保障。引汉济渭公司从 2013 年到 2018 年不断建立和完善的超过 110 多条制度就是一个明确的例证。

2. 从相对粗放式管理到更加精细化管理

管理精细化是精准管理追求的一个目标，精准管理就是要强调从问题细节着手，从具体环节着手，抓住细节，不断改进和完善。与精细化管理相对立的是粗放式管理，就是习总书记批评的大概、差不多等非"精准思维"。精细化管理需要相应的手段，信息化、智慧化就是落实精细化管理的重要平台，是精细化管理的保证和条件。

3. 从凭借直觉型管理到注重数字化管理

直觉型管理也有一定的应用环境，在信息不对称条件下，只能利用人的直觉来补充判断，做出决策。但引汉济渭精准管理不过多依赖直觉管理，而是强调数字化管理，通过数字化使决策信息变得对称化，避免信息不对称影响决策效果，导致决策出现较大失误。重视数字化也是精准管理的重要思想，也是决策科学化、有效化的重要保证。

4. 从依赖经验型管理到依靠智慧型管理

管理本身有一定的艺术性，艺术性更多地体现在个人管理经验的积累和利用上。但随着对管理科学性的认识和人工智能技术发展与应用，管理专家的经验也能以规则的形式被大量搜集、记录，并以智慧系统的方式应用。引汉济渭精准管理将强调智能化、智慧化和智谋化，并将其确认为未来管理发展的重要方向，管理必将从依赖经验管理逐步向智慧型管理迈进。

5. 从寻求机会型经营到重视战略型经营

精准管理不提倡碰运气式的经营，而是更重视战略规划和战略布局，善用战略眼光和国际化视野看问题，发现新机会，开拓新资源，利用自身优势，并超前建立新资源优势。对于引汉济渭公司而言，明确企业未来经营目标，从目标实现出发，发掘已有工程资源潜力，创造新工程资源，以超前思维从战略上用好这些工程资源意义重大。布局未来需要决策层注重战略目标，在决策中高瞻远瞩。

6. 从注重外延式发展到强调内涵式发展

精准管理要求企业发展不过度注重增加投入，不通过扩大规模来实现。而是强调通过挖掘企业资源潜力，走内涵式发展道路，通过充分利用和优化已有资源，不断创造出新的效益产出。精准管理所依赖的精益管理方式，就讲求通过不断减少工程建设中的大量各类浪费，不断挖掘资源潜力，来获得更多收益和效益。

三、精准管理模式五化特征

1. 专业化为前提

工程建设和企业经营离不开各类管理团队，而各类管理团队必须坚持专业化原则去建设，唯有团队专业化才有利于接受精准管理理念，采纳精准管理方法。

2. 系统化为保证

系统化思维是管理哲学的核心要义，精准管理就是要把企业管理看成是一个有机系统，强调系统化思维，系统化设计和系统化优化。企业成功取决于系统思想的应用，取决于系统优化思维指导下的科学决策。

3. 数据化为标准

现代管理更强调基于科学数据的决策。精准管理中的精细化管理就是基于数据的管理，需要用数据说话，以信息为依据来开展科学管理已成为精准管理的一个重要特征。如今数字经济已现端倪，数字化设计、数字化管理将成就引汉济渭公司不断进步和不断发展。

4. 信息化为手段

企业要增强竞争力，必须强化其有效的管理工具。信息化就是企业重要管理平台，重要管理手段。精准管理就是要借助信息化系统的强力支撑。引汉济渭公司之所以管理水平能不断提高，就是依托了不断改进的信息化管理手段。只有跟上信息技术的快速发展，企业才会拥有巨大的发展潜力。

5. 智慧化为愿景

智慧化体现了企业管理未来发展的趋势和方向，引汉济渭公司已将智慧引汉济渭作为公司的战略性目标加以制定，将其确定为企业的未来愿景。为此，只有充分利用大数据、人工智能、物联网、云计算等技术，通过不断探索，不断应用，才能早日实现智慧引汉济渭的战略目标。

四、精准管理模式理论架构

精准管理模式不是一个意义单纯的词汇，它被赋予了广泛且明确的内涵，在对引汉济渭工程管理实践总结和反复研讨基础上，分析和归纳出引汉济渭精准管理模式至少包含着六方面的基本的也是核心的要素，即"精""准""严""实""创""智"，它代表了精准管理模式的六个认知维度。其实，维度并不事实存在，它只是用来帮助我们理解非常复杂问题的一种工具。

精准管理模式各要素之间的表意关系可用精准管理屋架构来表示：

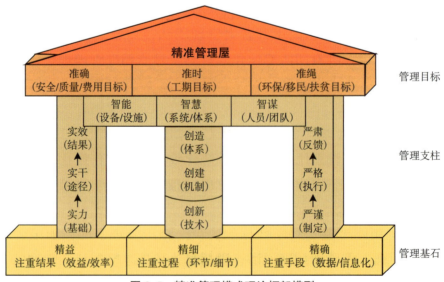

图8-5　精准管理模式理论框架模型

五、精准管理模式架构释义

1. "精"代表精准管理模式的基础理论平台

"精"本意有做精、做好，精益求精之意，作为精准管理模式中的要素"精"，可以被更广义地理解为支撑精准管理模式的一套核心理论，这套理论既吸收了前期国内外学者研究成果的精华，又形成了精准管理模式自身的理论支撑体系，它在精准管理模式架构中起到了理论基石的作用。用它来夯实精准管理模式的理论基础，发挥着核心理论指导作用。可以将其命名为精进管理理论。

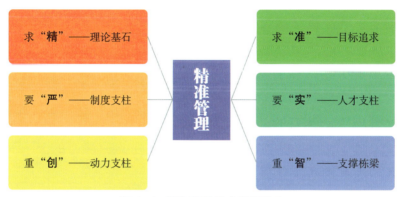

图 8-6　精准管理模式架构释义

（1）为了确切表达"精"的核心内涵，我们探寻到了与精有关且能充分体现"精"的基本内涵的三组词汇，它就是精益、精细和精确，进一步让其与已有的三种管理理论对应起来，并在充分吸收三种理论的核心意涵的基础上，将其融合起来，形成一套精进管理理论，并给其赋予新的含义。这三种已有理论就是精益管理、精细管理和精确管理，都是精准管理模式需要吸纳的基础管理理论和管理理念，属于精准管理最基本和最基础的管理理论，是支撑精准管理模式的理论基石。

（2）精益管理由日本丰田公司大野耐一围绕"准时思想"首先提出的一个比大量生产模式更先进的"准时生产模式"[129]。它是以消除浪费为出发点，以获取最大效益为目标提出的一套管理理论体系。随后，美国管理学者在进一步调查总结基础上，提出了精益管理理论[129,130]。

（3）精细管理由学者范爱民[131]提出，该理论特别强调要重视过程，重视过程管理细节，通过控制过程中的各个细节，才能取得好的管理效果。

（4）有关精确管理，军队学者李天策[132]有所论及，其核心就是用数据说话，而要真正能做到用数据说话，企业信息化和企业智慧化就是最典型的企业精确管理的强有力支撑平台。

（5）仔细分析后发现：三种管理理论各有侧重，各有所长，可以互补，可以有机融合为一种新的理论，可以将其命名为精进管理理论。精益管理强调效果、效益，有围绕目标通过不断改进，降低各种浪费来达成最终效果的基本理念；精细管理则更侧重于关注过程和细节，通过精心控制达成目标的整个过程、各个环节，保证目标实现；精确管理则主张用数据说话，依据信息决策，而信息化就是提供精确管理的重要支撑平台。因此只有将三种理论有机融合起来，既注重结果又关注细节也重视手段，才能使"精"真正成为支撑精准管理模式的更全面的理论基础。

（6）这里的"精"既有对西方精益管理理论精华吸收，同时又融合了国内精细管理和精确管理理论中的许多符合企业管理基本原理的有用成分。故作为精准管理理论基石的"精"，也就具有了对东、西方文化兼容并蓄的特点。

2."准"代表精准管理模式的目标追求

"准"的本意是准确、准时，信息与决策准确无误。作为精准管理模式要素的"准"可以看作是对精准管理模式所追求的各类目标实现接近程度的一种衡量标准。

（1）任何企业都有自己追求的各类目标，有些目标是可以定义为数量性的目标，而有些则是有时间期限要求的时间性目标。还有一些目标则是公司应当承担的各种社会责任目标。

（2）对于引汉济渭公司而言，规划期、建设期和经营期因阶段不同需要实现的具体目标也有所不同。在工程项目建设期主要目标可按目标的具体属性划分为安全目标、质量目标和费用控制目标构成的数量性目标，以及项目工期类的时间性目标，还有一些社会责任目标。

（3）首先，作为以水利工程项目为建设对象的工程公司，公司必然要追求工程项目实施中的安全性，安全生产攸关人的生命，是项目的重要目标之一，它也是保证其他目标实现的重要前提；其次，引汉济渭工程作为一项千年工程，其建设质量好坏影响极大，如何控制好工程质量尤其重要，质量是引汉济渭工程建设十分关键的目标；最后，大型水利工程投资巨大，动辄投入几百亿元巨资，如何控制好项目投资、花好每一分钱意义重大。上述三项目标有一个共同点就是可归类为项目严控的数量性目标。

（4）项目的工期往往受许多因素影响，而尽快按规划工期完成项目，将项目按目标时间投入使用，就可直接产生效益。因此，控制工期，按规划工期让工程发挥效益是项目重点追求的时间性目标。

（5）伴随上述项目主目标的实现，公司还会因国家环保政策、扶贫政策等的要求，附带有其他关联的社会责任类目标。如环保、水土保持、移民、扶贫、环境美化等。对这类目标的追求过程中，必须要求做到合法合规，按照标准规范，严格制度、政策、法规要求，要有底线思维，要有划线准绳。

（6）根据目标的不同属性，在这里，将引汉济渭工程项目目标区分为性质不同的三类，并试图用与准有关联的三组词汇来严格区分这些目标的属性。第一类是可量化的准确性目标（安全、质量、费用），第二类是有时间期限的准时性目标（工期），第三类是有政策、法律、标准等要求的准绳性目标（如环保、水保、移民、扶贫、环境美化等），即社会责任目标。而项目管理工作就是围绕这三类目标的有效实现来开展各类管理活动的。显然，准被广义理解为采用各种措施使目标达成的偏差被控制在最小范围内的一种状态。准实质就是对目标追求过程中的这种最佳状态的描述。

3．"严"代表精准管理模式的制度支柱

"严"的本意是严格遵守制度、标准和程序规定，严格控制偏差。严只是一种手段，一种管理的辅助手段。缺乏这种手段往往会造成有令不行、有禁不止的混乱局面。

（1）引汉济渭工程建设公司刚成立时，项目尚未进入大规模建设阶段，许多管理工作内容还未涉及，工程管理和公司管理的经验还比较缺乏，许多管理工作尚不规范。这就需要通过加强企业管理制度、流程、标准等建设去应对。

（2）工程建设中参建单位众多，工程又被划分为多期进行，一期包括两库一洞，二期涉及南北输水管线，各期又划分为多个标段，据不完全统计，整个工程涉及从设计、监理到施工等，有接近 50 个参建单位，需要通过合同管理来强化协调，在合同制定、执行和执行结果反馈过程中必须实施以"严"为特征的合同管理。

（3）施工队伍虽然有一定的工程经验，但引汉济渭工程难度大，需要不断总结经验，科学严谨地制定各类施工标准（包括国家标准和地方标准及行业标准等），并严格执行标准，执行结果出现偏差就要采取措施予以纠偏，强化标准管理作用重大。

（4）大型水利项目建设往往投资巨大，施工周期较长，资金规划与使用的合规、合法和合理性十分重要，这就需要相关部门通过加强审计监督和加强纪检监督来规制。

（5）大型水利工程技术高度复杂，属于千年工程、民生工程、绿色工程等，但其中存在许多不确定性，必然影响到工程安全、质量、进度和费用等各个方面，所以需要加强项目风险控制工作，通过实行严格的风险控制，才能有效应对出现的各类项目风险。

4."实"代表精准管理模式的人力支柱

"实"反映了对精准管理重点对象的要求。精准管理离不开高素质的人力资源做保证，它是精准管理实施的重要条件。离开了高素质、有竞争力的施工与管理团队，没有团队扎扎实实的苦干和巧干，精和准都是无法实现的。

（1）与其他工程资源相比较，人既是被管理的对象，也是管理者。人力资源是最活跃的因素，具有很大的能动性，如何发挥好人力资源作用具有重要意义。精准管理必须以人为本，形成一个专业化、善学习、能攻关的管理团队，通过各种措施有效提高团队的竞争能力，所以提升人员及团队实力是精准管理不可或缺的组成部分。

（2）一切成绩都是扎扎实实干出来的，如何组织好团队人员的工作，如何调动人员的积极性、主动性，如何通过苦干加巧干使工程目标能有效实现，都需要强化团队组织、团队建设和团队管理。

（3）如何评价团队和个人的工作努力程度和工作绩效？如何通过正向激励来达到引汉济渭工程的建设目标？这都是管理工作的核心任务。这就需要强化对各类人员的科学考评与业绩管理。

（4）人性管理是只有与理性管理（制度管理）相结合才能形成的一种稳定管理模式架构。

所谓理性管理就是依靠法律、纪律、制度、规章、条例、计划及其组织、机构、模式等进行管理，严格照章办事。而人性管理则强调人心、人性，以人为中心，重视人，重视人的道德修养，重视精神因素；西方文化强调控制，强调制度化、程序化的管理。理性管理与人性管理相结合是现代管理思想发展的必然趋势。两者相辅相成，构成现代管理思想的基本内涵，即在传统西方理性管理基础上，加上东方文化的人性管理因素，进而实现优势互补。理性管理是人性管理的基础，人性管理是理性管理的深化。如果只单纯强调严格管理，容易使人产生厌倦和不满，出现被迫顺从行为，使人的创新行为和潜力不能够充分发挥出来。相反，在不具备良好的自觉意识和自觉行为的条件下，人性管理也达不到良好的效果。

（5）站在企业管理的文化层面上，强调要以文化为动力，引导员工建立积极向上的个人愿景，以此为基础，形成组织的共同愿景。促进员工的潜能得到最大程度的发挥。在管理方式上必须坚持人性导向和文化导向并举，实现先进文化熏陶下的人性升华。

（6）吸引优才，选好人才，用好专才，育好良才，借用智才是精准管理强调的重要用人思路。

（7）团队实力提升依赖于人本思想贯彻、依赖于人才管理实施，依赖于人心管理（员工激励）执行等。

5. "创"代表精准管理模式的动力支柱

"创"代表精准管理的进步源泉。精准管理要求通过不断创新、创造和创建新工具、新方法、新手段和新系统、新理论，借助创建的新系统和创造的新体系，能使精所代表的管理理论贯彻得更到位、更优化，使准代表的企业目标更容易实现、更容易达成，使严面对的制度更可靠、更符合实际，使实针对的人力资源作用发挥更有底气、更有效率。创是精准管理提升的动力和保障。

（1）引汉济渭工程的复杂性和科研的必要性、迫切性都说明必须高度重视技术创新工作。

（2）管理创新是精准管理的主要组成部分，许多管理进步都要借助于技术的进步来实现。信息技术的进步是管理信息化和智能化的前提。

（3）毫无疑问，技术进步是管理创新的直接推动力。

（4）智能化、智慧化和智谋化都需要借助于先进的管理手段，只有大胆创新、创建、创造才能使管理真正进入精准管理阶段。

6. "智"代表精准管理模式的支撑栋梁

人类的发展必然向智慧型社会发展，智能、智慧已经初见端倪。企业管理也必然向智慧型管理迈进，这既是企业管理的愿景，也是企业未来管理发展的趋势。

（1）前期工程实践表明智能化研究和应用对工程建设意义重大。

（2）大数据、人工智能技术、物联网等方面的技术发展，为企业走向智慧化打下了重要基础。

（3）引汉济渭工程公司已提出了智慧引汉济渭的系统目标，不仅设备、设施将智能化，而且整个企业组成一个智慧化的企业，借助于智慧化平台，企业的决策者和管理人员将变得更加有远见、会谋略、善决策、能谋划。使复杂的决策问题借助人工智能加以优化解决。

（4）2020年的疫情也反映出单纯靠人海战术是不行的，必须借助人工智能等新技术，利用数字化来管理未来的企业。

7. 精准管理模式包含的基本观点

（1）精准管理体现了目标导向的原则，体现了引汉济渭工程目标的精准定位和明确化。

（2）精准管理的同时也强调管理基础要扎实，要融合各种有用的管理理论，汲取其精华形成精准管理的理论基石。

（3）精准管理还强调了理性管理（制度管理）、人性管理（人力管理）和创新管理，并通过融合智慧管理形成支撑目标实现的精准管理基本架构。这部分也反映了实现精准管理目标的主要手段和关键路径。

（4）精准管理之屋可以简要归纳为由"一基一顶、三柱一梁"构成，六个要素，缺一不可，共同构成了引汉济渭工程精准管理模式。

（5）精准管理模式会随着项目阶段的转换而做出相应改变，但精准管理之屋的基本架构仍然适用。到了工程项目建成顺利验收以后，公司就进入运营阶段，这时唯一要改变的是精准管理的"准"的相关内容要做相应的重新定义，这时就需要定义好准确、准时、准绳的具体内容，如经营利润目标、服务质量目标、服务及时性目标和相关民生目标以及其他政策目标。同时，其他五类要素也要做适应性的变化和相应解读。精准管理模式的基本原理反映的是管理的内在规律，它是不会失效的，而对精准管理模式中各要素的具体理解则需要与时俱进。

精准管理模式要素内涵解读

引汉济渭精准管理模式由"精""准""严""实""创""智"六要素有机组成，对精准管理模式的理解，必须从这六个认知维度去解析。在这里需要说明的是，认识维度并不必然存在，它只是研究者抽象出来用以帮助我们理解非常复杂管理问题的一种思辨工具。

一、解读"精"之要义

1. 基本词义

精往往与粗相对应，精本身有丰富的含义，其意主要表现在如下方面：

（1）上好的白米。例："食不厌精"。

（2）细密的，与"粗"相对。例：精密、精细、精确、精选、精心。

（3）聪明，思想周密。例：精悍、精敏、精明。

（4）物质中最纯粹的部分，提炼出来的东西。例：精华、精英。

（5）人表现出来的活力、生气。例：精力、聚精会神、无精打采。

（6）专一，深入。例：精诚、精忠、精炼、精湛、精严。

（7）很、极。例：精湿、精瘦、精光。

（8）完美，最好。例：精美、精妙、精益求精。

（9）神话传说中的妖怪。例：精灵、妖精。

（10）反义词：粗、傻。

2. 核心配词

结合引汉济渭工程建设与运营管理实际，结合管理理论不断发展取得的相关成果，我们选择了如下三个配套词汇作为引汉济渭精准管理中精的基本含义：

（1）精益：现代用词，源于精益求精，意为已经很好了，还要求更好。例如精益生产。

"益"就是效益、效果，即使效果已经不错，还需要再努力，争取更好的结果。精益包含了不断进取的思想，也是精益管理的核心理念。意为精心努力获得的效果与效益。

"精益"作为词属于现代管理学发展过程中才出现的一个词，即便在1982年出版的《新华词典》中[①]也没有出现过。我们之所以把精益一词选作为"精"的核心配词，是因为20世纪七八十年代，由丰田汽车公司的大野耐一设计创新了一种管理模式叫丰田管理模式，西方管理学者对此深入调查研究后，提出了精益管理概念[129,130]，并将其概括为精益生产模式（精益化管理，精益管理模式）。这种管理模式强调：要保证企业投入的每一分钱都能够带来效益，不发生浪费。精益管理中的"益"就是指有用、有效。强调的是投入一定的人、财、物，企业能不能产生对应的效果、效益。如果不能产生这样的效果、效益，那就是浪费，就要采取措施千方百计避免这种不产生效果和效益的各类投入发生，这就是精益管理的核心理念。精益管理重点强调如何减少生产中的各种浪费，以取得最大的收益，它是企业通过降低成本获得收益（利润）的一种理念与管理方法体系。

（2）精细：有精致细密之意。例如精细入微，意为考虑问题十分仔细，注意到很小的细节。

精细本身就含有精打细算和精于细节的含义。注重过程、注重细节是获得理想结果的重要保证。精细入微属于做好管理工作的基础且有效的思维方式。

之所以把"精细"一词作为"精"的第二个核心配词，是因为理论界曾提出过精细管理（精细化管理）理论[131]。该理论特别注重管理过程中的细节，即成功在于细节。成功在于各级各部门管理工作细节是否做到位了，是否把计划、控制工作做得很好。精细管理强调管理到细节上去，把细节管住。如果展开说，就是让企业投入的每一分钱，组织的每一个活动，所聘用的每一个员工，在每一个时刻都处于受控的状态。保证处于受控状态就是把过程管住，就叫精细管理。这个概念德国人十分重视，德国人的管理比较强调过程控制，通过过程控制来保证取得理想的效果。所以，精细管理是从过程控制视角提出解决问题的一套理论方法。

（3）精确：有极准确或非常正确之意。

善于用事实说话，用数据论证，用信息分析，有调查才能有发言权。

---

① 新华词典编撰组编：《新华词典》，北京：商务印书馆，1982年版。

由此可知，科学获得和充分利用精确的信息对管理至关重要。可以说信息化和智能化是支撑科学管理的重要手段。

精确有精密、明确的含义。也有理论学者提出了精确管理[132]概念，其实质就是强调管理控制要用数据说话，并且这个数据要精确不能大而化之，不能说大概、差不多，而要用精确的数据说明问题，实施考核，进行控制。相对"精益"管理与"精细"管理而言，"精确"管理是从管理实施角度提出来的要求，这个管理实施可以借助精确化的工具和先进的技术手段来发挥作用。比如信息化手段，智能化手段等就是实现精确管理的重要工具。

（4）三者融合成精准管理的理论基石。

一种完美的企业管理状态就是要寻求这三个管理目的的融合与共同实现。首先保证让每一分钱的投入都能够带来效益，没有浪费，同时又保证让这种管理不发生失误，因为管理失误了，过程没有控制住，最后不好的、不希望发生的结果就有产生的可能，这也是基础管理要解决的问题之一。要达到目标，就需要在管理过程中，强调精确化和用数据说话，让管理真正实现对采用的技术、手段、方法、措施等的效果，能通过具体的数据进行评价。精益化怎么益了？有没有益？要用数据说话。精细化要具体到过程，就必须精确，精确化。如果没有精确化，那精细化、精益化都是空话。所以，精确管理也是服务于基础管理的，或者说它是衡量基础管理水平的一个标准。把精益管理、精细管理和精确管理融合起来，就可以将其作为精准管理的理论基石。

3."三精"关系

精益往往以目标为导向，注重效果获得；精细以细节严密控制为基础，注重过程控制；精确强调用科学数据和信息为据，注重信息化手段应用。注重过程与细节是取得最终效果的基础，效果是控制细节的目标和指南，如果不采用数字、数据定量分析，成效就无法衡量，细节就无力得到严格控制。所以，这三类管理理论都是工程建设和运营管理的基础理论，三者相互融合，在精准管理的推广中起到相辅相成的重要基石作用。

4."精"的基本要义

"精"就是精于管理，实质就是吸收先进管理理念，引进先进管理理论，构建先进管理平台，筑牢坚实管理基石。不管是讲求效益的精益管理，是追求细节的精细管理，还是探求手段的精确管理，各种先进管理理论的全面吸收，不偏不废，融会贯通，终为上策。故精为精准管理的理论基石。精就是要讲求精益、精细和精确，就是要从管理理论高度注重管理结果导向，管理过程保证，也要注重用数据说话，利用好信息化手段。

二、解读"准"之要义

1. 基本词义

准字含义丰富，主要具有如下几方面含义：

（1）允许，许可。例：准许、准予、批准。

（2）依照，依据。例：准此处理。

（3）定平直的东西。例：水准、准绳。

（4）法则，可以作为依据的。例：准则、标准。

（5）箭靶的中心。例：准的（dì）。

（6）正确。例：准确、准星、瞄准。

（7）一定，确实。例：准保、准定。

（8）和某类事物差不多，如同，类似。例：准尉、准平原。

（9）反义词：错误，模糊。

2. 核心配词

结合引汉济渭工程建设与运营管理实际调研，我们选择了如下三个核心配套词汇作为引汉济渭精准管理中准的核心要义：

（1）准确：有严格符合事实、标准或真实情况之意。例如准确的目标，准确的目标定位。

任何组织都有自己的战略性目标和战术性目标，也有反映质与量的各类目标，如何正确、清晰地定位好目标，以便于企业通过目标导向逐步达成阶段性目标和战略性目标。

准确意为完全符合实际情况或事先的要求。表明目标的决策过程准确明晰（准确制定，准确理解，准确执行，准确反馈），围绕目标分解的子目标、分目标也要清晰明确，切实可行。

（2）准时：有正好是约定的时间，或遵守规定的时刻，或按时之意。例如准时到达。

任何工程建设或经营服务都有自己的时间性目标，比如工期要求，比如服务及时性要求等。许多管理学者认为目前企业的竞争就是基于时间的竞争，如何合理缩短或保证工期，是工程建设企业日常考虑的核心问题。准时就是最高标准的时间目标要求。

准时意为在规定的时间内能完成某件事情。水利工程项目基本都是强国利民的工程，及时建成，及时发挥作用意义重大。但工程建设中往往影响因素众多，控制工期变得困难重重。只有工程建设中的多个环节之间能相互协调，业主企业的多个部门之间良好配合，以及工程建设中各参建单位之间通力合作，最终工期目标才有望达成。

（3）准绳：原意为测定物体平直的器具，可引申为标准、准则。例如以法律为准绳："先王陈迹，后王准绳"（《旧唐书·经籍志序》）。

对于任何企业而言，不仅要努力实现其基本目标，还要担负一些社会责任和政策目标。这些目标是有底线要求的。这类目标的实现水平反映了企业的政策、道德与社会责任履行程度。就像人品一样企业也有企业道德。因此，企业特别是国有企业必须有担当、有社会责任感、有家国情怀。

准绳比喻衡量事物正确与否的标准或原则。这里，我们可以把除工程项目基本目标外的约束性目标归到这里。比如根据政策、法规、制度要求、战略发展提出的其他目标，如引汉济渭工程提出的环保目标，水土保持目标，移民安置目标，扶贫任务目标等。作为国有控股企业，必须承担必要的社会责任目标。为此，必须要讲原则，要有规矩，要有标准，要有底线。也就是指建设与运营管理中必须有社会担当，要有追求的目标，并将其管理制度化、标准化、规范化和合规化等。同时，水利工程项目一般投资巨大，涉及技术复杂，工期较长，如何获取投资？以及如何应用好投资？有重要现实意义。资金运用中是否合规、合据和合法，要有标准，要有准绳，容不得半点马虎，往往通过健全制度约束，建章立制来保证，所以也可将强化纪检、审计等目标纳入其中。

3. "三准"关系

准确侧重于做事要实事求是、符合实际。这里准确也可以理解为对数量目标的追求；准时侧重于做事要有时间观念，这里也可将准时理解为按规划时间要求完成工程建设的最高时间目标；准绳侧重于做事有原则、制度、标准，特别是针对项目的社会、生态类目标，要按政策和规则办事，不能为所欲为。

4. "准" 的实质内涵

"准" 就是准确定位、明确企业核心目标，准时要求、达成企业时间目标，准绳划线、保障社会责任目标。所以准可以用准确、准时、准绳来表述其核心内涵。无论是现在的工程建设目标还是未来的运营管理目标，都可用准确、准时和准绳定位不同属性的企业目标。

不管是经济效益，社会效益，或环境效益，都要相互兼顾。或者战略规划、长远布局，或者近期计划、阶段任务，都需要精心筹划。无论党的建设还是反腐倡廉亦需准确把握，全力投入。不管是理性管理，制度建设，是人性管理、以人为本，还是智慧管理、注重创新，亦需全面统筹。准时按质按量安全达成目标，按期完成任务也是水利工程企业追求的永恒目标。目标达成离不开党建引领，制度保证，法规辅正，标准规范，科研保障，文化导向，管理控制。

三、解读 "严" 之要义

1. 基本词义

严含义较多，其意大致反映在如下几个方面：

（1）紧密，没有空隙。例：严谨、严密。

（2）不放松，认真。例：严格、严肃、严正、严明。

（3）郑重，庄重。例：庄严、尊严。

（4）厉害的。例：严厉、严苛。

（5）重大。例：严重。

（6）反义词：松，宽。

2. 核心配词

结合引汉济渭工程建设与运营管理实际，我们选择了如下三个配套词汇，作为引汉济渭精准管理中 "严" 的核心要义：

（1）严谨：有严肃谨慎或（结构）严密之意。例如说话严谨，（结构）严谨的文章。

不论是管理决策，或是制度建设，还是资金应用，严肃谨慎必不可少。西方企业强调理性管理，特别是强调用制度管理。但制度、标准、规程等制定是否严谨、科学，则反映制度管理的水平。它是理性管理的基础。制度中体现了企业的文化，反映了企业的共同价值观和行为准则。

（2）严格：有遵守或执行规定、规则十分认真、不偏离原则、不容马虎之意，另外还有使严格之意。例如严格的规则，严格考勤等。

制度的执行是制度能不能产生实效的基石，严格意为在执行制度或掌握标准时认真，不放松。严格的制度执行保证了令行禁止，人人尽职尽责，保证了有原则、有底线，有担当、有情怀，讲政治、讲规矩，能战斗、能获胜。

制度执行不能越矩超规，应严格执行，严格要求。同时，严格管理也要讲究科学管理，要尊重科学，充分利用现代科学技术来保证制度制定得严谨、执行得严格和处理得严肃，例如采用信息化、智能化手段保证严格有依据，严格有说服力。

（3）严肃：有令人敬畏，或认真，或使严格之意。例如严肃的表情，严肃对待，严肃法制。

严肃意为做事慎重、认真之意。对于违反原则，触犯法律、法规或制度要求，就要严肃处理，不能宽容，不能视而不见，大事化小，要依据制度要求处理。制度执行的结果要检查、要总结、要反馈、要通报、要处理。只有严肃对待，科学考核，明确反馈，认真处理。制度才能真正发挥其管理作用。

3.“三严”关系

制度、决策、政策、措施、标准、工法等都需要经历制定、执行和反馈三个关联阶段。严谨特指建章立制阶段，是指制度等制定时，一定要讲求科学，要严谨对待；严格专指制度、政策、标准、决策的执行阶段，是指制度的执行要严格认真，不能马虎；严肃针对执行中的问题处理阶段，是指如果制度执行过程中发现存在问题，就要认真对待，严肃处理，不能听之任之。

4.“严”的实质内涵

“严”就是制度制定要严谨，不能粗制滥造，要科学对待，谨慎制定，反复推敲，试行推广。严也是制度执行要严格，有令必行，有禁必止，理性管理，奖罚分明，领导带头，文化浸透，机制保障，上下同等。严还体现在对违章的严肃处理，认真对待，不能因人而异，没有章法，也不能大事化小，小事化无，更不能上下有别，亲疏有异。要做到严之有道，严而有理，严之有度，严之有信。过严则“失心”，过宽则无信，严宽要有度，处理要有章。所以严要讲求严谨、严格和严肃，缺一不可，全程管控。

四、解读"实"之要义

1. 基本词义

实字含义较多，主要具有如下几种含义：

（1）充满，实心。例：充实、虚实。

（2）符合客观情况，真，真诚。例：实力、实惠、实际、实践、实效、实情、实施、实干、实事求是。

（3）植物结的果。例：果实。

（4）富足。例：殷实、富实。

（5）反义词：虚，假，空。

2. 核心配词

这里，结合引汉济渭精准管理模式内涵表达的需求，选择了三个核心词汇：

（1）实力：有实际的力量之意。例如企业实力，团队实力。

企业可以被看成由各种人员组成的一个大团队，也可以进一步划分为执行不同技术和管理职能的子团队。实力就是要求团队具备实实在在的能力。一个有实力的团队是支撑企业有效、有序、有力运行的基础。实力是水利工程建设与运营的人才基础。实力全靠招才、选才、用才、爱才、育才、励才与借才（借智）获得，人才事关企业竞争力强弱。特别是引汉济渭公司借助于参建单位的各类人才，为工程所用，其作用巨大。

实力是以管理团队为考察对象，反映管理团队结构状况、专业化状况和培训状况，体现团队整体的决策力和执行力，要求管理团队全心全意投入管理中，为项目目标达成努力拼搏。

（2）实干：意为实实在在地去做。例如实干精神，脚踏实地的实干家。

实干就是讲求企业要实实在在地做，也就是反对形式主义。"实干兴邦，空谈误国"。

任何组织其成绩都是实干出来的。只有敢想敢干，努力拼搏，敢于创新，善于创新，公司才会发展壮大，竞争力才会不断提升，千年工程从立项到建设才能保证，运营才会永续。如何让企业员工愿实干、能实干、会实干？企业文化引导，人本管理，人性管理，人心管理作用重大。

（3）实效：意为实际的成绩或成果。

实效就是强调要通过实干获得实实在在的实绩。团队就是要产生实绩的，没有实绩，没有实效，一切为零。但要强调实际出成绩，出成效，就必须苦干加巧干，必须要强调从技术创新求实效，从严格管理求实效。

实效是需要评价的，实绩评价一是衡量个人贡献的手段，二是反映事业成就的工具，三是追求生活幸福的源泉，四是企业达成目标的途径。评价准，评价全，评价科学对实现精准管理意义重大。

3."三实"关系

都是以企业团队和个人为基本对象，三者存在着内在的因果关系，实力是基础，实干是途径，实绩是结果，是精准管理重要支柱之一。

4."实"的内涵

"实"就是要结合人性管理，以人为本，最大程度发挥各类人员的积极性、主动性、创造性和各种潜能。要凝聚人心，招才聚才，激发使命，鼓励担当，万众一心，协力同进。上要有决策力，科学布局；中要有控制力，善于管理；下要有执行力，埋头苦干。上下齐心，左右协力，团队精进，形成实力。以此为基，注重实干，成绩是扎扎实实干出来的，不是说大话吹出来的。实干加巧干，企业才能有效益，股东才能有利益，员工也能有收益。

五、解读"创"之要义

1. 基本词义

"创"的本意就是开始，开始做，第一次做。

2. 核心配词

这里，结合精准管理模式内涵表达的需要，选择了如下三个核心词汇：

（1）创新：有创造新的或革新之意。例如在艺术上不断创新。

"创新"一词应用很普遍，既有从无到有，也有与原来不同，还有由旧变新的含义。这里重点关注其由旧变新的内涵，可用于表达在工具、方法、管理、科学等方面的革新。

创新所包含的创造革新之意，就是强调企业应当具有创新思维，在行动上要勇于创新，善于创新，让企业在创新中不断进步与发展。

（2）创造：有首先想出或做出（前所未有的事物）之意。例如创造有利条件，创造奇迹。

创造意味着第一次做出，或前所未有，重点是强调创造出新的抽象事物。如创造发明，创造价值。

创造所具有的创立新的事物之意，就是强调企业应当更大幅度地优化、改善管理工作，做出其他企业不能做、做不到、做不好的相关管理工作，不仅要勇于创新，更要善于创造，要充分发挥创造性思维。

（3）创建：有创立或首先建立之意。例如创建新党派，创建新公司。

创建意味着建立或创立了不同以往的组织、系统或体系等。

创建所具有的初次或首先建立之意，就是强调企业要创造性建设，无论在工程技术方面，还是在管理体系方面，都要善于打破旧规，创建新局面。

3. "三创"关系

三者都有首次、新的和开始之意，但三者在创新的程度大小和面对的对象方面也有一些区别。这里，将创新定义为侧重于技术、方法、手段等相对具体事物方面的革新，如技术创新等；创建侧重于建设新的制度、政策、标准、机制等抽象事物方面的首次建立，如标准创建；创造侧重于建立涉及企业整体性、系统性的新事物、新框架方面的创立，如以数字化为基础创造智慧引汉济渭。三者意味着以不同程度，对不同对象所开展的创新（具体事物，如方法、手段等）、创造（抽象事物，如管理机制等）和创建（大型机构，如组织、系统等）。

4. "创"的内涵

"创"本意同闯，有敢闯敢干之意，也就是要求企业要敢于创新，善于创新，敢于创建、善于创建，敢于创造、善于创造。创新出成果，创建遂大愿，创造成大业。只有不屈不挠，久久为功，宏愿必成，目标必果。创就是要重视创新、创造和创建。引汉济渭公司作为有弘大志向的大型水利工程建设企业应当如此，必须如此。

六、解读"智"之要义

1. 基本词义

"智"其意是指聪明，智慧，见识。例如智慧、智能、足智多谋等。

2. 核心配词

这里结合引汉济渭精准管理模式内涵表达的需求，选择如下三个核心词汇：

（1）智能：指人的智慧和行动能力。例如开发智能，人工智能，智能机器人等。

随着社会发展与科技进步，人工智能，机器人等概念的普遍使用及受其影响，人们对智能一词的理解已经与以往大不相同。这里将智能一词定义为使设施、设备、工具、仪器等器物具有了人类智能相似的工作、行动能力。即意指某事物具有了人类所具备的智慧性能力。

"智能"一词属于现代科技用语，是指在大数据、云计算、人工智能、物联网等新技术应用前提下所形成的一种能力。在引汉济渭工程建设和运营过程中已有多项应用，如无人碾压设备，无人水质检验设备，无人看守设备，无人机，无人水下探测机器人等，充分显示了引汉济渭公司在智能应用方面具有一定的深度和广度。

（2）智慧：辨析判断、发明创造的能力。例如智慧在决定企业重要问题时必然有重要作用。

"智慧"一词本是专属于描述人类聪明、有见识的词汇，但随着社会发展、科技进步、脑科学与计算机技术等快速发展，人们已经提出智慧型社会、智慧城市、智慧交通、智慧企业、智慧调度系统等概念并尝试推广应用。所以这里将智慧界定为使社会、城市、企业、系统等组织或机构具备了与人类智慧应用相似的认知、判断与决策能力。

智慧意指从大量实践中产生智慧性知识并可应用于现实所构成的智慧性系统，如管理智慧化。在信息化管理基础上，可进一步提升为智慧化系统，如引汉济渭公司采用的集中监控调度室，就是通过开发智慧水网调度模型，开发智慧阀门开关，依据各水厂实际水需求、实时变化需求和水源供水变化情况，对水网进行优化调度，以便产生最大的经济和社会效益。

（3）智谋：有才智和计谋之意。例如"智谋高超，逐于智谋"（《韩非子·五蠹》）。

"智谋"一词专指人的才智与谋略。这里将智谋界定为通过发挥人的知识、经验等智力优势来解决各种现实难题的高超能力。即意指人类通过计谋和谋略所表现出的智慧性行为。

借用"智谋"一词，实际是要求企业各级管理人员，要在管理过程中不断学习，不断总结经验，要变得善管理，善谋断。同时，要让管理人员更好地适应智能化、智慧化时代到来，能跟上智慧化时代发展步伐。

对于企业而言，智谋有两方面含义：①用智：业主企业如何充分发挥中高层管理人员的对工程项目管理与控制的关键作用，出谋划策、长远布局，高瞻远瞩，优化决策。同时也要充分利用内部科研人员和技术人才的聪明才智，解决各类技术问题。②借智：工程建设仅靠业主自身力量还是远远不够的，必须与设计单位、监理单位和参建单位紧密合作，借其智，用其力，解决影响工程安全质量进度和费用的各种已知和未知的问题，达到多赢的局面。借智还包括借助于外部科研院所的科技实力，借助于一些专家院士，通过成立院士工作室、劳模工作室、博士后流动站等强化科学研究，解决工程难题，推动信息化建设和智慧引汉济渭建设。

3. "三智"关系

三者均与智慧相关，智能侧重于物，指某物具有了类似于人的智慧性的做事能力，特指设备、设施和工具等器物具有了智能化能力；智慧侧重于系统，指反映某系统整体拥有了智慧性思维能力或智慧性做事的知识体系（如智慧调度，智慧预测）；智谋侧重于人，特指人的智慧行为，智谋强调了人员的决策力、谋划力和执行力。

4. 智的内涵

智被赋予了智能、智慧和智谋的三层含义，就是一要设备设施智能化，二要管理控制智慧化，三要人员决策智谋化。智能侧重于器物，智慧侧重于事物，而智谋则侧重于人物。三智结合反映了人、事、物全面智慧化的立体图像，它既是企业智慧化的未来愿景，也是企业目标精准达成的重要手段和路径。

七、精准管理模式要素间关系

1. 三对要素的相互关系

（1）精与准的关系。

精反映了管理的基础理论和基本追求，可将"精"看成精进管理理论的代名词，它是由精益管理、精细管理和精确管理理论融合而成，是精准管理模式的重要理论基础，指导管理如何向准所代表的精准目标达成方向努力。精的内涵是既要重视目标成果，也要重视达成目标的环节和过程，还要重视目标实现的手段。准则体现了大型水利工程的三类目标的实现要求，形成了以目标为导向，紧紧围绕目标，努力实现目标的基本理念。二者结合构成了引汉济渭工程精准管理的基本内核，也成为引汉济渭精准管理模式的代名词。

（2）严与实的关系。

严反映的是约束性的管理行为，即制度、法规、标准、政策、规范等制定、执行和处理中必须遵循的基本要求。反映了从制定、执行到反馈的过程性管理活动的严明态度。不管是制定的严谨，还是执行中的严格，以及执行结果反馈处理的严肃，都表明了一种理性管理态度。实则体现了企业人力资源管理的基础、过程和结果之间的固有因果逻辑关系，显然实力是基础，实干是手段，实效则是结果。企业只有不断追求实力，强调实干，才能求得实效。将严与实融入精准管理模式概念之中，进一步夯实了精准管理模式中目标达成的基本手段和实现路径。

（3）创与智的关系。

创是手段，是路径，是对不同管理对象的变革与革新。创既包含对工具、手段、方法类的创新，也包含对抽象体制和机制类的创建，还包含对组织性大系统的创造，创是引汉济渭精准管理模式发展的动力来源。而智则是对物、事和人的智能化、智慧化能力的高标准要求，它是对精准目标达成的重要支撑。智是创的结果，也是创的目标。二者结合起来可作为企业目标达成的核心手段和实现路径。将创与智融入精准管理模式概念之中，就形成了精准管理模式概念的完整内涵。

2. 三对要素组合的关系

精准管理模式是建立在常规管理基础上，并将常规管理引向深入的管理模式。

（1）精准组合反映的是精准管理的基本内涵，是精准管理模式中的基础指导理论和企业管理目标两者形成的一对要素组合。

它代表的是精准管理模式的基本理念和核心内涵，其寓意是如何在精准管理理论指导下努力实现企业三类目标的内在管理逻辑。

（2）严实组合是精准管理的实现基本保证和保障，是精准管理的基本管理手段和基础实施策略的一对要素组合。

严与实组合一方面体现了对团队和个人能力的重视，将人员视为精准管理的核心资源和重点对象。必须通过强化队伍建设来实施和贯彻精准管理。任何管理模式都不能忽略人，而要重视人的因素，就必须突出"以人为本"的管理理念，突出人在管理中的地位。这是因为精准管理模式强调人力资源的重要性，把员工的智能和创造力视为企业宝贵财富和未来发展的原动力。另一方面，精准管理模式的实现过程必须是有严格要求和约束的，必须在符合政策、法规、制度、规程、标准和工法等的前提下的一种理性管理。严和实二者组合就成了企业目标实现的基本路径和基础手段。

（3）创智组合则反映了精准管理模式实施的核心路径与支撑手段。

一方面，精准管理模式要符合企业管理的发展趋势和目前云技术、大数据分析和人工智能等应用的趋势，也要符合引汉济渭工程公司目前已经实施和将要实施的智慧工地、智能预测、智慧水网调度，以及企业已经提出的打造智慧引汉济渭的长远目标。这既反映了管理发展的方向也兼顾了引汉济渭工程公司精准管理探索和实践成果。另一方面，这些探索和成果都离不开科技创新，离不开科研成果的积累和及时转化应用。智慧化是以信息化为基础的探索性应用。引汉济渭工程作为一项高度复杂工程，作为综合性难度世界罕见的大型工程，特别是输水隧洞所具有的高长度、高湿度、强岩爆、多涌水、硬岩石等特征明显的工程，存在许多影响工程安全、质量、进度和费用的不确定性因素，只有通过创新、创建和创造，才能解决工程面临的一系列难题和阻碍因素。创新、创建、创造是实现精准管理的有效途径。引汉济渭工程如果缺乏三创，则无法达成工程最终目标。故创与智的结合将成为引汉济渭精准管理模式的核心手段和实现路径。

第五节
引汉济渭精准管理任重道远

本节将作为著作的结尾部分，以表达研究团队对引汉济渭精准管理模式研究的简要总结和对未来应用的殷切期待。

一、精准管理目标十分明晰

引汉济渭精准管理模式已经明晰，内涵已经确定，作为其核心构成要素的"精""准""严""实""创""智"六个维度，可以成为处理日常管理工作的指导方针，我们经常要问问我们面对的管理工作其目标理解和定位的"准"不准？我们基础管理是不是努力做到"精益""精细""精确"？我们的各类管理团队是不是具"实力"，能"实干"，争"实效"？我们相关制度建设是否配套，是否制定"严谨"，执行"严格"，处理"严肃"，真正发挥了制度管理的作用？我们在工作中是否具有"创新""创建""创造"的三创精神，是否愿意面对重重困难、面对新问题，去寻求新理论、探索新方法、善用新工具加以解决？我们会不会顺应管理发展趋势，借助大数据、云计算和人工智能等技术开发的代表未来的智能应用、智慧系统，并充分发挥人的智慧与谋略，争取以"智"取胜？

引汉济渭精准管理模式的思路与目标已经清晰，今后就看在管理中怎样努力探索和积极应用了。

二、精准管理实践已见成效

引汉济渭工程建设公司虽然成立还不过 8 年（2013 年 7 月至 2021 年 5 月），即使加上改制前的十余年规划、立项与试建设时期，也可以说发展历程并不长。就是在这段奋斗岁月里，人员由少到多，团队逐步壮大；资金由无到有，能满足建设需求；管理由粗到细，逐步走向正轨。并在摸索中不断进步，管理效率和效果越来越好，在探索中不断完善。在党建工作、项目管理、制度化建设、文化建设、科研创新、信息化管理甚至智慧化管理方面不断取得新成果。到 2019 年末能够成为水利行业信息化示范企业，可以说这是积极努力、勤奋创新的结果。对引汉济渭精准管理取得成果的客观认可，这是引汉济渭公司精准管理模式进一步推广应用的信心来源，是继续进步的根本动力。当然，引汉济渭公司还前进在按精准管理模式奋斗的路上。

这一切成绩取得既离不开中国百年难遇的改革与发展的历史机遇期，也离不开水利部、陕西省及省内相关市县各级政府的坚强领导和大力支持，更离不开引汉济渭领导层特别是主要领导多年来的呕心沥血的决策与谋划，同时，离不开全体员工努力打拼和相关参建单位（包括设计单位、监理单位和建设单位等）的全力投入与积极协作。引汉济渭精准管理模式逐步形成过程中，有许多优秀团队、许多先进人物和许多典型事迹值得讴歌，值得赞扬。恰恰就是这种历史担当、家国情怀和共同努力、拼搏奋斗，才有了今日之引汉济渭的成就。引汉济渭工程未来一定会像都江堰、郑国渠等历史水利工程一样名垂青史。

结合引汉济渭工程实践总结的精准管理模式相信也会在公司未来的管理中发挥其现实指导和目标引领作用。

三、精准管理之路任重道远

引汉济渭精准管理模式是以引汉济渭工程建设中的管理实践为基础提出的一种管理模式。它基于实践，是在管理实践基础上具有进取性的一种理论提升，是引汉济渭公司未来的管理愿景和努力目标。并不是说目前引汉济渭已经达到了精准管理的高度，正确的说法应当是引汉济渭公司正前行在追求精准管理的道路上。客观地说我们离精准管理目标还有很大的差距。引汉济渭管理工作与其他先进行业（如高铁行业、先进制造业等）相比，与水利行业的标杆企业相比，还有一定差距。比如，引汉济渭工程集聚了一大批工程技术方面的精英，在解决技术难题方面有很大的优势，但是否也拥有扎实的管理理论基础和科学的管理手段？是否具备超前的战略管理思维和眼光？是否对一些超前性的管理举措和未来的积极布局能够理解，能支持，能执行？引汉济渭的全体员工是否都具备高度的创新精神？具有管理创新能力？会创新，善创新，在管理工作中，既有科学严谨的态度又有突出的创新思维？

对这些问题的回答目前还很难圆满。所以精准管理之路仍然任重道远，需要今后更加努力。

参 考 文 献

［1］陈才俊. 战国策全集［M］. 北京：海潮出版社，2010.

［2］陕西省统计局. 陕西统计年鉴——2019年各市（区）国民经济主要指标［EB/OL］. http：//tjj.shaanxi.gov.cn/upload/n2020/indexch.htm.

［3］林劲松，马耀光，魏晓妹. 陕西关中地区城市化进程中水环境问题探讨［J］. 西北农林科技大学学报（自然科学版），2004（2）：78-82.

［4］李安琦. 陕西关中地区城市发展历程与城市群空间结构演变［J］. 产业与科技论坛，2019，18（11）：79-80.

［5］李芹芳，钱文君，陈玮，许晓婷，程晓. 陕西省区域经济发展水平差异评价分析［J］. 干旱区地理，2010，33（3）：456-461.

［6］国家发展改革委. 关于印发关中平原城市群发展规划的通知［EB/OL］. https：//www.ndrc.gov.cn/xxgk/zcfb/tz/201802/t20180207_962661.html/2018-02-07.

［7］吴林，李迪菲. 西咸经济一体化人才强区战略研究［J］. 新西部，2010（6）：16-31.

［8］李剑. 关中地区城市化与资源环境耦合机制及其协调发展研究［D］. 西北大学，2011.

［9］杨晓茹，费良军，张永永，王新慧. 引汉济渭调水工程受水区水资源优化配置研究［J］. 水利与建筑工程学报，2012，10（4）：6-10.

［10］杜忠潮，丁军，金萍. 关中地区环境问题及其承载能力分析［J］. 咸阳师范学院学报，2005（2）：38-42.

［11］程子勇. 建设引汉济渭工程　积极应对气候变化［J］. 陕西水利，2010（1）：9-10.

［12］周维博. 关中地区水资源可持续开发利用对策［J］. 水利水电科技进展，2004（4）：1-4.

［13］王浩，刘家宏. 引汉济渭工程在国家水资源战略布局中的作用［J］. 中国水利，2015（14）：47-50.

［14］王军. 引汉济渭关中受水区配水工程线路布设探析［J］. 地下水，2010，32（5）：79-80.

［15］康杨，张洪铖. 陕西水资源现状与可持续发展［J］. 全国商情（经济理论研究），2008（20）：21-23.

［16］黄彩海，赵静. 西部大开发解决陕西水资源短缺的战略思考［J］. 陕西环境，2000，7（4）：1-6.

［17］李剑，段汉明. 关中地区水资源可持续利用研究［J］. 地下水，2011，33（1）：112-114.

［18］员学锋，汪有科，吴普特，冯浩. 陕西省水资源态势及可持续利用策略［J］. 干旱区研究，2005（4）：32-37.

［19］张雪才，崔晨风，蔡明科，王伟. 气候变化对陕北黄土高原水土流失的影响［J］. 安徽农业科学，2013，41（10）：4532-4536.

［20］张成凤. 基于遗传算法的榆林市水资源优化配置的研究［D］. 西北农林科技大学，2008.

［21］蔚霖，常庆瑞，孟庆香. 风蚀水蚀过渡区近 20 年土地利用/覆被动态分析——以横山县为例［J］. 西北农林科技大学学报（自然科学版），2009，37（11）：212-218.

［22］顾小凡. 风沙滩地区地下水水化学演化规律及优化开采模式研究［D］. 长安大学，2011.

［23］周春明，师谦友，常俊杰，张书礼. 基于 GIS 的县域经济差异与协调发展研究——以陕北地区为例［J］. 资源开发与市场，2010，26（8）：689-692.

［24］徐长玉. 新时代陕北区域经济发展研究——基于榆林与延安的比较分析［J］. 宝鸡文理学院学报（社会科学版），2019，39（4）：77-83.

［25］袁水龙，张扬，陈田庆. 陕北地区县域水土流失经济损失价值研

究［J］.西部大开发（土地开发工程研究），2017，2（11）：6-13.

［26］李双，李哲，杜建括，王淑新，邢海虹.陕西省水资源利用与经济增长动态关系的 VAR 模型分析［J］.生态经济，2020，36（10）：146-154.

［27］冯民权，范世平，胡芳，吴波，党志良.汉丹江（陕西段）水质模拟研究［J］.西北大学学报（自然科学版），2010，40（2）：335-338.

［28］李斌.陕西省降雨和径流变化特征及旱涝事件应对研究［D］.西安理工大学，2018.

［29］李斌，王莉.近 50 年佛坪县降水变化特征分析［J］.陕西水利，2016（5）：143-145.

［30］赵晓娥，张钧巨.推进陕南秦巴山区"省直管县"改革面临的问题及对策研究［J］.理论导刊，2015（11）：76-79.

［31］时鹏.基于农户视角的生态移民政策绩效研究［D］.西北农林科技大学，2013.

［32］张晨.陕南区域经济发展探索［J］.新西部（理论版），2012（10）：12-23.

［33］白晶.秦岭南北气候变化特征及人为驱动力差异分析［D］.陕西师范大学，2011.

［34］查小春，延军平.全球变化下秦岭南北河流径流泥沙比较分析［J］.地理科学，2002（4）：403-407.

［35］查小春.全球气候暖干化对秦岭南北河流径流泥沙的影响研究［J］.干旱区研究，2002（3）：62-66.

［36］刘登伟.秦岭南北环境变化人类影响因素比较研究——以水资源为例［D］.陕西师范大学，2004.

［37］刘登伟，封志明，延军平.秦岭南北地区人口增长对水资源影响的比较研究［J］.干旱区资源与环境，2005（S1）：147-151.

［38］夏邦杰，王延荣，杨惠淑.治水与定国安邦［J］.河南水利与南水北调，2012（17）：16-17.

［39］张小帅.渠灌区挟沙水流泥沙输移特征分析研究［D］.西北农林科技大学，2015.

［40］殷志欣.郑国渠：疲秦变强秦［J］.国企管理，2018（7）：104-105.

［41］李令福.历史时期关中农业发展与地理环境之相互关系初探［J］.

中国历史地理论丛，2000（1）：87-100.

[42] 司马迁. 史记 ［M］. 北京：中华书局，1982.

[43] 李令福. 郑国渠是具有淤灌压碱性质的大型水利工程 ［N］. 中国水利报，2007-06-21（08）.

[44] 李珑. 郑国渠：疲秦之计造就万世之功——《郑国渠》述评 ［J］. 新西部，2017（12）：82-83.

[45] 李德幸. 谈谈都江堰水文化特色与李冰精神 ［J］. 四川水利，2019，40（6）：153-158.

[46] 罗美洁，李鹏. 都江天府川路泉流——都江堰水文化漫谈 ［J］. 三峡论坛（三峡文学·理论版），2013（5）：23-29.

[47] 张铭洽. 从秦水利工程看秦文化的特点及影响 ［J］. 西安财经学院学报，2007（5）：5-10.

[48] 张春平. 史禄不言，灵渠有名 ［J］. 中国三峡，2016（3）：98-103.

[49] 李奔，王雯，安鲁，赵常兴. 秦汉时期关中地区的农田水利 ［J］. 陕西农业科学，2004（1）：25-27.

[50] 王双怀. 关中平原水利建设的历史审视 ［J］. 陕西师范大学学报（哲学社会科学版），2015，44（1）：109-114.

[51] 吕卓民. 秦汉关中郑国渠与白渠存在问题之研究 ［J］. 西北大学学报（自然科学版），1995（5）：457-460.

[52] 程民生. 关于我国古代经济重心南移的研究与思考 ［J］. 殷都学刊，2004（1）：47-58.

[53] 尹北直. 李仪祉与中国近代水利事业发展研究 ［D］. 南京农业大学，2010.

[54] 康欣平. 从"引泾"到"断泾疏泉"——明清陕西渭北水利中的引水争议及裁定 ［J］. 山西大学学报（哲学社会科学版），2011，34（2）：90-97.

[55] 陈靖. 李仪祉先生与陕西水利——创修泾、洛、渭、梅等渠经过 ［J］. 西北大学学报（自然科学版），1983（3）：103-113.

[56] 陈陆. 李仪祉：中国近代水利事业的奠基人 ［J］. 中国三峡，2013（8）：82-88.

[57] 王锋. 对仪祉文化的初步研究与思考 ［J］. 中国水利，2010（9）：

49–52.

[58] 卞建宁. 民国时期关中地区乡村水利制度的继承与革新——以龙洞——泾惠渠灌区为例进行研究［J］. 古今农业，2006（2）：68–77.

[59] 王建军，刘建平. 试论陕西近代水利工程及其影响［J］. 西北大学学报（自然科学版），2001（6）：535–540.

[60] 王铁峰. 秦国富强及东并六国之地理环境条件研究［D］. 吉林大学，2004.

[61] 水利史话（二）：我国水利发展与地区经济发展的关系［EB/OL］. http：//www.shuiyw.com/bencandy–123–25818–1.htm/2017–02–22.

[62] 马晓峰. 先秦汉魏时期内河航运建设的特点［J］. 开发研究，2009（4）：153–155.

[63] 陈玉霞. 汤因比思辨历史哲学对唯物史观的启示［J］. 学术交流，2014（10）：25–29.

[64] 秦延安. 引汉济渭，破解陕西水危机的"南水北调"工程［N］. 黄河报，2011–09–06（3）.

[65] 黄兴国. 陕西省水资源禀赋特征及其开发利用战略研究［D］. 长安大学，2007.

[66] 杜小洲. 引汉济渭工程建设管理实践［J］. 中国水利，2015（14）：42–45.

[67] 郑其明. 党委办公室要强化四个作用 实现五个突破［J］. 办公室业务，2007（3）：5–6.

[68] 曾志伟. 国有企业思想政治工作创新研究［D］. 中共中央党校，2010.

[69] 江东洲. 做农民群众面前的"小学生"做党的十八大精神的宣讲员 做新农村建设的促进者［N］. 科技日报，2013–01–04（011）.

[70] 人民出版社. 中国共产党章程［M］. 北京：人民出版社，2017.

[71] 陕西省人民政府办公厅. 关于印发深入实施国企国资改革攻坚加快推动高质量发展三年行动方案（2018–2020 年）的通知［EB/OL］. http：//www.shaanxi.gov.cn/zfxxgk/zfgb/2019_3941/d2q_3943/201902/t20190212_1637324.html，2019–02–12/2021–05–01.

[72] 习近平. 坚持党对国有企业的领导不动摇开创国有企业党的建设

新局面［N］. 人民日报，2016–10–12.

［73］王立胜，张弛，陈健. 习近平关于国有企业论述研究［J］. 当代经济研究，2020（3）：23–30.

［74］中办印发《关于在深化国有企业改革中坚持党的领导加强党的建设的若干意见》［N］. 人民日报，2015–09–21.

［75］刘永春. 浅谈如何加强领导干部廉政档案管理工作［J］. 祖国，2018（11）：72–148.

［76］朱记伟，蒋雅丽. 国内外跨流域调水工程建设管理经验及启示［J］. 陕西水利，2016（1）：55–56.

［77］曹小磊. 跨流域调水工程管理模式及水资源配置决策［D］. 大连理工大学，2010.

［78］曹艺雄，曹雪华. 当前政府投资项目建设管理中存在的问题及建议［J］. 西部探矿工程，2007（5）：236–238.

［79］刘建军. 政府投资工程项目管理的问题与对策［J］. 建筑经济，2011（7）：37–39.

［80］武艳南. 基于管理机制设计理论的应急协调系统设计及其应用［D］. 山东大学，2011.

［81］杨月巧. 新时代应急管理机制体系分析［J］. 中国安全生产，2020，15（6）：27–29.

［82］戴向前，廖四辉，周晓花等. 水利工程管理体制改革展望［J］. 水利发展研究，2020，20（10）：59–63.

［83］何正恒. 现代化水利经济管理体制的建设优化措施［J］. 科技创新导报，2020，17（9）：156–158.

［84］陈慧媛. 国有水利水电自动化企业战略转型探析——以河海南自水电自动化公司为例［J］. 产业创新研究，2020（21）：133–134.

［85］敖菲，郑宇辉，张海龙等. 我国部分地区水利供给侧结构性改革的实践探索［C］. 加快水里改发展与供给侧结构性改革论文集，2020：319–324.

［86］郭连东. 水管体制改革与水利管理现代化研究［J］. 工程技术研究，2020，5（12）：179–180.

［87］李五勤，王彤彤. 浅谈调水工程管理制度体系的建立和完善［J］.

水利建设与管理，2020，40（11）：46-49.

［88］张俊莲，白建峰.基于强监管下的水利工程建设制度设计思考［J］.中国水利，2020（20）：43-45.

［89］高倩，雒望余.水文化元素在水利工程中表现途径的思考［J］.陕西水利，2020（9）：275-276.

［90］贾永芳.新时代水利单位企业文化探析［J］.中国水文化，2018（2）：51-52.

［91］李希强.水利水电企业深化改革与现代化管理模式探讨［J］.中国集体经济，2021（4）：56-57.

［92］温刚.推进国有企业治理体系和治理能力现代化［J］.支部建设，2020（29）：8-10.

［93］俞昊良，王丽艳，王俊杰等.2019年深化水利改革的进展、亮点与建议［J］.水利发展研究，2020，20（6）：25-28.

［94］张春玲.水利工程企业"互联网+党建"工作模式建设研究［J］.企业改革与管理，2020（24）：208-209.

［95］伍攀攀，罗永席，管芙蓉.水利施工企业体制改革及管理模式探讨［J］.水利建设与管理，2020，40（12）：79-82.

［96］陈法鹏.水利企业文化建设与企业思想政治工作分析［J］.法制博览，2018（25）：242.

［97］冉滔.对企业文化建设问题的思考——以重庆市水利投资（集团）有限公司为例［J］.中外企业家，2016（24）：153-155.

［98］宋依蔓.新常态下企业文化创新力的培育研究［J］.企业科技与发展，2019（1）：235-236.

［99］王晶.水利生产经营单位安全文化体系建设［J］.小水电，2020（6）：63 64.

［100］徐璇.弘扬水利文化 推进企业文化建设［J］.水科学与工程技术，2016（4）：96.

［101］李特.企业文化提升企业核心竞争力——以水利行业为例［J］.科技风，2018（22）：227.

［102］金秀实.水利工程管理体制中存在的问题及对策［J］.黑龙江水利科技，2020，48（6）：203-205.

[103] 潘润沛. 水利工程建设与运行管理体制创新路径 [J]. 内蒙古煤炭经济, 2020 (5)：125.

[104] 苏佳凯. 现代化水利工程管理体制构建研究 [J]. 湖北农机化, 2020 (9)：53-54.

[105] 岳丽娜. 水利工程管理体制模式分析 [J]. 农民致富之友, 2016, (22)：289.

[106] 郭淑娟. 创新水利企业教育培训管理工作的措施建议 [J]. 水利发展研究, 2020, 20 (8)：60-64.

[107] 栗欣如, 姜文来, 关鑫等. 我国水利绿色发展研究进展 [J]. 中国农业资源与区别, 2020, 41 (11)：49-55.

[108] 吕青春. 水利工程管理的现代化发展及方向分析 [J]. 科技创新导报, 2020, 17 (3)：27-28.

[109] 王博弘. 新时期水利企业经营管理标准化问题及对策探析 [J]. 今日财富, 2021 (6)：75-76.

[110] 刘卫国. 现代化、信息化、数字化、智能化及其相互关系 [J]. 中国铁路, 2011 (1)：83-86.

[111] 林军. "数字化"、"自动化"、"信息化" 与 "智能化" 的异同及联系 [J]. 电气时代, 2008 (1)：132-137.

[112] 孙怀义, 莫斌, 杨璟, 李小明. 工厂自动化未来发展的思考 [J]. 自动化与仪器仪表, 2019 (9)：92-96.

[113] 钱学森. 智慧与马克思主义哲学 [J]. 哲学研究, 1987 (2)：3-5.

[114] 刘治彦. 智慧城市的特征和痛点 [J]. Computer Engineering & Software, 2018 (2)：229-230.

[115] 刘峰源. 耕航管理实战解码系列三十九 印刷企业自动化、智能化、智慧化的区别 [J]. 印刷杂志, 2019 (3)：36-37.

[116] 巩家诚. 精益之道——基于 "一次做对" 的零缺陷管理模式 [M]. 北京：经济管理出版社, 2015.

[117] 范徽. 全球 10 大管理模式——基于文明体系的新制度主义观点 [M]. 北京：经济管理出版社, 2020.

[118] 李锦, 李宁. 法商融合——中国五冶管理模式 [M]. 北京：中国经济出版社, 2020.

［119］ 刘涛. 企业管理模式演化机制研究——以惯例为基本分析单位［M］. 北京：经济科学出版社，2016.

［120］ 钱颜文，孙林岩. 论管理理论和管理模式的演进［J］. 管理工程学报，2005（2）：12–17.

［121］ 陈学忠，侯海青. 浅谈企业管理模式的内涵与特征［J］. 现代企业，1994（4）：35–36.

［122］ 刘光起. A 管理模式［M］. 北京：企业管理出版社，1997.

［123］ 郭咸纲. G 管理模式——人+制度+创新［M］. 广州：广东经济出版社，2001.

［124］ 郑林. 中国式企业管理模式导论［M］. 郑州：河南人民出版社，1989.

［125］ 吴长云. 企业管理模式概念刍议［J］. 求索，1992（5）：19–21.

［126］ 马洪，孙尚青. 经济与管理大辞典［M］. 北京：中国社会科学出版社，1986.

［127］ 赵丽，乔东. 企业价值观与企业管理模式［J］. 商业研究，2004（13）：38–39.

［128］ 卢启程. 企业管理模式的理论与发展研究［J］. 时代经贸，2006（4）：71–72+74.

［129］ ［美］詹姆斯·P. 沃麦克，［英］丹尼尔 T. 琼斯，［美］丹尼尔·鲁斯. 改变世界的机器：精益生产之道［M］. 余锋，张冬，陶建刚译. 北京：机械工业出版社，2015.

［130］ ［美］詹姆斯·P. 沃麦克，［英］丹尼尔·T. 琼斯. 精益思想——消灭浪费，创造财富［M］. 沈希瑾，张文杰，李京生译. 北京：商务印书馆，2006.

［131］ 范爱民. 精细化管理［M］. 北京：中国纺织出版社，2005.

［132］ 李天策. 精确管理［M］. 北京：解放军出版社，2003.